权威·前沿·原创

皮书系列为
"十二五""十三五"国家重点图书出版规划项目

BLUE BOOK

智库成果出版与传播平台

广州蓝皮书
BLUE BOOK OF GUANGZHOU

广州市社会科学院／研创

广州城市国际化发展报告（2021）

ANNUAL REPORT ON CITY INTERNATIONALIZATION OF GUANGZHOU (2021)

服务构建新发展格局

主　　编／尹　涛
执 行 主 编／伍　庆
执行副主编／胡泓媛

社会科学文献出版社
SOCIAL SCIENCES ACADEMIC PRESS (CHINA)

图书在版编目（CIP）数据

广州城市国际化发展报告. 2021：服务构建新发展
格局 / 尹涛主编. —— 北京：社会科学文献出版社，
2021.7
（广州蓝皮书）
ISBN 978 - 7 - 5201 - 8642 - 1

Ⅰ.①广… Ⅱ.①尹… Ⅲ.①城市发展 - 国际化 - 研
究报告 - 广州 - 2021 Ⅳ.①F299.276.51

中国版本图书馆 CIP 数据核字（2021）第 137451 号

广州蓝皮书
广州城市国际化发展报告（2021）
——服务构建新发展格局

主　　编 / 尹　涛
执行主编 / 伍　庆
执行副主编 / 胡泓嫒

出 版 人 / 王利民
责任编辑 / 丁　凡　王京美

出　　版 / 社会科学文献出版社·城市和绿色发展分社（010）59367143
　　　　　　地址：北京市北三环中路甲29号院华龙大厦　邮编：100029
　　　　　　网址：www.ssap.com.cn
发　　行 / 市场营销中心（010）59367081　59367083
印　　装 / 天津千鹤文化传播有限公司

规　　格 / 开　本：787mm×1092mm　1/16
　　　　　　印　张：18.5　字　数：273千字
版　　次 / 2021年7月第1版　2021年7月第1次印刷
书　　号 / ISBN 978 - 7 - 5201 - 8642 - 1
定　　价 / 138.00元

本书如有印装质量问题，请与读者服务中心（010 - 59367028）联系

欢迎关注本蓝皮书微信公众号

主要编撰者简介

尹　涛　男，博士，经济学研究员。现任广州市社会科学院党组成员、副院长兼广州城市战略研究院院长。美国印第安纳大学环境事务与公共政策学院访问学者（2004年1月～2005年3月）。兼任广州市人文社会科学世界文化名城与文化产业重点研究基地主任、广州市宣传思想战线产业经济创新团队负责人、广州市人民政府决策咨询专家、广州市人大经济咨询专家，研究领域为城市经济、产业经济和企业战略管理研究。曾获"第四届广州市宣传思想战线优秀人才第一层次培养对象""2011～2012年广州市优秀中青年哲学社会科学工作者"等荣誉称号。先后担任广东省第十二届人大代表、第十三届人大代表和财经委委员。近年来完成省市哲学社会科学规划立项课题、重点委托课题和重点课题10余项；科研成果获省部级二等奖2项、三等奖2项，广州市级二等奖5项、入围奖1项，地厅级一等奖1项、二等奖2项；主持和参与横向课题50余项。

伍　庆　男，博士，研究员。现任广州市社会科学院城市国际化研究所所长，广州国际城市创新研究中心执行主任。主要研究领域为全球城市、国际交往。主持国家社会科学基金项目1项，广州市哲学社会科学规划立项课题4项，智库课题1项，其他各类课题30余项。出版专著3部，发表各类论文30余篇。

胡泓媛　女，荷兰格罗宁根大学法学硕士，现任广州市社会科学院城市国际化研究所副研究员。研究领域为城市国际化、城市国际传播、版权贸易问题。主持广州市哲学社会科学规划立项课题 2 项，广州市人文社科世界文化名城建设和文化产业研究基地课题 1 项，主要参加广州市哲学社会科学规划课题 4 项，执笔撰写其他各类课题 30 余项。出版专著 1 部，发表各类论文 10 余篇。

摘　要

2020 年是全面建成小康社会和"十三五"规划的收官之年。面对突如其来的新冠肺炎疫情、世界经济深度衰退等多重严重冲击，中国在以习近平同志为核心的党中央坚强领导下，统筹推进疫情防控和经济社会发展，疫情防控取得重大战略成果，在全球主要经济体中唯一实现经济正增长，脱贫攻坚战取得全面胜利，决胜全面建成小康社会取得决定性成就。城市作为人类聚居区域，虽然首当其冲受到疫情全球大流行的不利影响，但也呈现较强的抗风险能力，较快地聚集资源实现重建。广州积极应对疫情对经济和社会生活的影响，稳步推进城市国际化，持续完善营商环境、不断汇聚创新资源、加快经济转型升级、积极开展人文交往，为提升国际地位积蓄量能。

《广州城市国际化发展报告（2021）》由广州市社会科学院城市国际化研究所编辑出版，以广州为主要研究对象，跟踪探究中国城市国际化发展的途径，搭建城市国际化研究的学术交流平台。研究显示，2020 年广州城市国际化稳中趋优，尤其是外贸转型升级成效突出，新业态加速发展，外资稳健增长，对外投资步伐稳健，世界级交通枢纽轮廓显现；广州克服疫情影响，用好互联网技术举办高端会议活动提高广州声量，加强对外伙伴网络交流，全方位开展抗疫国际合作，聚集世界城市治理合力，国际传播能力建设也全面提速，成为全球公共危机下勇担全球城市之责的中国城市代表。

本书包括总报告、专题篇：服务构建新发展格局、城市评价篇、国际经贸篇、交往与传播篇、国际化案例篇等六大板块内容。并设有"2020 年中国城市国际化十大关注"前序，就 2020 年中国城市国际化重大事件进行梳理总结，把握中国城市国际化实践及研究动态。

总报告总结了 2020 年广州城市国际化发展现状，包括广州对外贸易、双向投资、交通枢纽、重大国际交流平台、对外伙伴网络、国际传播能力建设等领域的现状与成绩，特别是抗疫国际合作方面的情况，并分析了广州在权威全球城市评价排名中的表现，展望 2021 年世界形势，提出促进广州城市国际化发展的建议。

专题篇：服务构建新发展格局把握广州服务国内国际双循环发展定位，并从加强广州国际航空货运能力建设、建设国际消费中心城市等角度探讨广州打造引领新发展格局战略平台的路径。

城市评价篇分析国际权威全球城市评价排名的研究方法和结果变化，总结全球城市发展趋势及中国城市在全球城市体系中的表现，并就广州建设国际科技创新城市、环境竞争力等方面发展状况进行绩效评估和比较分析。

国际经贸篇围绕广州建设跨境电商中心城市、推动区块链赋能粤港澳大湾区国际金融枢纽建设等议题展开进一步促进国际经贸发展的探讨。

交往与传播篇分别探讨了"十四五"新时期广州建设国际交往中心的新思考和城市国际形象的呈现。

国际化案例篇是本书的又一创新篇章，聚焦各类机构推动国际化的案例研究。跨国企业不仅能获取全球化经营效益，而且通过实现技术溢出、带动人文交往和增进民生福祉，增强所在城市的国际影响力，是城市国际化的重要生力军。本书遴选广州地铁、京信通信、海大集团等多家企业立足广州、面向全球的对外投资典型案例，总结企业国际化发展的经验，也为城市决策者用好企业之力推动城市国际化提供启发。

关键词： 城市国际化　广州　全球城市　"十四五"规划　新发展格局

2020年中国城市国际化十大关注

一 全球城市团结合作抗击疫情

2020年新冠肺炎疫情肆虐全球，给全球公共卫生安全带来巨大挑战，世界经济和国际秩序遭受严重冲击。面对疫情挑战，世界各国积极应对、守望相助，全球城市团结协作、共渡难关，为有效防控疫情，保护人民生活健康安全，促进经济社会秩序恢复，发挥了不可替代的重要作用，以实际行动践行人类命运共同体理念。

当疫情在中国肆虐时，中国得到了多国政府、国际组织、海外华侨华人和国际友好人士的鼎力支持。面对全球疫情出现多点暴发、加速蔓延的严峻局面，中国各省市立足自身优势资源，通过捐赠医疗物资、派遣医疗专家组、视频连线分享抗疫经验、提供远程医疗支援等方式，积极开展公共卫生国际合作，展现了高尚的国际人道主义精神。2020年4月3日晚，来自北京、广州、南京的相关负责人参与城市气候领导联盟（C40）召开的新冠肺炎疫情防控——中国城市经验在线研讨会，向来自纽约、伦敦、巴黎、柏林等全球40余个城市的170余位城市领导人、专业领域负责人介绍了中国城市疫情防控工作经验。11月12日，以"疫情中的城市和地方政府"为主题的世界城地组织2020年广州世界理事会会议肯定了地方政府在推动国际抗疫合作等方面的重要贡献，呼吁继续加强国际间团结合作，促进世界城市的发展。部分城市还充分利用科技力量支援国际抗疫，如北京推动在京科研机构、科技企业将新冠肺炎影像人工智能辅助诊断系统设备等高端医疗设备输出海外；上海市科研院所与泰国、新加坡、以色列等国相关机构围绕流行病学、诊断技术、疫苗和药物研发等领域联合开展科研攻关；深圳的高科技企业为维护全球公共卫生安全提供深圳方案等。

疫情大流行再次让世界真切感受到人类是休戚与共的命运共同体。在这场攸关全人类健康福祉、世界发展繁荣的斗争中，团结合作是战胜疫情最有力的武器。中国将继续坚定不移地推进抗疫国际合作，积极贡献智慧和力量，与各国携手打赢疫情防控全球阻击战。

二 制定"十四五"规划谋划发展新篇

"十四五"时期，是我国在全面建成小康社会、实现第一个百年奋斗目标之后，乘势而上开启全面建设社会主义现代化国家新征程、向第二个百年奋斗目标进军的第一个五年，也是世界百年未有之大变局深入演化、国际规则和秩序发生重大变革的关键时期。中国共产党第十九届中央委员会第五次全体会议深入分析国际国内形势，审议通过《中共中央关于制定国民经济和社会发展第十四个五年规划和二〇三五年远景目标的建议》，科学擘画中国未来 5 年以及 15 年的发展新蓝图，为"十四五"时期形成强大国内市场、构建新发展格局勾勒了具体路线，为经济社会发展把脉定向、指路领航。

我国各地积极制定"十四五"规划，谋划构建新发展格局，培育国际经济合作和竞争新优势：北京市明确"十四五"时期是落实首都城市战略定位、建设国际一流的和谐宜居之都的关键时期，强调立足首都城市战略定位，大力加强"四个中心"功能建设、提高"四个服务"水平，为率先基本实现社会主义现代化开好局、起好步；上海市强调"十四五"时期是在新的起点上全面深化"五个中心"建设、加快建设具有世界影响力的社会主义现代化国际大都市的关键五年，提出"中心辐射、两翼齐飞、新城发力、南北转型"，面向全球、面向未来服务国家战略，紧扣新发展格局；广州市将"十四五"时期作为实现老城市新活力、"四个出新出彩",巩固提升城市发展位势的关键阶段,强调扎实推进高质量发展,推动广州在新征程上走在前列;深圳市提出朝着建设中国特色社会主义先行示范区的方向前行,努力创建社会主义现代化强国的城市范例。

面对世界百年未有之大变局,城市作为各类要素资源和经济社会活动最集中的地方,必须抢抓"十四五"发展机遇,于危机中育先机、于变局中开新局,打造"双循环"格局的重要载体,促进实现更高水平的对外开放。

三 《优化营商环境条例》正式实施

营商环境是一个国家或地区经济软实力的重要体现,良好的营商环境能够更好地激活市场主体活力和社会创造力。我国针对营商环境的第一部专门行政法规《优化营商环境条例》(下称《条例》)于2020年1月1日正式实施,为我国营造良好的营商环境奠定了法律基础。《条例》共七章七十二条,涵盖市场主体保护、市场环境、政务服务、监管执法、法治保障等内容,是我国总结近年来优化营商环境的政策、做法和经验,并将其中行之有效的部分上升为法律制度的成果,对持续推进简政放权、放管结合、优化服务等方面的改革,促进我国高水平开放型经济新体制建设和高标准市场体系建设有重要的推动作用。

国务院总理李克强1月4日主持召开国务院常务会议,听取《优化营商环境条例》实施情况第三方评估汇报,提出"要鼓励东部地区、省会城市对标国际先进先行先试,支持中西部和东北地区、非省会城市以改革促进营商环境明显改善"。许多城市根据《条例》精神、要求和原则,结合本地实际情况出台政策法规。北京于2020年4月出台并实施《北京市优化营商环境条例》,以推动审批、监督、政务服务、数据共享和业务协同、政策保障五个方面的制度创新打造优化营商环境4.0版。《上海市优化营商环境条例》对标国际最高标准、最高水平,鼓励探索优化营商环境的新经验、新做法,践行上海先行先试,形成示范引领作用。广州积极对标世界银行营商环境指标,推动营商环境 3.0 改革,《广州市优化营商环境条例》在营造公平有序、统一开放的市场环境,打造依法行政、高效廉洁的政务环境,构建宜居宜业、和谐包容的人文环境,创建公开透明、公正规范的法治环境等方面亮点突出。深圳印发《深圳市 2020 年优化营商环境改革重点任务清单》,对涉及商事登记、工程建设项目审批、市政设施接入服务等 14 个重点领域提出 210 项改革举措。杭州颁布了《2020 年杭州市建设国际一流营商环境实施方案》,推动商事制度、项目审批、信贷金融、税收服务、跨境贸易等方面改革,便利企业发展。

各地相继出台优化营商环境相关政策法规,使《条例》的各项细则得到落实,促进各地营商环境水平加快提升,有力推动我国国内各个城市提高国际竞争力和影响力,向世界级大都市迈进。

四 上海浦东开发开放30周年

2020 年 11 月 12 日,浦东开发开放 30 周年庆祝大会在上海市举行。习近平总书记在会上发表重要讲话,充分肯定浦东开发开放 30 年来取得的显著成就,深入分析当前我国发展面临的形势和任务,对浦东把握新的历史方位和使命、在新征程上推进高水平改革开放提出明确要求。开放是上海最大的优势,浦东应开放而生、因开放而兴,30 年来走出了一条高起点、跨越式、全方位的发展道路,成为改革开放"排头兵中的排头兵"、创新发展"先行者中的先行者"。

作为我国第一个国家级新区,浦东的发展有着重要的历史意义和实践价值。1990 年 4 月 18 日,国务院正式宣布开发开放浦东,在浦东实行经济技术开发区和某些经济特区的政策。1992 年 10 月,国务院批复设立上海市浦东新区。2005 年 6 月,浦东新区成为全国第一个综合配套改革试验区。2013 年 9 月,代表开放新高地的上海自贸区挂牌以来,浦东的改革开放按下快进键。浦东始终站在中国改革开放的最前沿,在开发开放的历程中,曾先后探索并成功尝试了保税区模式、出口加工区模式和高科技园区模式。浦东综合配套改革后的"外汇九条""质检十四条"中所形成的众多经验和启示也已逐步向全国推广。特别是近几年来随着改革开放进入深水区，浦东率先制定并实施负面清单、单一窗口、事中事后监管，率先实施了跨国地区总部、外汇资金管理方式改革等一系列行之有效的发展治理举措，不断影响和带动中国其他地区的发展。浦东以全国1/8000的面积创造了全国1/80的国内生产总值、1/15的货物进出口总额，诞生了第一个金融贸易区、第一个保税区、第一个自由贸易试验区及临港新片区、第一家外商独资贸易公司等一系列"全国第一"，基本形成以现代服务业为主体、战略性新兴产业为引领、先进制造业为支撑的现代产业体系，承载了上海国际经济中心、金融中心、贸易中心、航运中心、科技创新中心建设的重要功能。

当今世界正在经历新一轮大变革大调整，国际形势发生了深刻变化，国内面临着夺取疫情防控和实现经济社会发展目标双胜利的艰巨任务。面对新挑战新使命，浦东"三十而立"再出发，要积极适应经济全球化新趋势，深刻把握国内改革发展新要求，继续当好全面深化改革的探路尖兵，打造全方位开放的前沿窗口。

五　经济特区建立40周年

2020年10月14日，深圳经济特区建立40周年庆祝大会在广东省深圳市隆重举行。习近平总书记在会上发表重要讲话，指出兴办经济特区是党和国家为推进改革开放和社会主义现代化建设进行的伟大创举。1980年8月党和国家批准在深圳、珠海、汕头、厦门设置经济特区，1988年4月又批准建立海南经济特区，明确要求发挥经济特区对全国改革开放和社会主义现代化建设的重要窗口和示范带动作用。长期以来，在党中央坚强领导和全国人民大力支持下，各经济特区在建设中国特色社会主义伟大进程中谱写了勇立潮头、开拓进取的壮丽篇章，为全国改革开放和社会主义现代化建设做出了重大贡献。

40年来，深圳经济特区奋力解放和发展社会生产力，大力推进科技创新，坚持实行"引进来"和"走出去"，利用国际国内两个市场、两种资源，积极吸引全球投资，由进出口贸易为主发展到全方位高水平对外开放，实现了由一座边陲小镇到具有全球影响力的国际化大都市的历史性跨越。珠海经济特区在人才资本引进、生态环境保护、城市建设管理等领域先行先试，率先探索建立市场经济体制，从根本上破除制约经济高质量发展的体制机制障碍，进一步扩大高水平对外开放，推动全面深化改革向纵深发展。汕头身为肩负经济特区、省域副中心城市、华侨经济文化合作试验区等多重标签的粤东重镇，以打造"全国首创"、探索"全国率先"的精神，完成了从手工作坊到形成完整工业结构，再到构建纺织服装、玩具动漫、化工生物制药等骨干产业集群的发展历程。厦门经济特区在改革"试验田"先行先试，特别是党的十八大以来，大刀阔斧全面深化改革，为全国贡献了一大批可复制可推广的"厦门经验""厦门方案"。海南经济特区自建立以来，在全国改革开放和社会主义现代化建设中发挥了重要窗口和示范带动作用。

深圳等经济特区 40 年改革开放实践，创造了伟大奇迹，积累了宝贵经验，对新时代经济特区建设具有重要指导意义。新时代经济特区建设要高举中国特色社会主义伟大旗帜，统筹推进"五位一体"总体布局，协调推进"四个全面"战略布局，从我国进入新发展阶段大局出发，落实新发展理念，紧扣推动高质量发展、构建新发展格局。

六　北京出台推进国际交往中心功能建设专项规划

2020 年 9 月 27 日，北京市政府正式发布《北京推进国际交往中心功能建设专项规划》，确定了"一核、两轴、多板块"的空间布局，擘画了未来 15 年国际交往中心功能建设的发展蓝图。国际交往中心是首都的核心功能，推进国际交往中心功能建设是习近平新时代中国特色社会主义思想和习近平外交思想的具体实践，也是北京推进更高水平对外开放的重要支撑。此次专项规划的出台表明北京国际交往中心功能建设的工作框架已全面拉开，开启

"大抓落实"、加速推进的新阶段。

该项规划提出了国际交往中心功能建设发展目标：紧密对接"两个一百年"奋斗目标，到 2035 年，将北京建设成为承担我国重大外交外事活动的首要舞台、引领全球科技创新和交流合作的中心枢纽、展现中国文化自信与多元包容魅力的重要窗口、彰显我国参与全球治理能力的国家交往之都。规划构建了"一核、两轴、多板块"的国际交往空间格局，其中"一核"为首都功能核心区，是开展国家政务和国事外交活动的首要承载区，是展示国家首都形象的重要窗口地区；"两轴"为中轴线及其延长线、长安街及其延长线，是国家政治、经济、文化等国际交往功能的集中承载区，是体现中华文化自信和大国首都形象气质的代表地区；"多板块"是拓展丰富公共外交和民间外交的承载空间，是多维度、全方位展现北京国际化大都市形象魅力的亮点板块。该项规划同时强调，加强国际社区、涉外教育、医疗服务、防疫检疫等公共服务设施建设，全方位提升公共卫生应急管理能力，构建辐射区域、高效便捷的交通体系支撑保障。

《北京推进国际交往中心功能建设专项规划》是国内首个围绕国际交往中心功能的顶层设计，对北京统筹指导国际交往中心建设，加快集聚相关优势资源，更好服务国家对外工作大局，实现更高水平对外开放，进一步提升国际影响力和辐射力，快速提升在全球城市体系中的地位具有十分重要的意义。

七　广州当选世界大都市协会主席城市

2020 年 11 月 30 日，2020 年世界大都市协会广州特别全体大会以视频形式举行，会议审议通过协会新章程，表决产生世界大都市协会新一届董事会、联合主席等重要职务，来自全球各地的 141 个会员城市代表们共同见证广州市首次当选世界大都市协会主席城市。

世界大都市协会成立于 1985 年，是随着国际城市多边交往兴起而发展起来的面向全球大型城市的国际性组织。协会本届领导机构自 2017 年起履职，前任协会主席为德国柏林市市长迈克·穆勒，于 2020 年届满。广州市于 1993 年 9 月在蒙特利尔举行的世界大都市协会大会上被吸收为正式会员城市，1996 年被推选为董事会成员城市，是中国最早加入该协会并成为董事会成员的城市。2000 年和 2012 年，广州市两度承办世界大都市协会董事年会。2012 年，广州市与世界城地组织、世界大都市协会共同创设广州国际城市创新奖（简称"广州奖"），每两年一届，至今已成功举办四届评选活动，每届都吸引了数百个城市治理创新项目申报，汇聚形成 1000 多个城市创新案例的全球独有数据库，并被纳入联合国人居署城市最佳实践数据库。在广州奖框架下开设国际城市创新领导力研讨班，已分别于 2015、2017 和 2019 年成功举办三期，有效推动各国城市先进发展经验互鉴。2014 年起，广州市连续两届担任世界大都市协会联合主席城市，同时承担协会亚太联络办公室职责，负责统筹 64 个亚太城市国际交往网络，大大提升了广州在亚太地区的辐射作用。广州借助世界大都市协会的平台，积极与联合国人居署等其他国际机构开展对话与合作，有力推动了会员城市经验交流和资源共享，推动全球大型城市携手可持续发展。

广州此次成功当选世界大都市协会主席城市，是对广州城市国际化发展成就的积极肯定，也是对广州多年来在世界大都市协会中竭力推动各城市务实交往的充分认可。未来广州将借助世界大都市协会这一国际重要平台，进一步深化对外开放合作，推动全球城市治理朝着共建共治共享方向发展，为构建人类命运共同体做出城市贡献。

八 《海南自由贸易港建设总体方案》印发

2020 年 6 月 1 日，中共中央、国务院印发了《海南自由贸易港建设总体方案》（以下简称《总体方案》），标志着中国特色自由贸易港建设进入全面实施阶段。这是我国全面深化改革开放、加快更高水平开放门户建设取得的又一个重大进展，充分彰显了中国对标国际先进规则和经验、用主动扩大开放的实际行动引领经济全球化持续发展的坚强决心，对于分阶段逐步推进海南自贸港制度和政策体系建设具有重要意义。

在海南建设自由贸易港，是党中央着眼于国内国际两个大局、为推动中国特色社会主义创新发展做出的一个重大战略决策，是我国新时代改革开放进程中的一件大事。作为海南自由贸易港建设的纲领性文件和行动指南，《总体方案》为中国特色自由贸易港擘画"总蓝图"，给出了自贸港建设的时间表和路线图，明确了总体方向和实施步骤。《总体方案》明确，海南自由贸易港要深入推进商品和要素流动型开放，加快推动规则等制度型开放，以高水平开放带动改革全面深化。到 2025 年，初步建立以贸易自由便利和投资自由便利为重点的自由贸易港政策制度体系；到 2035 年，自由贸易港制度体系和运作模式更加成熟；到本世纪中叶，全面建成具有较强国际影响力的高水平自由贸易港。海南自由贸易港将在系统性、集成性制度创新上实现全面突破，打破体制机制束缚和障碍，对接国际经贸新规则，建立开放型经济新体制，为国家新一轮高水平全面深化改革开放提供"海南样本"和"海南方案"，在国际自由贸易港中提供"中国模式"。

《总体方案》发布后，一系列政策陆续落地，海南成为全球投资热土，市场主体数量与质量并增，国内外投资企业、海内外人才纷至沓来：海口市充分发挥省会优势，大力优化营商环境，持续加大招商引资力度，共享海南自贸港发展新机遇；三亚市按照"全省一盘棋，全岛同城化"部署，多措并举促进贸易和投资自由便利，各项政策措施取得阶段性成效。未来，海南自由贸易港将顺应全球贸易发展新趋势，积极探索国际经贸新规则，建立全球最高水平的自由贸易政策体系，不仅可增强国际贸易货源、信息、服务的整合配置能力，更可为我国参与全球经济治理合作提出新方案。

九 世界城地组织地方行动港落户西安

2020 年 11 月 9 日至 13 日，世界城地组织世界理事会通过线上形式召开，正式确定将世界城地组织首个"地方行动港"——"青年教育与对话港"落户西安。"青年教育与对话港"是由世界城地组织自行倡导发起的唯一项目，旨在加速全球议程的本地化进程，特别是在当前可持续发展目标的"行动十年"，引导青年群体关注联合国《2030年可持续发展议程》等全球议程，激发青年肩负时代重任的责任感，推动全球青年的对话和合作。

世界城地组织于2004年成立，秘书处设在西班牙巴塞罗那，是目前世界上最大和最具代表性的地方政府国际组织。西安于2012年加入世界城地组织，2019年11月，西安市市长成功当选世界城地组织联合主席，提升了西安市在国际舞台上的影响力和曝光度，推动西安市建设具有历史文化特色的国际化大都市迈进新台阶。"青年教育与对话港"项目将依托西安驻地高等教育资源，以文化互鉴为契机，创立全球青年的教育与对话平台，促进项目、人才、资金等资源的整合流动，形成有效的对话合作机制，实现优势互补、共赢发展。西安市也将利用这一平台，推动不同文化背景下的青年群体的对话与交流，通过设立亚太区政府公务员培养项目，招收30名亚太区会员城市优秀年轻政府公务员在西安交通大学攻读硕士、博士学位，促进西安与亚太区会员城市的友好交流与合作；每年举办为期一周的全球青年领导力培训班及高级别青年对话论坛（地方政府青年领袖），围绕联合国可持续发展目标，以文化、体育教育、人类健康与福祉等为主题，促进西安市青年与其他国家的青年进行跨文化对话交流；以西安交通大学丝路大学联盟为基础，委托30~50所世界名牌大学对可持续发展目标在大学中的教育侧重点、方式等进行调研，探讨在大学教育体系中加入可持续发展目标的可行性，引领青年教育发展。

通过一系列的项目和活动，西安市将更好地融入全球治理体系之中，在世界的舞台上发挥积极作用，进一步提升西安的城市国际化水平，同时也将推动中国更好地参与全球可持续发展，实现互利共赢。

十 中国城市在科尔尼全球城市指数中排名上升

2020年11月18日，国际管理咨询公司科尔尼（A. T. Kearney）发布了旨在对全球各城市的国际竞争力与发展潜力进行系统评估的《全球城市指数》报告（Global Cities Index，GCI），评选出151个全球最具竞争力城市。中国共有27个城市入选，是全球入选城市最多的国家，其中13个城市进入全球排名前一百，分别是北京第5名、香港第6名、上海第12名、台北第44名、广州第63名、深圳第75名、杭州第82名、南京第86名、成都第87名、武汉第93名、天津第94名、苏州第98名、西安第100名。

与此同时，中国内地城市的总体排名也有较大幅度上升，北京、上海、广州、深圳四个一线城市排名均比上一年有所提升，杭州、武汉、西安、长沙排名有较大幅度上升。北京排名由2019年的第9名上升至第5名，历史性进入前五，这也是科尔尼报告发布12年以来首次出现前五位城市的更迭。商业维度和教育文化得分的提升是北京排名进入前五的主要原因：在商业活动维度，北京凭借全球500强企业数量排名第一、独角兽企业（10亿美元以上估值，且未上市）数量上全球第二的成绩，得分位居全球第二；而在基础教育与高等教育、多元化的文化活动等方面的持续优化，也令北京人力资本维度得分得到提升。上海跃升至全球第12名，排名上升7名，在商业活动、人力资本和文化体验等方面的创新发展是其排名提升的重要原因。广州从2019年的第71名上升至第63名，排名上升了8名。作为华南地区核心城市，广州在教育、医疗等公共配套资源方面具备显著优势，近年来在吸引人才、提升教育文化水平上取得较大进步，因而在人力资本和文化体验维度上的得分有所提高。深圳上升4名，排名全球第75名，在全球领先服务性机构数量、独角兽企业数和人才引进方面具有突出表现。

随着中国各城市近年来持续推进创新型城市建设、打造具有国际影响力的创新高地、积极构建良好的营商环境等措施，中国城市的国际化程度不断提升，获得越来越大的国际竞争力和影响力。展望未来，中国各大城市将在世界城市体系地位不断上升，展现中国城市的独特魅力。

目　录 ⌐Ж∷∷∷∷

Ⅰ　总报告

Ⅱ　专题篇：服务构建新发展格局

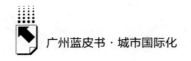

皮书数据库阅读**使用指南**

总 报 告
General Report

B.1

2020年广州城市国际化发展状况
与2021年形势分析

广州市社会科学院课题组*

摘　要：　2020年，广州统筹新冠肺炎疫情防控和经济社会发展，经济增长稳中趋优，国际化基础夯实稳健；外贸转型升级成效突出，新业态加速发展；多措并举推动招商引资，力促外资稳健增长；对外投资步伐稳健，枢纽辐射能力日益增强；交通基础设施承载能力突出，世界级交通枢纽轮廓显现；高端会议活动提高广州声量，国际会展目的地美誉彰显；对外伙伴网络多元化发展，聚集世界城市治理合力；国际传播能力建

---

* 课题组组长：伍庆（统稿），广州市社会科学院城市国际化研究所所长、研究员、博士，研究方向为全球城市、国际交往。课题组成员：胡泓媛（执笔），广州市社会科学院城市国际化研究所副研究员，研究方向为城市形象、国际传播；鲍雨（执笔），广州市社会科学院城市国际化研究所助理研究员，研究方向为公共外交；罗世晴（执笔），广州国际城市创新研究中心研究助理，研究方向为国际经贸；林可慧（执笔），广州国际城市创新研究中心研究助理，研究方向为跨文化交流；梁智宏（执笔），广州国际城市创新研究中心研究助理，研究方向为国际关系。

设全面提速，城市国际形象日渐清晰；全方位开展抗疫国际合作，与世界共享经验智慧。在主要全球城市评价排名中，广州的位次呈现总体相对稳定、轮动进步的趋势。展望2021年，广州将进入新旧动能转换关键期、全面深化改革突破期、城市能级提升加速期。报告提出，未来一段时期广州城市国际化应坚定不移推进城市国际化，以更高站位完善对外工作机制，以更实效能建设开放经济载体，以更优标准打造合作对接平台，以更大影响培育国际活动品牌，以更广视域拓展全球交流网络。

关键词：广州 城市国际化 全球城市 "十四五"规划 新发展格局

一 2020年广州城市国际化发展状况

2020年是新中国历史上极不平凡的一年，脱贫攻坚战取得全面胜利，决胜全面建成小康社会取得决定性成就，第一个百年奋斗目标胜利实现，我国经济社会发展取得新的历史性成就，经济实力、科技实力、综合国力和人民生活水平又跃上新的大台阶；我国经受住新冠肺炎疫情的考验，成为全球唯一实现经济正增长的主要经济体，全年经济总量突破100万亿元，迎来全面建设社会主义现代化国家新征程。2020年，广州聚焦深入学习宣传贯彻习近平总书记对广东系列重要讲话和重要指示批示精神、统筹疫情防控和经济社会发展、推进"双区"建设"双城"联动、打好三大攻坚战、科学谋划"十四五"经济社会发展，新冠肺炎疫情防控取得重大战略成果，经济发展稳中有进，改革开放奋发有为，城市能级巩固有升，文化建设厚积有成，人民生活幸福有质，推动实现老城市新活力、"四个出新出彩"取得阶段性成效，各项事业迈上新台阶。

（一）经济增长稳中趋优，国际化基础夯实稳健

"十三五"时期，广州经济持续稳步发展，改革开放持续深化，城市核心竞争力和国际影响力不断提升。2020年，广州切实贯彻落实中央部署，从自身实际出发统筹疫情防控与经济社会发展，推出了全面优化营商环境、突出"六稳""六保"等一系列政策措施，大力提升城市治理水平，有效克服新冠肺炎疫情对经济发展的冲击，经济社会发展呈现积极进展。

1. 主要经济数据全面回暖

2020年疫情防控常态化下的广州经济显现出稳步向好的韧性和活力，各项主要经济指标全面回暖，为"十三五"规划收官画上圆满的句号。广州经济力克新冠肺炎疫情不利影响，各季度累计增速从负增长到不断提速上扬，全年地区生产总值25019亿元，增长2.7%，表现出强大的韧性。地区生产总值从2016年的18560亿元提高到2020年的25019亿元，五年跨越近7个千亿元台阶，年均增长6%，人均地区生产总值达到高收入经济体水平，发展质量效益超出社会预期。

产业结构持续优化为经济发展提供充沛动力。2020年三次产业发展呈现更趋均衡、协调的态势，第一产业增加值为288.08亿元，同比增长9.8%；第二产业增加值为6590.39亿元，同比增长3.3%；第三产业增加值为18140.64亿元，同比增长2.3%。制造业是广州发展的基石，广州正在加快建设"中国制造2025"试点示范城市。三大支柱产业产值2020年同比增长3.7%，汽车、电子、石化等产值超千亿元的工业集群快速发展，其中汽车制造业表现出色，全年汽车产量突破295万辆，居全国城市首位。先进制造业强市建设扎实推进，先进制造业增加值占规模以上制造业比重由2015年的63.8%提升到2020年的65.9%。八大新兴产业增加值占地区生产总值比重的27%，信息技术、人工智能、生物科技等产业全面增长，合计实现增加值增长5.8%，发挥了重要支撑作用。

消费创新使经济发展迸发活力。"十三五"期间，广州市社会消费品零售总额连破8000亿元、9000亿元大关，年均增速达5.7%，消费能力和消

费潜力不断释放。在新冠肺炎疫情冲击下，广州大力培育消费热点，创新消费模式，举办具有广州特色、国际影响的主题促销活动，推动消费市场高质量发展，全市线上线下消费市场稳步恢复。2020年，全市实现社会消费品零售总额9218.66亿元，同比虽下降3.5%，但降幅比2020年一季度收窄11.5个百分点。

2. 创新驱动力日趋显著

创新是广州实现高质量发展的最好抓手。广州布局建设"一区三城"，构建全链条创新发展路径。2020年广州出台《广州市加快打造数字经济创新引领型城市的若干措施》，基于构建数字经济生态体系视角，提出了加快打造数字经济创新引领型城市的目标和建设粤港澳数字要素流通试验田、全国数字核心技术策源地、全球数字产业变革新标杆等3个定位，被誉为广州数字经济"1号文件"，并举全市之力推动广州人工智能与数字经济试验区高质量发展。广州获批创建国家新一代人工智能创新发展试验区、全国首个"区块链发展先行示范区"城市，启动建设国家车联网先导区，接连获批广州天河高新技术产业开发区、广州琶洲高新技术产业开发区、广州花都高新区等三个省级高新区，分别面向5G、高端软件、工业软件、物联网、人工智能、虚拟现实，"数字+会展+总部"融合发展，智能网联及新能源汽车、智能装备等重点布局，"5G+北斗"产业竞争力国际领先。国内外创新"领头羊"更加青睐广州，纷纷在广州加大发力布局。2020年广州国家科技型中小企业备案入库12430家，2018~2020年累计入库备案数达3万家，居全国城市第一。

3. 营商环境进一步优化

广州对照世界银行营商环境评估和国家营商环境评价体系，加快建设全球企业投资、国际人才汇聚首选地和最佳发展地。"十三五"期间，广州先后实施营商环境1.0、2.0、3.0改革，积极构建优化营商环境的常态长效机制，9项改革创新举措获国务院督查激励，居全国城市第一。2020年，广州持续推动现代化国际化营商环境出新出彩。《广州市优化营商环境条例》出台实施，在粤港澳大湾区率先开展优化营商环境地方立法，是广州推进优化营商环境法治化的里程碑事件。一系列"组合拳"使广州市优化营商环境成效显著，全市实有市场主体连续3年保持增长，即使是新冠肺炎疫情防控期间，广州企业数量也保持20.14%的高位增长态势。其中数字经济产业尤为活跃，信息传输、软件信息技术服务业实有市场主体增长29.6%，充分展现了"广州活力"。在国家发改委《中国营商环境报告2020》中广州获评营商环境"标杆城市"，并在"获得电力""跨境贸易""办理破产""市场监管"4项指标领域典型案例获评全国最佳实践。2021年2月华南美国商会公布的《2021年中国营商环境白皮书》显示，广州已连续4年成为首选投资目的地，是中国内地城市投资排名中最受欢迎的投资城市。

（二）外贸转型升级成效突出，新业态加速发展

对外贸易连接国内国外，在构建双循环新发展格局中发挥着独特作用。2020年，广州通过全面强化顶层设计和发挥政策的引导与撬动作用，加大对关键领域、重要环节的扶持力度，稳步推进外贸转型升级工作，支持企业开拓多元国际市场，实现对外贸易总体发展稳中有进。随着加大力度推动出口产品转内销，在开拓国际市场的基础上进一步打通国内市场，外贸企业在构建双循环新发展格局中正迎来新的发展契机。

1. 外贸出口逆势上扬结构合理

"十三五"期间外贸形势跌宕起伏，广州始终保持进出口总额正增长。面对复杂严峻的外贸发展环境，《广州市建设外贸强市三年行动计划（2020－2022年）》出台，提出8个方面、32项举措，全方位部署推进外贸强市建设，提出进一步从要素优势向综合竞争优势转变，从中高速增长向高质量发展转变，从独立发展向大湾区协同发展转变。2020年，全市外贸进出口总值9530.1亿元，同比下降4.8%。进口总值4102.4亿元，同比下降13.6%，主要受到海外新冠肺炎疫情和大项目设备进口减少的影响。珠三角是全球重要的生产基地，新冠肺炎疫情以来，出口贸易逆势上扬，出口总值5427.7亿元，同比增长3.2%。2020年12月8日，商务部等9部门联合公布10个新设进口贸易促进创新示范区名单，广州南沙区作为广东唯一的示范区入选并正式授牌。

表1 "十三五"时期广州市进出口贸易情况

年份	累计（亿元）			同比（%）		
	出口	进口	进出口	出口	进口	进出口
2016	5187.1	3379.9	8566.9	3.0	3.3	3.2
2017	5792.2	3922.2	9714.4	12.3	16.0	13.7
2018	5607.5	4204.1	9811.6	-3.2	7.2	1.0
2019	5258.3	4737.8	9995.8	-6.2	12.7	1.9
2020	5427.7	4102.4	9530.1	3.2	-13.6	-4.8

资料来源：广州市商务局。

从贸易方式来看，全年一般贸易、加工贸易进出口降幅逐步收窄。一般贸易进出口4893.7亿元，与2019年持平；加工贸易进出口1938.8亿元，下降22.2%；保税物流进出口864.6亿元，下降22.8%。同期，市场采购出口1588.9亿元，增长34.8%，对广州出口增长形成显著拉动作用。

表2 2020年广州市进出口贸易情况（按贸易方式分）

贸易方式	本年累计（亿元）			同比（%）		
	出口	进口	进出口	出口	进口	进出口
合计	5427.7	4102.4	9530.1	3.2	-13.6	-4.8
一般贸易	2356.5	2537.2	4893.7	6.7	-5.6	0
加工贸易	1156.9	781.9	1938.8	-21.9	-22.7	-22.2
来料加工装配贸易	238.4	195	433.4	-34.1	-30.7	-32.6
进料加工贸易	918.5	586.9	1505.4	-17.9	-19.5	-18.6
保税物流	217.5	647.1	864.6	-33.6	-18.4	-22.8
其他贸易	1689.2	79.7	1768.9	38.3	9.4	36.6
市场采购	1588.9	0	1588.9	34.8	—	34.8

资料来源：广州市商务局。

2. 贸易伙伴更加均衡

受到新冠肺炎疫情影响，2020年全球主要经济体市场萎靡，广州五大传统贸易伙伴中日本、美国、中国香港的进出口贸易均有不同程度的下降，英国脱欧影响了与欧盟贸易的统计口径，东盟替代欧盟成为广州第一大对外贸易伙伴，广州对东盟进出口1549.7亿元，增长17.5%，拉动外贸进出口显著回升。"一带一路"沿线贸易往来筑成广州外贸"压舱石"，广州对共建"一带一路"国家和地区整体进出口2613.9亿元，增长8.5%，比全市整体增速高13.3个百分点。尤其是2020年前三季度对非洲进出口增长28.6%，对中东进出口增长3.8%，对大洋洲进出口增长13.9%。广州贸易伙伴向"一带一路"方向延伸，有效对冲了主要经济体经济下行的风险。

表3　2020年广州市进出口贸易重点市场地区情况

国别（地区）	本年累计（亿元）			同比（%）		
	出口	进口	进出口	出口	进口	进出口
东盟（10国）	968.3	581.4	1549.7	28.7	2.7	17.5
欧盟（不含英国）	727.9	683.3	1411.2	11.1	−12.1	−1.5
日本	698.1	335.2	1033.3	0.8	−17.5	−5.9
美国	194.6	790.1	984.7	−17	−17.8	−17.6
中国香港	584.3	30.8	615.1	−19.7	−20.8	−19.8

资料来源：广州市商务局。

3. 贸易新业态提速出彩

广州是国内外贸出口新业态高度聚集的城市之一。在跨境电商方面，广州作为国家第二批跨境电商综合试验区，为广东乃至全国跨境电商探索新模式提供了广州经验。2020年广州跨境电商在全国实现"三个率先"，率先推出全球商品溯源体系、率先开展退货"合包"新模式、率先开创"空铁联运"出口新模式，压缩跨境物流时间约70%。2020年9月，第四届全球跨境电子商务大会发布的《中国跨境电商综试区城市发展指数报告（2020）》显示，在全国105个跨境电商综试区城市中，广州位列先导城市首位，发展总指数、发展规模指数均为全国第一。

在市场采购方面，广州是全国市场采购贸易方式广东省首个试点城市，广州市市场采购贸易额占全省约75%，注册商户超2万家。2020年以来广州各条战线相互配合，推动市场采购持续升温。广州海关以中小微企业为重点，统筹推进市场采购贸易的规范化、规模化、高质量发展，支持外贸企业保住主体、保住市场、保住订单。市商务部门积极斡旋，稳步推进白云区中港皮具城、越秀区万菱广场、新大地服装城等3家专业批发市场开展市场采购集聚区拓区试点。广州还成立了广州市场采购贸易协会，汇聚市场主体合力。

在服务贸易方面，继2018年获批成为全国17个深化服务贸易创新发展试点城市（地区）之一后，广州2020年再获批成为全国全面深化服务贸易创新发展试点。2020年12月《广州市全面深化服务贸易创新发展试点实施方案》印发，以服务业扩大对外开放为着力点，深入探索服务贸易创新发展体制机制。广州在依托原有商贸、枢纽等叠加优势的基础上，以互联网技术为代表的新技术、新模式应用于服务业创新中，形成了一批具有城市特色的"广州经验"。

（三）多措并举推动招商引资，力促外资稳健增长

"十三五"期间，广州市实际使用外资连年保持5%以上增长，较"十二五"时期增长35.8%，占历年累计数的30.4%。2020年，广州努力克服新冠肺炎疫情的不利影响，多措并举稳住外资基本盘，坚持以优势产业吸引高端要素资源，以开放格局重塑国际合作和竞争新优势，推动利用外资高质量发展。2020年全年实际使用外资493.72亿元，规模再创历史新高；同比增长7.5%，增速高于全国和全省；结构进一步优化，利用外资质量持续提升。

1. 多管齐下稳住外资发展

2020年，广州从营造更加便利贴心的政策氛围，构建外商投资全链条服务体系，推进重大项目招商、加强产业招商、发挥高端平台活动招商等方面加大力度，确保外资企业在穗安心发展。一是政策组合帮扶解困、提升便利。面对企业经营困难，出台实施"暖企15条""稳增长48条""信用助

企9条"等帮扶解困政策，内外资企业均可依法平等享受。建立稳外资专班工作机制，简化外商投资鼓励类项目申请进口设备免关税等手续，帮助企业提升享受政策便利度。二是快速构筑有力的线上线下招商体系。广州市通过广泛开展线上招商，创建网上视频洽谈间，与投资者视频洽谈，创新开展项目选址、项目谈判、协议磋商等，通过"云推介""云洽谈""云签约"等措施加强项目对接，确保招商工作不停步。主动举办或参加国际重大活动，进一步提高对人才、技术、资本等高端要素的吸引力。2020年1月21日"广州之夜"首次亮相冬季达沃斯，并举行了广州市重大产业项目集中签约仪式，为广州与全球顶尖企业合作牵线搭桥；举办2020中国广州国际投资年会，集中签约动工项目468个、总投资额超万亿元，数量和金额均创历年新高。三是大力开展产业链招商。"瞄准"新一代信息技术、人工智能、生物医药、新能源、新材料等战略性新兴产业，努力打造相互配套、相互支撑的产业集群。广佛两地商务部门签署了《关于建立广佛同城全球联合招商工作机制的战略合作框架协议》，协同开展先进装备制造、汽车、新一代信息技术、生物医药与健康等四个万亿级产业集群的互补招商。外资企业成为广州高质量发展的重要力量，2020年广州市外资企业贡献了全市50%以上的规模以上工业总产值、增加值，60%的规模以上工业高技术产值，37%的全市进出口总额。

2. 外资来源地多元化发展

投资来源地以中国香港地区为主，向"一带一路"沿线快速发展。2020年香港地区在穗实际投资52.09亿美元，同比增长13.0%，占全市实际使用外资总额的73.5%，穗港之间更加紧密的产业协同合作是香港在穗投资重拾升势的主要原因。广州紧紧抓住粤港澳大湾区建设的发展机遇，支持香港在优势领域"再工业化"，在广州开发区共建穗港智造合作区。广州开发区港资企业超过2100家，累计投资超300亿美元，年产值超千亿元。中新（广州）知识城建设深入有效拉动新加坡在穗投资，2016年以来新加坡在穗实际投资额逐年增加，2020年上升为广州外商直接投资第三大来源地。共建"一带一路"国家和地区对穗投资保持迅猛，2020年，共建"一带一路"国家和地区在穗实际投资 5.48 亿美元，同比增长 67.6%；其中东盟国家在穗投资 5.33 亿美元，同比增长 65.2%。

表 4　2020 年广州市外商直接投资五大区域情况

国别（地区）	企业数		合同外资金额		实际使用外资金额	
	本期数（个）	同比（%）	本期数（亿美元）	同比（%）	本期数（亿美元）	同比（%）
中国香港	1243	-30.5	185.73	-46.2	52.09	13.0
英属维尔京群岛	10	-37.5	12.51	191.4	5.34	177.5
新加坡	60	-10.5	4.67	-28.9	5.01	58.5
日本	20	-25.9	-1.35	-129.4	3.07	-31.5
韩国	161	64.3	1.26	-29.8	2.47	-73.2

资料来源：广州市商务局。

3. 利用外资产业结构不断优化

制造业合同外资金额同比增长 152.6%、实际使用外资连续三年超过 80 亿元，尤其是新能源汽车板块成绩亮眼，2020 年全年实际使用外资超过 150 亿元。服务业利用外资向高端发展，2020 年全年服务业实际使用外资占比超过八成，同比增长 14.2%，其中高技术服务业增长 1.8 倍。大项目带动作用不断增强，2020 年全年实际使用外资 5000 万美元以上大项目占全市总量约八成。境外上市的创新型总部企业积极引进外资参与全球资本配置，成为广州市利用外资新亮点。

在 2020 年新冠肺炎疫情肆虐全球的背景下，加快生物医药发展已成为世界共识。广州重点引进世界 500 强、国内外大型生物医药企业和研发机构，以及生物健康服务企业和机构，经过多年深耕细作，生物医药产业聚集态势明显，形成了以广州科学城、中新（广州）知识城、广州国际生物岛"两城一岛"为核心，健康医疗中心、国际健康产业城、国际医药港等产业特色园区协调发展的"三中心多区域"的生物医药产业格局。2020年广州市政府一号文件《广州市加快生物医药产业发展若干规定（修订）》

印发。2020 年 1 月，由黄埔区、广州开发区与世界 500 强企业吉利德科学、全球领先的真菌诊断检测实验室瑞查森医学签订在广州国际生物岛联合共建的广州吉利德—瑞查森联合创新中心，7 月即落成，填补了中国侵袭性真菌诊断检测的空白。产业积累加上行业东风，生物医药产业得以顺势发展。2020 年 9 月 27 日~29 日召开的第五届中国医药创新与投资大会（简称"创投大会"）上，广州市荣获"中国最具投资价值生物医药创新城市奖"。卫生和社会工作行业也受益于此，2020 年实际使用外资金额同比增长约 28 倍。

（四）对外投资步伐稳健，枢纽辐射能力日益增强

广州在国际市场体系中的作用不断增强，作为门户城市的枢纽功能和辐射能力不断提高，通过对外经济合作联动周边国家和地区共同发展，进一步扩大国际影响。由于全球经济增长总体放缓、不稳定不确定因素明显增多，广州对外投资持续调整、优化结构，2020 年对外直接投资额 26.93 亿美元，同比增长 74.1%。其中，新增对外投资企业（机构）163 个，中方协议投资额 8.41 亿美元。截至 2020 年底，经备案登记的广州市正常经营境外投资非金融类境外项目 1636 个，分布在全球 89 个国家（地区），累计中方协议投资额 230.74 亿美元。"十三五"期间，广州市新增对外直接投资额约占累计投资总额的一半。

1. 投资地域深耕"一带一路"

近年来，广州面向以亚洲为主的"一带一路"方向加大对外投资力度，寻觅新商机。2020 年广州对亚洲投资新增项目数和投资额较 2019 年小幅增加，新增投资项目数 128 个，占 78.5%；中方协议投资额 6.77 亿美元，占比 80.6%；其中，对香港地区投资 79 个项目，占 48.5%，内地协议投资额 2.71 亿美元，占 32.3%。受疫情对海外增资交往的不利影响，2020 年广州对共建"一带一路"国家和地区投资设立了 42 家企业（机构），同比下降 4.4%；中方协议投资额 4.11 亿美元，同比下降 8.89%，占同期中方协议投资额 48.8%。但一些重大项目获得较大突破。2020 年 10 月 25 日，由广

州地铁联合体运营维护的巴基斯坦首条地铁线拉合尔市轨道交通橙线（以下简称"拉合尔橙线"）正式开通运营，广州地铁运营首次走出国门，成功输出中国品牌。对老挝投资项目仅一个，但中方协议投资额达2.49亿美元，占比达到29.6%。广东天循达矿业开发有限公司计划在老挝设立中老联合钢铁（老挝）工业有限公司，成为老挝建设历史上第一座高炉钢铁项目，已被老挝国务院审批列为老挝国家重点项目，也是2020年广东省最大的"一带一路"投资项目之一。

表5　2020年广州市对外投资主要地区情况

分组指标	新增企业（机构）数（家）	中方（或内地）协议投资额		
		金额（亿美元）	同比（%）	比重（%）
合计	163	8.41	-54.0	100
亚洲	128	6.77	-43.3	80.6
中国香港	79	2.71	-52.8	32.3
非洲	1	0.12	-33.4	1.4
欧洲	14	1.02	-64.0	12.1
拉丁美洲	2	-0.36	-113.1	-4.3
北美洲	11	0.60	21.5	7.1
大洋洲	7	0.26	269.4	3.1

资料来源：广州市商务局。

2. 对外投资集群式发展形成合力

广州对外投资主要分布在第二产业和第三产业，提高对外投资质量，促进投资行业结构调整，提升企业国际化经营竞争力和投资效益。2020年，第二产业项目数31个，中方协议投资额3.44亿美元，占41.0%，其中制造业项目21个，中方协议投资额9057.40万美元，占10.8%。第三产业项目数128个，中方协议投资额4.61亿美元，占54.8%，项目主要集中在批发和零售业，项目数44个，中方协议投资额2.73亿美元，占32.5%；租赁和商务服务业项目数33个，中方协议投资额6255.08万美元，占7.5%；流向交通运输、仓储和邮政业0.39亿美元，同比增长354.2%，成为增速最高的领域。

表6　2020年广州市对外投资主要行业

分组指标	新增企业（机构）数（家）	中方协议投资额		
		金额（亿美元）	同比（%）	比重（%）
第一产业	4	0.35	−79.5	4.2
农、林、牧、渔业	4	0.35	−79.5	4.2
第二产业	31	3.44	−29.2	41.0
制造业	21	0.91	−81.1	10.8
采矿业	2	2.50	—	29.7
第三产业	128	4.61	−60.6	54.9
批发和零售业	44	2.73	−6.1	32.5
交通运输、仓储和邮政业	4	0.39	354.2	4.6
信息传输、软件和信息技术服务业	20	0.11	−97.9	1.3
租赁和商务服务业	33	0.63	−81.5	7.4
科学研究和技术服务业	17	0.80	105.8	9.6
合计	163	8.41	−54.0	100

资料来源：广州市商务局。

境外经贸合作区建设水平不断提高，境外经贸合作区为入驻的中资企业提供了抱团出海的有利条件，是企业集群式"走出去"的重要平台。同时，境外经贸合作区也可以帮助"走出去"企业化解参与"一带一路"建设时面临的各类风险。广州鼓励有条件的本地企业到境外投资建立产业园区及经济合作区，境外园区累计投资超过3.5亿美元，产业聚集效应和辐射作用明显。2020年1月19日，泛亚科学集团（沙特）有限公司与广州科学城集团有限公司签署合作协议，合资成立泛亚科学国际（沙特）集团有限公司，共同推动泛亚沙特项目的尽快建设。

3."走出去"管理服务水平进一步提高

广州积极搭建服务平台，为有意愿"走出去"的企业提供综合服务，努力帮助本地企业对外投资合作走得更远、更实。自2020年疫情发生以来，广州更加完善对外投资服务和保障体系，为对外投资持续健康发展提供有力支持。组织对外投资企业捐赠防疫物资，帮助境外企业加强外派人员疫情防控及安全保障，指导企业建立疫情防控和报送机制，协调解决企业经营困难，推动对外投资合作健康发展。为避免企业来回跑动增加感染风险，广州迅速调整境外企业投资备案流程，将企业境外投资备案改为全程双向快递方式（即企业可通过快递方式寄送纸质备案材料，在完成真实性审核后，将境外投资证书快递给企业）。2020年12月15日，广州市南沙区市场监督管理局（区知识产权局）正式发布《海外知识产权维权援助指南》，解决海外知识产权信息"获取难"问题。南沙还成立南沙知识产权维权援助专家库、搭建全区知识产权服务平台，成功搭建了"一书一库一平台"的广州南沙海外知识产权维权援助体系，为企业"走出去"保驾护航。

（五）交通基础设施承载能力突出，世界级交通枢纽轮廓显现

广州是国家重要的航空枢纽、水运港口和交通路网的中心，近年来持续推进《广州综合交通枢纽总体规划（2018－2035）》，精心部署重大交通基础设施，加快推进国际航空枢纽、国际航运枢纽、国际铁路物流枢纽建设，逐步实现现代化陆海空立体交通体系，世界级交通枢纽地位不断巩固提升。

1. 国际航空枢纽建设屡创佳绩

广州国际航空枢纽建设在"十三五"期间按下了"加速键"，白云国际机场二号航站楼、商务航空服务基地（FBO）等相继投入使用，白云国际机场硬件设施达到世界级水平。2020年9月28日，《广州白云国际机场综合交通枢纽整体交通规划（修编）》印发，提出打造多层级、一体化的机场综合交通枢纽。三期扩建工程已正式开工，该项目包括第三航站楼和第四、五跑道等主体工程，按照工程设计目标，到2030年可满足旅客吞吐量1.2亿人次、年货邮吞吐量380万吨、飞机起降77.5万架次。在地面综合交通运输体系方面，"六横七纵"高速网及3条城际轨道、4条城市轨道建设全面铺开，集民航、城轨、地铁、高速公路、城市公交等于一体的立体式综合交通枢纽渐具雏形。广州临空经济发展提速，国际航线网络不断辐射扩大，白云国际机场正向世界级空港大步迈进。在"十三五"期间，白云国际机场客流量实现一年一跃升，2019年旅客吞吐量突破7000万人次，排名全球第十一位。2020年，民航业生产运输规模受到疫情严重影响，白云国际机场

积极开展常态化和应急疫情防控、全面复工复产等系列提质增效行动，筑起严防境外疫情输入坚强防线，完成旅客吞吐量约4377万人次，超越亚特兰大，成为全球最繁忙的机场，这也是中国机场首次问鼎全球第一。

表7　广州白云国际机场"十三五"时期年旅客吞吐量全球排名

年份	年旅客吞吐量（万人次）	全球排名
2016	5973	15
2017	6584	13
2018	6974	13
2019	7339	11
2020	4377	1

资料来源：民航资源网。

2. 国际航运枢纽能级稳步提升

广州大力推进港口基础设施建设，加快高端航运要素集聚，强化对外交流合作，不断提升国际航运枢纽能级。"十三五"期间，南沙港区三期、广州港深水航道拓宽工程、南沙国际邮轮母港等建成启用，智慧码头建设不断取得新突破，南沙二期、三期完成半自动化改造，南沙四期自动化码头工程开工建设，为国际航运枢纽建设提供了有力的基础设施保障。2020年，广州全年航运枢纽基础设施年度投资计划完成率116.5%，同比增长25%；广州港货物吞吐量6.36亿吨，位居全球第四；集装箱吞吐量2351万标箱，位居全球第五。积极拓展海外营销网络，有效促进产能结合、互联互通及战略对接，开通集装箱班轮航线总数达165条，外贸航线总数突破120条，通往100多个国家和地区400多个港口，内陆无水港数量达到30个。加深与"一带一路"沿线港口交流合作，与53个国际港口建立友好与战略合作关系，"朋友圈"覆盖全球六大洲，并加入中马港口联盟等组织，布局新加坡、越南、柬埔寨等海外办事机构6个，积极开展航运多边交往。在新华·波罗的海国际航运中心发展指数中，广州国际排名由2015年的第28位上升至2020年的第13位，国际地位迅速跃升。

图 1 广州港"十三五"时期集装箱吞吐量

资料来源：中国港口网。

3. 世界级铁路枢纽初具规模

广州围绕建设世界级铁路枢纽，重点推进一批铁路规划重大枢纽和通道项目，建设以广州为中心"极轴＋放射"的大湾区城际轨道网络。2020 年铁路网络包括京广、广深港高铁在内的多条国铁干线，通车里程 277 公里（含城际铁路），广清城际、广州东环城际两条线路正式开通运营，"中南西南—粤港澳—海上丝绸之路"公铁江海集装箱多式联运示范工程等 4 个项目已被确定为广东省多式联运示范项目。广州中欧班列目前开通中欧、中亚班列线路 6 条，已实现至少"一周一列"的常态化运行。2020 年广州中欧班列全年开行进出口班列 111 列，发运标箱 10446 个，货值 32.14 亿元，同比增长分别为 63.24%、67.89%、7.05%。2020 年 5 月广州中欧班列实现首次回程"带货"，标志着广州与共建"一带一路"国家和地区真正实现铁路物流的互联互通、双向往来。2020 年 11 月 29 日首次实现年运营列数突破 100 列，有效提升了广州及周边地区的国际物流效率，助力对外贸易发展。广州积极发挥铁路的衔接带动作用，加快海铁、空铁、公铁等多式联运工程建设，同时重点发展跨境电商、现代仓储、保税物流、金融物流、城市配送和多式联动等业态，广州跨境电商综试区在全国率先开创"空铁联运"跨境电商出口新模式，首列国际邮包—跨境电商中欧班列实现多种贸易方式"混装"出行，为跨境电商开创了新的物流渠道。广州铁路集装箱中心站、白云大朗仓铁路物流产业园建设加速推进，推动产业结构转型升级。

（六）高端国际会议活动提高广州声量，国际会展目的地美誉彰显

高端国际会议活动是广州开启对外交流、链接世界资源的首要平台。疫情期间，通过线上与线下相结合的方式，广州继续举办"读懂中国"等重大会议活动，创新广交会等传统品牌展会"云"举办模式，实现国际显示度与曝光度进一步提升，国际会议目的地和国际会展之都名片持续擦亮。

1. 知名国际会议目的地地位不断巩固

"十三五"期间，广州成功举办《财富》全球论坛、世界航线大会、世界港口大会、从都国际论坛、"读懂中国"国际会议、中国法治国际论坛等高规格国际会议，搭建起本地与国际对话合作的平台。2020 年，广州共举办"读懂中国"国际会议（广州）、广交会、世界超高清视频产业发展大会、国际金融论坛年会、官洲国际生物论坛、国际投资年会、CNBC 全球科技大会、金交会、创交会、国际防疫物资展览会等重要国际会议等活动 42场。其中，2020 年"读懂中国"国际会议（广州）采取线下为主、线上线下相结合的方式，邀请到来自美国、俄罗斯、欧洲、日本、韩国、新加坡等20 多个国家和地区的政、商、学界代表共约 150 名国际嘉宾，其中包括 20多位外国政要及国际组织负责人。海外嘉宾通过视频和线上实时连线的方式"云聚"广州，出席本届会议。习近平主席发来贺信，大会围绕"大变局、大考验、大合作——中国现代化新征程与人类命运共同体"的主题，共举办 10 场探讨会，向世界充分展示中国积极参与新一轮经济全球化、全面深化改革开放的坚强决心和坚定信心，再次令"读懂中国"为广州留下"全球智慧"。

2. 疫情推动"云上会展"新常态

2020 年，广州在严格做好疫情防控工作的同时，探索创新展会服务模式，帮助企业快速全面复工复产。广州国际防疫物资展览会于 6 月 10 日至

11 日在广州举办，是全国首个国际防疫物资展览会，同时也是广州后疫情时期第一展，标志广州会展业正式重启，为疫情防控常态化下广州会展业复苏提供了良好样板。作为中国外贸发展的"风向标""晴雨表"，广交会自1957 年创办以来从未中断，第 127 届广交会于 2020 年 6 月 15 日步上"云"端，开启了规模空前的线上贸易盛会，为中外客商打造超越时空界限的网络贸易平台。10 月 15 日举办的第 128 届广交会继续上"云"，设置 50 个展区及 6 万余个展位，来自 226 个国家和地区的采购商注册观展，境内外参展企业近 2.6 万家。"云"上广交会利用互联网、大数据、云计算及人工智能等新技术为网上洽谈、网上办展、直播带货、跨境电商等新模式、新业态提供发展契机，打造国际贸易的创新实践，为全球贸易复苏注入一剂强心针。此外，由广东省人民政府、国家发展改革委、科技部、工信部共同主办的 2020 年世界 5G 大会于 11 月 26 日举行，这是全球首个 5G 领域的国际性盛会，2019 年在北京首次举办，2020 年移师广州。本次大会采用线上线下相结合的方式，集聚全球 5G 领域的科学家、企业家和各界人士深入探讨 5G 发展趋势，共商发展大计，为促进经济复苏和民生改善注入新活力新动能。

3. 顶级专业会议会展持续聚集

广州将大力引进与培育品牌活动相结合，推进以展带会、以会促展，倾力打造了一批本地知名会议会展平台，打开国际专业交往新空间。"2020 广东 21 世纪海上丝绸之路国际博览会"（简称"海丝博览会"）于 9 月 24 日开幕，51 个国家和地区前来参展。本次海丝博览会延续了"一展一会"的模式，同期举办 2020 海丝博览会主题论坛及 4 个平行分论坛，邀请国外政要、驻华大使、国际组织负责人、知名经济学家、商界领袖及中外院士，围绕创新驱动、高水平国际合作、高质量发展等展开研讨，为"一带一路"建设出谋划策。"2020 中国广州国际投资年会"于 8 月 27～28 日举行围绕人工智能、数字经济、生物医药产业、智能网联汽车等领域举办 3 场平行论坛，重点推介广州战略性新兴产业发展的重大平台和巨大机遇，达成签约项目 266 个，协议总投资额 6540 亿元；集中动工的重大项目超过 200 个，总投资额超 5000 亿元, 帮助企业链接国内国际"双循环", 有力撬动国内国际两个市场, 迎来更加广阔的发展空间。第 17 届国际金融论坛 (IFF) 全球年会于 11 月 20~22 日召开, 深入探讨新冠肺炎疫情对国际经济、金融的影响以及完善全球经济治理的路径和举措, 为构建全球开放共赢新格局建言献策。联合国秘书长安东尼奥·古特雷斯发来视频致辞, 近 200 位国内外财经政要、专家学者围绕新变局下的货币与财政政策、WTO 改革与未来的世界贸易体制、粤港澳大湾区建设、全球碳定价机制等议题展开深入讨论。

(七) 对外伙伴网络多元化发展, 聚集世界城市治理合力

广州始终高度重视对外友好伙伴网络建设, 与海外城市积极结交, 全球"朋友圈"不断拓宽, 在主要国际组织中的领导作用进一步发挥, 2020 年成功当选世界大都市协会新任主席城市, 深入推进与驻穗领馆联络交流, 持续铺开国际机构合作网络, 汇聚城市国际交往合力。

1. 友好城市网络日臻完善

广州始终坚持推进国际友城拓展战略, 对外友好交往网络持续扩大, 与友城之间加强各领域交流合作。广州的友城数量不断增加, 2020 年结交阿布扎比、巴拿马城等 5 座新友城, 其中巴拿马城是中巴两国建交后第一个与我国发展友城关系的城市。截至 2020 年底, 广州已与 35 个国家的 38 座城市建立友好城市关系, 与 37 个国家的 49 座城市建立友好合作交流城市关系, 共计与全球六大洲 59 个国家的 87 座城市建立了友好关系, 距离友城"百城计划"目标更加接近, 国际"朋友圈"再扩大。广州的对外合作深度与广度持续增强, 除友好城市外, 还已达成友好城区 40 对、友好港口 53 个、友好姐妹学校 86 对、友好图书馆 12 个, 友好城市—友好城区—友好港口—友好机构"四位一体"的格局进一步完善。友城交流合作实现平台化、机制化、项目化和常态化发展, 广州—奥克兰—洛杉矶、广州—法兰克福—里昂三城多边合作机制取得成就, 加强了联盟城市间的互动交流与务实合作, 成功树立国际友城合作的典范。

2. 成功当选世界大都市协会主席城市

广州踊跃参与国际组织中的各项工作，逐步融入国际话语体系，充分展示自身开放创新发展的成果，总结分享广州经验和中国智慧，在国际舞台上的影响力不断提升。2019 年世界城地组织换届后，广州连任世界理事会和执行局城市，市主要领导成功当选城地组织亚太区妇女委员会主席，世界大都市协会亚太区办公室落户广州。加入世界城市文化论坛、城市气候领导联盟（C40）等国际城市多边组织并发挥积极作用，代表中国城市参与全球城市治理，提升中国城市的国际话语权和影响力，服务国家总体外交大局。2020 年 11 月 30 日，2020 年世界大都市协会广州特别全体大会以视频形式举行，来自全球各地的 141 个会员城市代表们共同见证广州市首次当选世界大都市协会主席城市，会议审议通过协会新章程，表决产生世界大都市协会新一届董事会、联合主席等重要职务。此次当选世界大都市协会新任主席城市，标志着广州在国际组织中的地位进一步得到提升，未来广州将为国际治理秩序变革贡献城市新智慧、新力量。

3. 与驻穗领馆联系协作更加紧密

广州积极发挥国家中心城市的重要作用，以领馆为纽带强化与世界各国的友好联系。"十三五"期间，阿联酋、赞比亚、沙特阿拉伯等 13 个国家在广州设立总领事馆，外国驻穗领馆已达 66 家，稳居全国第二位。为加强与各国驻穗领馆的联系合作，广州面向领馆推介的市区联动机制不断强化，举办外国驻穗领团走进黄埔、花都、南沙、从化、番禺等考察访问活动，积极展示广州市各区开发建设和改革创新的成果，推动广州与各国在多领域的交流合作。2020 年疫情期间，广州坚持加强与各国驻穗领馆的沟通，建立常态化日常联络机制、及时的信息通报机制及快速响应的沟通机制，通报疫情防控政策措施，听取意见建议，回应关切问题。4 月 28 日，举办 60 国驻穗领事官员参加的驻穗领团见面会；5 月 5 日，组织 34 个国家驻穗领馆的 41 名领事官员参观外国人管理服务站和抗疫物资生产企业，有效增强驻穗领馆对广州疫情防控和经济社会发展情况的了解认知。

4. 国际机构资源多方开拓

广州驻外机构网络布局步伐加快，全市 57 个各类驻外机构统筹推进，建成 20 个文化旅游境外推广中心，设立驻波士顿、硅谷、特拉维夫 3 个科技创新合作办事处，贸促会驻外联络处达到 30 个，建立全市"走出去"企业外事联络员机制。在穗国际机构网络不断拓展，国际交流合作基金会规范运作，国际交流合作中心揭牌启动，首期共有来自 10 个国家和地区的 10 家机构正式入驻，包括牛津大学科技创新有限公司、英中贸易协会、日本福冈驻广州办公室等。国际交流合作中心是广州打造的综合性国际交流平台，秉承"链接国际·合作共赢"理念，致力于进一步加强和深化广州与全球城市在经贸、科技、教育、文化等各领域的密切交流与务实合作。2020 年，由联合国世界粮食计划署设立的全球人道主义应急仓库和枢纽落户广州，为包括联合国系统、各国政府及其他人道主义合作伙伴在内的国际社会提供全球抗疫应急响应，未来将与比利时列日、阿联酋迪拜等地筹备设立的全球应急枢纽共同构建全球人道主义应急网络。广州还与联合国人居署合作开展全球试点城市规划设计实践，与世界银行合作开展中国可持续发展城市降温项目试点工作，向联合国提交 2030 可持续发展目标地方自愿陈述报告等，多措并举彰显城市影响力与国际担当。

（八）国际传播能力建设全面提速，城市国际形象日渐清晰

"十三五"以来，广州主动融入国家大外宣格局，通过健全新闻发布工作机制、构建城市形象立体传播体系、创新国际传播活动品牌等方式和渠道，不断扩大城市海外知名度和国际影响力，在世界舞台上讲述广州故事，传递中国声音。

1. 新闻发布工作机制全面激活

从 2017 年起，广州市制定和实施广州市政府部门定期新闻发布会制度，每月举办两场市政府部门定期新闻发布会，以推进政务公开，加强政策解读，回应社会关切。2020 年，广州全年围绕疫情防控、复工复产、"四个出新出彩"等主题共举办 241 场"线上＋线下""发布＋参访""发布＋故事

会"等形式多样的新闻发布会,境内外主流媒体开展相关报道逾 8 万篇次,累计阅读量逾 80 亿次,形成正面传播报道合力。新闻发布会引入钟南山院士等抗疫专家、企业代表、智库专家、非洲商会负责人、留学生代表等公众关心的各领域代表人物参与发布和接受采访,实现发布主体多元化,具有良好的宣传效果。2020 年广州十大新闻评选活动共征集到近 500 篇文字作品和 200 余个影像作品,最终 70 个新闻传播案例和 30 个广州"老城市新活力"十大魅力影像作品获奖,生动展示了全年工作亮点和公众关注焦点,展现广州的城市活力与魅力。

2. 城市国际形象立体传播体系构筑

为进一步提升城市对外形象,广州持续推动新闻采访线工程优化提质工作,紧紧围绕建设国际大都市定位,充分展现广州作为千年商都厚重的历史文化和作为改革开放前沿地、世界一线城市经济社会发展的最新成就。广州融合串联岭南文化、城市风采、生态文明、科技创新元素,精心选择培育近 400 个采访点,组成 52 条采访线,实现采访亮点的精准传播;整合打造强大的共享外宣服务平台,不断强化与港澳新闻界及海外华文媒体的沟通往来,广州日报新花城客户端上线"穗港澳频道",广州市广播电视台成立粤港澳大湾区青少年融媒体传播中心,有力促进大湾区媒体间交流合作。同时,加强外宣资源库的深度建设,编撰《2020 广州》等外宣书籍,持续完善全市外宣品共建资源平台,制作系列城市形象宣传片。发挥广州高校汇聚、人才力量雄厚优势,充分利用国内外高校、传播机构、媒体、社科智库等高端资源,加强广州城市国际形象研究。

3. 对外传播活动影响力持续升级

近年来,广州在城市形象国际传播上不断创新活动形式,在世界舞台上讲述广州故事,传递花城声音。2020 年,在法国举办"小康中国·幸福花城"图片展、中法文化交流故事会、海外花市启动活动,取得良好反响。在瑞士达沃斯举办"广州之夜"城市推介会,持续向世界展现广州魅力和活力。策划"侨心颂祖国"系列主题报道,广泛增进海外华人华侨文化认同。制作拍摄《你好,非洲》《你好,哈萨克斯坦》等纪录片,对外宣传和介绍中非、中哈友好情谊。广州市广播电视台纪录片《海上来客》被国家新闻出版广电总局赠送柬埔寨新闻部，促进中柬友好往来。以文商旅融合发展为契机，推动各区积极构建"一区一品"外宣格局，因地制宜打造特色外宣品牌，进一步传播宜居宜业宜游的城市整体形象。

（九）全方位开展抗疫国际合作，与世界共享经验智慧

2020年，广州国际交往的步伐未因新冠肺炎疫情受到阻碍，及时以捐赠物资、派遣医疗专家、分享抗疫防疫经验等方式向国际友好城市、国际组织、国际友人提供援助，在中外合作抗击疫情的过程中缔结了深厚的民间情谊。

1. 与国际友城守望相助

当疫情在中国肆虐时，中国得到了多国政府、国际组织、海外华侨华人和国际友好人士的鼎力支持。面对全球疫情出现多点暴发、加速蔓延的严峻局面，中国各地积极向海外伸出援手，向有需要的国际友好城市提供医疗物资支援、派遣医疗专家团队进行支持。广州共致函80个国际友城表达慰问，并克服物资短缺、航班大幅减少等种种困难，组织5批次向47个国家63个疫情严重的国际友城、3个国际组织捐赠防疫物资，援助友城包括伊朗戈尔干，韩国光州、仁川、釜山，日本福冈、登别，意大利巴里、热那亚、帕多瓦、米兰、都灵，法国里昂等。广州企业向吉尔吉斯斯坦、伊拉克等捐赠或提供超过10万人份检测试剂盒，助力国际抗疫。广州市学校与国际姐妹学校之间也相互援助，多所学校向姐妹学校致信慰问、捐赠医疗物资、分享线上教育课程设计安排与我国先进抗疫做法，在促进民心相通的同时，凝聚成战胜疫情的强大合力。

2. 向国内外派遣专家团队

新冠肺炎疫情发生以来，广州共组织4批次22人次医疗专家出国援助抗疫，用实际行动践行人类命运共同体理念。应伊拉克红新月会请求，2020年3月7日，由来自广东省红十字会、广州医科大学附属第一医院、中山大学达安基因股份有限公司、广东外语外贸大学等单位的7名专家组成的中国红十字会赴伊拉克志愿专家团启程，在伊拉克进行了1个多月的支援。广东

专家团队带去了伊拉克急需的防护装备、检测试剂和 PCR 设备、中成药等医疗物资，以及最新版的诊疗方案。3 月 21 日，由 6 名成员组成的广东医疗队抵达塞尔维亚，受到塞尔维亚总统武契奇最高礼遇迎接。4 月 30 日，塞尔维亚向他们颁发象征"保卫国家"的最高荣誉奖章。5 月 2 日，中山大学附属第一医院的 3 位专家抵达塞尔维亚，以"接力"的方式轮换第一批援助的专家，继续提供援助，继续凸显中塞两国坚定情谊。

3. 与各国分享疫情防控经验

为帮助全球地方政府和城市应对疫情，广州已组织专家通过 36 场在线研讨会向国际社会分享抗疫经验，在联合国人居署、世界城地组织、世界大都市协会、城市气候领导联盟（C40）等国际组织举行的疫情防控经验在线研讨会上积极分享广州防疫抗疫故事，精准回应外方关切和需求。2020 年 3 月 3 日，广州著名呼吸病学专家钟南山与欧洲呼吸学会候任主席安妮塔·西蒙斯视频连线，介绍中国抗击疫情的成果和经验。3 月 25 日，广州参与由联合国人居署、世界城地组织、世界大都市协会共同组织的"地方政府圆桌会——分享抗疫一线经验"国际疫情防控在线研讨会，并作为第一个交流发言的城市介绍疫情防控策略，表达与全球城市加强合作、共同应对疫情挑战的坚定意愿。3 月 27 日，由城市气候领导联盟（C40）主席、美国洛杉矶市市长贾西提召集发起的 C40 应对新冠肺炎疫情危机市长级网络视频研讨会召开，包括广州在内的 33 个国家与地区的 45 个会员城市的 120 多名代表出席。5 月 14 日，广州市第八人民医院与乌克兰首都基辅的 7 家医院开展新冠肺炎疫情防控在线交流会，解答当地医院提问。7 月 30 日，广州参加世界城地组织亚太区"新冠肺炎疫情下的远程医疗——地方层面的区域合作"视频会议，广州妇女儿童医疗中心专家分享远程医疗合作、互联网医院等方面的经验。11 月 12 日，以"疫情中的城市和地方政府"为主题的世界城市和地方政府组织 2020 年广州世界理事会会议举行，全国政协副主席刘奇葆、联合国秘书长古特雷斯、第 75 届联合国大会主席博兹克尔等致辞，国际卫生组织总干事谭德塞、国际移民组织总干事维托里诺、联合国粮食及农业组织总干事屈冬玉、联合国副秘书长、人居署执行主任谢里夫等参与会议讨论，来自全球 48 个国家 189 个城市、地方政府和国际组织共约 350 名代表参加此次会议。会议充分展现了各地方政府的团结与合作，为世界城市携手抗疫、推动地方发展进一步凝聚共识。

4. 在穗外国友人参与志愿服务

新冠肺炎疫情期间，广州针对出入境人员制定了一系列科学精准的防控措施，一视同仁做好在穗外国人员社区健康服务管理，牢牢守住守好祖国"南大门"。广州多语种公共服务平台第一时间开通 24 小时热线服务，推出英语、意大利语、西班牙语、阿拉伯语的疫情防控微课堂，传播健康防护知识。在广州外籍人员数量多、翻译人手紧缺的情况下，许多外籍人士主动报名加入疫情防控志愿者队伍，为广州的涉外疫情防控贡献力量。广州市白云区通过高校与社区联动相结合的模式，组建白云外籍友人青年志愿服务队，招募 106 名外籍志愿者，提供翻译、防疫知识宣传、派发防疫物资、人文关怀等志愿服务。南方医科大学招募来自尼日利亚、坦桑尼亚、乌干达等 13 个国家的 14 名留学生组建国际医疗合作志愿服务队，协助广州市第八人民医院开展外籍无症状感染者的情绪安抚工作。2020 年 5 月 6 日，在广州市天河区猎德社工服务站举办的外籍志愿者交流会上，来自美国、安哥拉、喀麦隆、法国、加纳、意大利、印度等 15 个国家的 25 名志愿者纷纷分享了自己在广州生活、学习和参与防疫志愿服务的故事，并在会上被授予"广州市社区友好使者"荣誉，充分展现中外友人的民间情谊。

二 2020年广州在世界城市体系中的表现

（一）2020年广州在主要全球城市评价排名中的表现

近年来，广州在主要全球城市评价中的排名呈现总体相对稳定、轮动进步的趋势。在 GaWC 世界城市分级、全球金融中心指数中排名较为靠前，排名相近的城市都是非常具有竞争力的城市，短期内大幅提升的空间较小，趋于稳定。在科尔尼全球城市系列指数、普华永道《机遇之城》中则突破多年稳定区间，实现排名上升。在全球创新集群排名中与深圳—香港集群合并组成深圳—香港—广州集群，排名上升至全球第二。在全球政经局势动荡的大环境下，领先城市的竞争日益激烈。广州稳步推进城市发展，为新一轮质变突破积蓄量能。

表8　2016～2020年主要全球城市评价广州排名一览

机构与排名		2016	2017	2018	2019	2020	排名意义
GaWC	世界城市分级	Alpha－(40)	–	Alpha(27)	–	Alpha－(34)	保持"世界一线"城市序列
科尔尼	全球城市指数	71	71	71	71	63	六年来首次提升
	全球潜力城市指数	78	56	59	65	54	潜力前景上升
普华永道	机遇之城		1	4	4	3	中国城市第三
Z/Yen(一年二次)	全球金融中心指数	–	37/32	28/19	24/23	19/21	银行业迈进全球前八
世界知识产权组织	全球创新集群		63	32	21	2	2020年合并组成深圳—香港—广州集群

需要注意的是，2020年大多全球城市评价采集的数据区间仍在新冠肺炎疫情暴发之间，但是疫情对全球城市发展的影响使各大机构不约而同地重新审视城市发展的价值取向和评价标准，并相应地调整了评价指标。

1. 在GaWC世界城市分级中小幅波动

2020年GaWC更新世界城市分级（The World According to GaWC）。在疫情的冲击下，不必要的经济活动大幅缩减，仅有少数顶级全球城市和传统经济中心能保持较强的全球经济联系度，为此世界城市分级大幅下调代表全球领先城市水平的Alpha类城市数量，Alpha＋级缩减1个城市，Alpha级大幅缩减8个城市。受此影响，上期排在Alpha级靠后的广州本期下调至Alpha－级。

从世界城市分级第20～40位的城市来看，上下10位左右的波动较为普遍。广州本期排名全球第34位，调降7位。对广州的位置造成较大影响的是部分上期被广州超越的城市出现了较大程度的回升，如阿姆斯特丹上升20位，由第34位上升到第14位；约翰内斯堡上升11位，由第39位上升到第28位；维也纳上升8位，从第41位上升到第33位；华沙上升5位；斯德哥尔摩上升2位。另外一些上期在广州之后的城市保持位置大致不变，如墨尔本（第29位）、伊斯坦布尔（第30位）、曼谷（第31位）。

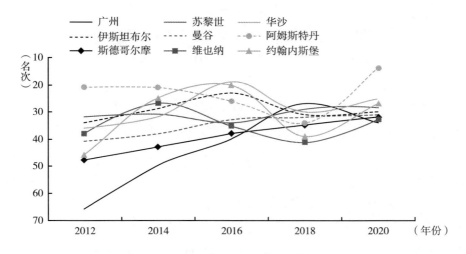

图2 世界城市分级部分 Alpha 类城市排名变动情况

资料来源：《GaWC世界城市分级》（2012~2020年）。

从中国城市来看，广州的表现超越台北，排名上升到中国城市第四位。台北本期下降了10位，从第26位下降到第36位。

2. 在科尔尼全球城市系列指数中显著进步

美国科尔尼公司发布2020年全球城市报告，继续更新公布评估当前全球最具竞争力城市的"全球城市指数（Global Cities Index）"和评估城市未来发展潜力的"全球潜力城市指数（Global Cities Outlook）"。科尔尼提出，疫情考验了城市的创新能力和长远发展能力，城市领导者们需要从城市价值创造、全球城市连接性以及城市空间转型等方面加以努力。为此，全球城市指数新增了独角兽公司数量、医学院数量等指标。

广州在全球城市指数中实现六年来首次上升，提升了8位至第63名，显示出强劲的上升势头；在全球潜力城市指数中，较 2019 年大幅上升了 11 位至第 54 名。广州的进步得益于中国整体经济的强劲增长与良好的发展前景，同时也与全球城市指数新增加的独角兽公司数量与医学院数量指标有关，广州在这两项指标上具有显著优势。

3. 在普华永道《机遇之城2020》进入前三

在由普华永道与中国发展研究基金会共同编制的《机遇之城 2020》中，广州在中国城市中的进步态势更为显著。《机遇之城 2020》新增长春、呼和浩特、南昌、南宁等 4 个城市，研究城市范围扩大到 42 个。广州排名第三位，超越香港，仅次于北京、上海。

2020 年，广州在多个维度均表现突出。不仅在经济实力上具有领先优势，广州技术创新优势扩大，在"智力资本和创新"维度与北京并列第一，其中"高等教育规模"指标上持续领先，冲上第一；"技术成熟度"维度位列第二，尤其是反映智慧城市基础设施的移动电话普及率、数字中国等变量上表现优秀，移动互联网和数字技术高度普及应用。广州在自然环境、人口、基础资源充分程度、医疗、灾害应对等方面投入力度也相当大，在"可持续发展"维度位列第二，仅次于深圳；在"城市韧性"维度位列第四，仅次于香港、上海、澳门。此外，在"文化与生活"维度"消费活力"变量排名第一，餐饮、网购、旅游都是广州吸纳消费的突出特色；在"宜商环境"维度的"物流"变量排名第一，综合性交通枢纽优势持续作用。在城市发展全面发力的基础上，广州成为粤港澳大湾区名副其实的核心增长极，在"区域重要城市"维度表现进一步上升，仅次于上海位列第二，成为《机遇之城 2020》中粤港澳大湾区的首位城市。

4. 在全球金融中心指数中凸显多项优势

2020 年全球金融中心指数（Global Financial Genters Index）如期发布第 27、28 期报告。报告观察城市范围继续小幅扩大，第 27、28 期分别有 108、111 个城市入选正式榜单。广州在第 27 期排名全球第 19 位，第 28 期排名全球第 21 位，保持亚洲第七位、中国内地第四的水平。

表9 广州在全球金融中心指数中的表现

年份	报告	排名	问卷反馈（份）	指标得分
2017	第 21 期	37	211	650
	第 22 期	32	293	668
2018	第 23 期	28	353	678
	第 24 期	19	438	708
2019	第 25 期	24	438	708
	第 26 期	23	849	711
2020	第 27 期	19	1309	714
	第 28 期	21	1903	710

资料来源：《全球金融中心指数报告》（第 21~28 期）。

广州总体定位保持在全球性专业金融中心行列，并升至该类别首位城市。广州金融行业优势进一步凸显，银行业排名在第 27 期进入全球第 15 位的基础上，第 28 期继续晋级，入围全球前八。广州的全球金融中心地位已备受业内关注，第 28 期广州获问卷反馈的提及数达 1903 份，数量规模全球第七，甚至高于东京、新加坡、深圳等前位城市，这一数量是 2017 年首次入围正式榜单时的 9 倍。广州金融发展环境更被业内人士看好，第 28 期首次成为全球 18 个"稳定发展的金融中心"之一，中国城市中仅有香港、北京、上海、广州四座城市入选。广州还排在全球最具声誉优势的金融中心第六位、最具发展潜力的金融中心第八位。

5. 深圳—香港—广州集群在全球创新集群排名中居于第二

世界知识产权组织《2020 年全球创新指数》介绍了全球创新趋势和 131 个经济体的创新表现。该报告对全球经济体中的热点"创新集群"进行排名，并列出得分最高的前 100 名，中国共有 17 个创新集群上榜，其中有 3 个创新集群进入全球排名前十，分别是深圳—香港—广州集群、北京集群和上海集群。

在往期排名中，广州创新集群单独参与，并取得了连续大幅的进步，2017 年至 2019 年从第 63 位跃升至第 21 位。2020 年报告将广州加入深圳—香港集群，组成深圳—香港—广州集群，充分发挥了粤港澳大湾区的优势，大大增强了集群的创新实力，处于全球第二、国内第一。集群的科技产出明显提升，其 PCT 申请量占国内 PCT 申请总量的 6.9%，远超国内其他各科技集群所占的份额；科学出版物占出版物总量的 1.37%，与排名第一的东京—横滨创新集群的差距明显缩小，巩固了粤港澳大湾区在创新引领中的地位。

（二）广州在主要全球城市评价排名中所表现出的亮点和启示

从近十年来广州在主要全球城市评价排名中的表现变化来看，广州深化改革、扩大开放，创新驱动、建设国际大都市等发展战略正在持续释放发展动能，着力推动"四个出新出彩"更进一步巩固提升自身地位优势，推动释放老城市的新活力，为广州世界排名的下一轮上升积聚量能。

1. 科技创新势能日益浓厚

创新企业、高校和科研机构、人才的集聚形成良好的创新生态系统，使广州在全球城市体系中的创新优势日益凸显。"十三五"以来，广州高新技术企业从 1919 家增至 1.2 万家，国家科技型中小企业备案入库数连续三年居全国第一；在广州的国家、省重点实验室达 21 家和 241 家，分别占广东省的 70% 和 61%；颁发人才绿卡 7623 张，在穗工作两院院士总数达 115 人。全社会研发投入年均增长 15.6%，占地区生产总值比重由 2.1% 提高到 3%；专利、发明专利授权量比 2015 年分别增长 2.9 倍和 1.3 倍。科尔尼全球城市指数显示，广州的独角兽企业数量具有领先优势。广州在《机遇之城 2020》"智力资本和创新"维度的排名从 2019 年第 4 位上升至与北京并列第一，"技术成熟度"维度位列第二，"高等教育规模"指标也上升至第一位。近年来，广州抓住数字革命的机遇，谋划建设数字经济引领型城市，将人工智能与数字经济作为战略引擎工程，并以"数字政府"建设为抓手，通过推进城市治理数字化、现代化，推动大数据、云计算、人工智能等新技术大规模应用，形成良好的创新生态，国际科技创新中心建设成效逐步凸显。《全球创新指数报告》顺应粤港澳大湾区发展形势，首次将广州与深圳、香港组合，形成"深圳—香港—广州创新集群"，排名全球第二位，也成为国内最具创新活力的城市群。在《自然》杂志发布的"自然指数—科研城市"榜单上,广州全球排名从2018年第25位跃升至2020年第15位。这些在国内外极具权威性和影响力的城市研究成果反映出,广州已成为巩固粤港澳大湾区国际科技创新中心提升区域创新能力、参与国际竞争的重要一极。

2. 金融中心地位愈加凸显

近年来,广州金融业高质量快速发展,全球性综合性国际金融中心地位逐渐稳固,已连续多期列入全球金融中心指数"全球性"金融中心范畴。2020年,广州市实现金融业增加值2234.06亿元,同比增长8.3%,规模居全国大城市第四位。国际金融主体规模持续扩大,全市持牌金融机构325家,其中法人金融机构55家。国际金融服务功能愈加完备,上海证券交易所、深圳证券交易所、全国中小企业股份转让系统、中证机构间报价系统等全国性资本市场交易平台均在广州设立机构,广东省唯一合法的区域性股权交易市场——广东股权交易中心已落户广州。2019年11月,率先在南沙落地的FT账户体系截至2020年底已累计服务1569户企业,办理企业FT项下跨境结算约941亿元人民币。2020年广州期货交易所获批设立,更弥补了广州缺少全国性重大金融基础设施的短板。金融业态愈加丰富,绿色金融、金融科技发展全国领先。截至2020年末,广州地区银行机构绿色贷款余额超3800亿元,位列全省第一;全市累计发行各类绿色债券超700亿元,总量和增速均位列全国各试验区第一。广州碳交所的碳配额现货交易量累计成交突破1.72亿吨,排名全国第一。广州还获中国人民银行批准成为全国第二批金融科技创新监管试点城市,成立全国首家数字金融协会,打造集金融、科技、产业于一体的创新型地方组织,聚集金融科技类主体近60家。在第28期全球金融中心指数中,广州保持着金融科技指数全球前八的好成绩。

3. 城市韧性良好有力支撑城市发展

新冠肺炎疫情对城市尤其是超大城市的抗风险能力形成了严峻的考验。面对大型的人口规模,城市的公共基础设施承载能力、公共服务供给能力都备受压力。全球城市评价排名纷纷调整评价体系，城市韧性、可持续发展能力在城市发展中的价值地位骤然上升。广州作为一个综合实力较强的超大城市，凭借良好的城市治理能力，在本轮全球城市评价体系的调整中获得了显著的进步，包括在科尔尼全球城市指数中打破了6年来的稳定位次，大幅上升8位。《机遇之城2020》更是清晰地显示出广州在"城市韧性""可持续发展"等维度的领先优势。2020年，广州以城市更新为发展重点之一，城市更新盘活存量用地67平方公里，新增公共服务设施457万平方米、绿化面积871万平方米，有效拓展了城市发展空间。"十三五"时期，广州民生保障水平也明显提高，医疗卫生机构增至5552个，实有床位数达9.34万张，比2015年分别增长49.1%和27.5%；城市15分钟、农村30分钟卫生服务圈基本建成；一般公共预算民生支出占比约七成，支出总额比"十二五"增长79%；成功创建国家公交都市。广州已连续两年获评中国最具幸福感城市，人民的幸福感、满足感将使城市发展获得更好的向心力、凝聚力。

三　2021年广州城市国际化发展的形势展望

站在"两个一百年"奋斗目标的历史交汇点上，我国发展环境面临深刻复杂变化。"十四五"时期，世界百年未有之大变局与中华民族伟大复兴的战略全局深度联动，新一轮科技革命和产业变革深入发展，新冠肺炎疫情影响广泛深远，我国发展仍然处于重要战略机遇期，但机遇和挑战都有新的发展变化。"两个大局"深度联动构成"十四五"时期广东、广州发展环境的主基调，面对国家大力支持粤港澳大湾区建设和深圳建设中国特色社会主义先行示范区，省委以支持深圳同等力度支持广州改革发展的重大历史机遇。广州将进入新旧动能转换关键期、全面深化改革突破期、城市能级提升加速期。

（一）全球治理体系深刻变革，区域伙伴关系趋向紧密

受到新冠肺炎疫情的影响，除中国以外的世界主要经济体都陷入经济衰

退之中，疫苗出现等因素令疫情有望得到控制，2021年世界经济可能进入缓慢复苏期。与此同时，一系列区域伙伴关系经历重重考验趋向紧密，多边合作迈上新台阶，世界局势在加速变化的同时，人类命运共同体理念日益深入民心。

1. 世界经济历经深度衰退，迎来复苏关键节点

2020年是全球经济深度衰退的一年，各国的封锁措施让人员流动、跨国贸易、国际投资大幅下降，世界经济出现了较大下滑。2020年世界经济增速约为－4.3%，与2019年相比大幅下降，下降了6.6%，是二战结束以来出现的最大跌幅。展望2021年，由于疫苗的接种、各国政府采取的提振经济措施，以及以中国为首的新兴经济体摆脱疫情带来的困境等利好因素，各主要机构都认为世界经济或将迎来反弹，开启复苏的步伐。世界银行预测2021年世界经济增长约为4.0%，较2020年有较大幅度的反弹；联合国经社理事会、国际货币基金组织认为中国的经济复苏对世界经济有较大的推动作用，分别预测2021年全球经济增长约为4.7%、5.5%，较世界银行的预测更为乐观。然而，世界经济的复苏面临复杂矛盾，也必将是一个漫长的过程。2020年多国为应对新冠肺炎疫情，采取量化宽松的货币政策，全球政府债务有极大幅度提升，主权违约风险极大增加；世界经济下滑导致各国失业率上升，社会矛盾将可能在随后几年内进一步激化；疫情发展趋势仍存在不确定性，一旦全球疫情未能得到有效控制，世界经济将可能出现更大危机。相互交织的不确定性因素，对2021年世界经济发展带来更多变量。

表10 2020～2021年世界及主要经济体增速预测

单位：%

国家或地区	世界银行		国际货币基金组织		联合国经社理事会	
	2020年	2021年	2020年	2021年	2020年	2021年
世界	－4.3	4.0	－3.5	5.5	－4.3	4.7
发达经济体	－5.4	3.3	－4.9	4.3	－5.6	4.0
美国	－3.6	3.5	－3.4	5.1	－3.9	3.4
欧元区	－7.4	3.6	－7.2	4.2	－7.9	2.6

续表

国家或地区	世界银行		国际货币基金组织		联合国经社理事会	
	2020 年	2021 年	2020 年	2021 年	2020 年	2021 年
新兴市场和发展中经济体	-2.6	5.0	-2.4	6.3	-2.5	5.7
中国	2.0	7.9	2.3	8.3	2.4	7.2
俄罗斯	-4.0	2.6	-3.6	3.0	-4.0	3.0
印度	-9.6	5.4	-8.0	11.5	-9.6	7.3
巴西	-4.5	3.0	-4.5	3.6	-5.3	3.2
南非	-7.8	3.3	-7.5	2.8	-6.4	2.9

资料来源：世界银行《全球经济展望》（2021 年 1 月）、国际货币基金组织《世界经济展望》（2021 年 1 月）、联合国《世界经济形势与展望》（2021 年 1 月）。

2021 年世界经济实现复苏的关键，在于全球抗疫合作的持续开展。新冠肺炎疫情是一次国际性重大公共卫生紧急事件，各国命运紧密地联系在一起，人类命运共同体理念的重要价值空前凸显。面对疫情，世界各国必须加强抗疫合作，及时进行信息沟通交流，加快疫苗接种进度，为相对落后的国家提供资金、医疗技术等方面的援助。只有团结协作，世界各国才能携手度过这场百年未遇的危机，推动世界经济摆脱疫情带来的困境，重新实现经济合作，迎来真正的经济复苏。

2. 美国新政府上台，美国对华政策出现转变

美国前任总统特朗普任职期间，其政府的单边主义政策对全球化带来极大影响，致使全球治理体系陷入困境。拜登就任美国第 46 任总统，他在竞选过程中发布的施政方针带有明显的自由主义色彩，对内强调抗击疫情和提振国内经济，呼吁国民团结一致，抨击极端主义势力；对外拒绝孤立主义，提出理性开放的外交态度，修复与盟友关系，在多边合作与国际协议中重塑美国的领导地位，例如让美国重新加入《巴黎协定》、重返世界卫生组织（WHO）等。拜登所提出的一系列政策走向趋于理性，表明在其执政下的美国政府很可能会抛弃特朗普政府强烈的单边主义色彩，重新成为当今世界体系的维护者，中美之间的关系也来到新的十字路口。

2021年是中美"乒乓外交"50周年，50年来的中美关系取得历史性成就，不仅给两国和两国人民带来了切实利益，也有力促进了世界的和平、稳定与繁荣。在对华政策上，拜登将中国视为美国在科技领域最大的挑战者和竞争者，在对华贸易上不采用简单的一揽子关税措施，而是继续主导现有的多边贸易机制，与其他西方国家联合起来，利用多边机制和规则对华施压，在气候变化、全球卫生安全和防核扩散等"中美利益交汇的问题"上与中国合作。我国对美政策则保持着连续性和稳定性，愿同美方发展以协调、合作、稳定为基调的中美关系。美国政策如能回归理性、重启对话，将有利于营造互利共赢的大国相处模式，为世界应对全球性挑战带来更加明朗的前景。中美之间的积极交流合作将会为全球对抗新冠肺炎疫情和世界经济复苏提供坚实力量，激发全球治理变革新动能，进而推动全球治理体制朝着更加公正合理的方向前进。

3. RCEP正式签署，亚太区域合作步入新阶段

亚太地区是世界经济增长的重要引擎，在经济全球化受阻以及疫情的影响下，亚太地区经贸合作出现新机遇。2020年11月15日，东盟10国和中国、日本、韩国、澳大利亚、新西兰共15个国家历经8年谈判，正式签署以既有的贸易协定为基础的《区域全面经济伙伴关系协定》（RCEP），亚太各国之间的经济合作步入新阶段。RCEP涵盖的区域拥有23亿人口，GDP总和超过25万亿美元，贸易总量约占全球总量的25%，协议生效后，RCEP将成为世界上规模最大、影响力最广的贸易协定。就其内容而言，RCEP协定是一个全面的、高质量的自由贸易协定，主要规定了货物、服务、投资准入规则，增加了电子商务、知识产权等新内容，要求签署国采取统一规则，减少贸易障碍；削减贸易壁垒，实现各国之间90%的货物贸易零关税；实行了负面清单制度，拓宽了对服务贸易和跨国投资的准入；增加了电子商务便利化的新规则，促进各国电子商务发展。RCEP的签署能够极大降低区域内各国之间的贸易障碍，为亚太各国相互开展贸易投资带来崭新机遇，加快促进亚太地区的一体化进程。

在全球疫情肆虐、世界经济严重衰退、国际贸易投资萎缩、保护主义单

边主义加剧的时代背景下，RCEP 的签署是亚太地区国家团结协作的重要体现。RCEP 是世界上唯一一个以发展中经济体为中心的区域贸易协定，为亚太地区的各领域合作、进一步发展注入新动力。RCEP 的签署也是对单边主义和贸易保护主义的一次有力回击，宣告多边主义和自由贸易的胜利，对维护全球贸易体系具有重要作用，推动世界在后疫情时代实现更加健康良好的经济发展。

4. 中欧投资协定达成，中欧关系仍存不确定性

中国和欧盟是重要的战略合作伙伴，两者在政治、经济、文化等领域上有紧密的合作。2019 年，中国与欧盟的双边贸易突破 7000 亿美元，2020 年中欧班列全年开行 1.24 万列，同比增长 50%，综合重箱率达 98.4%，单月开行均稳定在 1000 列以上，为构建新发展格局和促进国际防疫合作提供了有力支撑，也表明中欧在经济合作上存在广阔的发展空间。近年来，欧债危机和英国脱欧等问题困扰着欧盟的发展，中国和欧盟在抗击新冠肺炎疫情和实现地区经济复苏等领域坚定合作，巨大的共同利益不断推动中欧之间的伙伴关系发展。历经 7 年 35 轮谈判，2020 年 12 月 30 日，中欧国家主要领导人共同宣布如期完成中欧投资协定谈判，在更高水平、更深层面上推动了中国和欧盟之间的合作。《中欧全面投资协定》对标国际高水平经贸规则，着眼于制度型开放，确立了双方在市场准入上的制度保障，协议的正式签署将推动中国和欧盟双向投资步入"精耕细作"阶段，旨在推动中国与欧盟之间的经济联系更加紧密和牢固。

5. 受疫情影响程度不同，新兴经济体发展呈现分化

2020 年，新冠肺炎疫情成为影响全球格局的最主要因素。因经济基本面和政策空间有别于发达经济体，一些新兴经济体遭受疫情不同程度的冲击，呈现出差异较大的发展态势。亚太地区的新兴国家为对抗疫情凝聚共识、团结一致，有望在后疫情时代成为世界经济复苏的重要引擎。金砖五国中，中国率先实现经济复苏，2020 年 GDP 增长达到 2.3%，成为全球唯一实现经济正增长的主要经济体，有望在 2021 年继续担任世界经济复苏的领头羊。俄罗斯经济受疫情较大冲击出现下滑，但俄罗斯最先批准国产疫苗的

使用，疫情较早得到控制；此外得益于与欧盟之间加强合作，经济有望实现反弹。印度国内疫情较为严重，内部矛盾突显，但基于庞大的人口和市场潜力，国际货币基金组织预测2021年印度经济会有超过10%的增长。巴西、南非两国受到疫情重创，可能引发国内政局动荡，在世界局势加速变革之际，各主要机构预测巴西和南非2021年的GDP增速均在3%上下，低于世界平均水平。

总体而言，新兴经济体的发展呈现日益分化的状况，在新的一年面临更大挑战，疫苗的研制和获取起到关键影响。除了中国和俄罗斯，其他新兴国家暂未研制出批准上市的疫苗，世界上主要的疫苗都由发达国家掌控且产能紧张，新兴经济体可能面临疫苗危机。全球政府债务的提升也会进一步危及新兴国家的发展，经济与疫情的压力有可能引发政治危机，从而影响地区乃至世界的稳定发展。

（二）站上全面建成小康社会新起点，"十四五"迎来良好开局

全面建成小康社会，为全面建设社会主义现代化强国奠定了坚实基础。"十四五"规划对下一个五年我国经济社会发展作出系统谋划和战略部署。2021年是实施"十四五"规划和2035年远景目标的开局之年，也将是广州实现老城市新活力、"四个出新出彩"，巩固提升城市发展位势的关键阶段。进入"十四五"时期，广州要主动把握新机遇，在率先实现社会主义现代化新征程中展现新作为。

1. "十四五"时期开启建设社会主义现代化国家新征程

"十四五"时期是我国全面建成小康社会、实现第一个百年奋斗目标之后，乘势而上开启全面建设社会主义现代化国家新征程，向第二个百年奋斗目标进军的第一个五年，具有里程碑式的意义。2021年3月12日，《国民经济和社会发展第十四个五年规划和2035年远景目标纲要》正式发布，从"十四五"期间经济社会发展的关键节点出发，提出未来5~15年我国整体经济社会的发展定位、发展方向，描绘"十四五"时期我国经济社会发展蓝图。作为建设社会主义现代化国家新征程开局的关键期，我国将在

"十四五"时期坚定不移贯彻新发展理念,坚持稳中求进工作总基调,以推动高质量发展为主题,以深化供给侧结构性改革为主线,以改革创新为根本动力,以满足人民日益增长的美好生活需要为根本目的,统筹发展和安全,加快建设现代化经济体系,加快构建以国内大循环为主体、国内国际双循环相互促进的新发展格局,推进国家治理体系和治理能力现代化,实现经济行稳致远、社会安定和谐,为全面建设社会主义现代化国家开好局、起好步。

城市是服务构建新格局的重要支撑,"十四五"时期各项目标实现都与推动城市的发展密切相关。面对复杂多变的国内外环境,国内各地落实国家"十四五"规划纲要,立足自身基础,发挥特色优势,纷纷确立"十四五"时期自身的发展原则、目标定位、重点任务,通过提升城市发展服务国家总体目标实现。进入实现老城市新活力、"四个出新出彩",巩固提升城市发展位势的关键阶段,广州也将在"十四五"时期聚焦打造新发展阶段高质量发展典范、打造国内大循环中心节点城市和国内国际双循环战略链接城市、打造全球资源要素配置中心、打造超大城市现代化治理新范例、打造美丽宜居幸福新广州,不断提升城市综合发展水平,努力在全面建设社会主义现代化国家新征程上迈出坚实步伐,实现良好开局。

2. 高质量共建"一带一路",城市主动谋划新作为

"一带一路"倡议于2013年提出以来,秉持共商共建共赢理念,围绕政策沟通、设施联通、贸易畅通、资金融通、民心相通取得丰硕成果,为我国与沿线国家各领域合作发展带来空前机遇。截至2020年底,我国已与138个国家、31个国际组织签署了203份共建"一带一路"合作文件;中欧班列开行数和发货量在2020年创历史新高,成为助力沿线各国抗疫的"钢铁驼队"。面对新冠肺炎疫情冲击和全球化逆流,中国将继续推动"一带一路"走深走实,以"一带一路"为平台,凝聚世界共识,强化合作机制,拓展合作领域,夯实社会基础,推动建设开放型世界经济,为全球发展开辟新空间。中国将与各国合作伙伴一道,把"一带一路"打造成团结应对挑战的合作之路、维护人民健康安全的健康之路、促进经济社会恢复的复

苏之路、释放发展潜力的增长之路，通过高质量共建"一带一路"，携手推动构建人类命运共同体。

城市在"一带一路"建设过程中的地位和作用日益凸显。《推动共建丝绸之路经济带和21世纪海上丝绸之路的愿景与行动》明确提出，要形成"路上以沿线中心城市为支撑""海上以重点港口为节点"的发展思路。随着"一带一路"建设进入高质量发展新阶段，中心城市、节点城市的战略价值与枢纽功能进一步凸显，也迎来了更多发展新机遇、新动力。广州作为"一带一路"重要枢纽城市，在高质量共建"一带一路"的时代机遇下，将立足自身综合实力基础优势，充分发挥枢纽联通功能，在为建设"一带一路"提供有力支撑的同时，加快汲取经济社会发展资源与能量，催生城市国际化发展新动能。

3. 全球治理体系加快变革，中国"城市之治"作用再凸显

新冠肺炎疫情暴发令世界面临空前的公共卫生危机，成为近年来全球治理领域的重大事件，对整个人类的生产生活产生巨大影响。面对国际秩序体系中出现的停滞、冲突与博弈，中国作为负责任的大国，坚定与国际社会一道，积极推进全球治理体系变革，完善区域及全球治理机制。中国主张通过促进经济发展夯实和平基础，始终作为多边贸易体制的积极参与者，持续推进经济全球化发展，反对贸易保护主义，推动经济全球化朝着更加开放、包容、普惠、平衡、共赢的方向改革完善。中国积极推动树立开放包容的全球治理观，倡导权利平等、机会平等、规则平等，推动构建人类命运共同体，加强与世界各国的协调合作，为全球治理做出中国贡献。

城市是国家治理的重要单元，是一国经济发展中最具活力和发展潜力的基本支点，在推动国家治理体系和治理能力现代化、提高参与国际竞争合作水平中承担着极为重要的责任。城市积极参与全球治理体系改革，能够在政治、经济、文化、社会、生态等各方面治理中发挥有机作用。2020年，广州当选世界大都市协会主席城市，实现中国城市担任国际城市多边组织主席城市"零的突破"，将进一步发挥广州在国际组织中的领导角色，在提升中

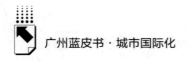

国城市影响力的同时，不断推动全球城市治理创新与合作，同时为中国引领全球治理体系变革提供新思路、新方向。

（三）广州奋力建设国际大都市，当好服务构建新发展格局的重要支撑

新发展格局的构建在进一步推动国内发展转型升级的同时，也有力推动中国与世界的双向联动，为广州走向世界舞台造就新机遇。"十四五"时期承上启下开启新征程，粤港澳大湾区建设持续深化，广州深圳开启"双城"联动进程，广州"十四五"规划明确更高目标、更强动力，城市国际化建设将在新形势下育先机、开新局、谋新篇。

1. 服务构建新发展格局，开启枢纽城市发展新篇章

基于我国环境、条件变化以及发展阶段新要求、塑造国际合作和竞争新优势的要求，党中央提出构建以国内大循环为主体，国内国际双循环相互促进的新发展格局。习近平总书记强调："新发展格局不是封闭的国内循环，而是开放的国内国际双循环。"构建新发展格局是适应我国发展阶段新变化、新要求的必然选择，其以国内大循环为基础，强调充分发挥国内市场巨大潜力，但绝不意味着与国际脱钩，而是国内循环与国际循环双向促进，不仅满足我国自身发展需要，更要造福世界各国人民。随着我国在世界经济中的地位持续上升，同各国经济联系日益紧密，我国为其他国家提供的市场机会也将更加广阔，成为吸引国际商品和要素资源的巨大引力场。

新发展格局为我国城市深耕国内强大市场、促进经济社会持续健康发展提供了广阔空间，服务构建新发展格局，同样是推动广州发展的重大机遇。广州作为国家中心城市、改革开放的前沿阵地、祖国的"南大门"，是联系国内外两大市场、引领国内外双向开放的桥头堡和重要枢纽。一方面，广州拥有良好的综合实力基础，近年来不断培育经济新动能，与国内主要城市经济联系日趋紧密，能够在培育完整内需体系、推动国内市场发展上起到重要作用；另一方面，广州也是推动内外经济互动的先行者，打造广交会、南沙自贸区等一系列对外贸易平台和载体，以及机场、港口、铁路等重要交通设

施，汇聚了大量国内外人流、资金和物流，成为国内外资源要素集聚、流通的重要战略节点。在"十四五"时期，广州将继续凭借自身优势，发挥内外循环的枢纽作用，协调推进内需和外需、进口和出口、引进外资和对外投资等领域，实现高质量引进来、高水平走出去，在服务构建新发展格局中发挥更加关键性的作用。

2."双区"建设、"双城"联动形成合力，强化大湾区核心引擎作用

《粤港澳大湾区发展规划纲要》正式发布两年来，对促进港澳地区融入国家发展大局，推进产业升级和经济高质量发展，打造国际一流湾区和世界级城市群起到至关重要的作用。在构建新发展格局下，粤港澳大湾区具有不可复制的独特优势，能够成为推动国内国际双循环格局的重要平台。通过实现湾区内基础设施"硬联通"和规则机制"软联通"、增强全球资源配置能力、推进重大合作平台建设等目标，粤港澳大湾区能够加快国内供给侧结构性改革，促进创新要素流动，加快国内产业转型升级，在提升自身发展同时吸引更多海外资金、人才、创新要素聚集，打造内外联通的有力支撑和坚实保障。中央做出支持深圳建设中国特色社会主义先行示范区的重大决策，旨在推动深圳先行先试，率先探索全面建设社会主义现代化强国新路径，推动建设粤港澳大湾区和深圳建设中国特色社会主义先行示范区形成"双区驱动"效应，进一步推动大湾区加快形成全面开放新格局，率先实现高质量发展。

国家支持粤港澳大湾区和深圳中国特色社会主义先行示范区建设，广东省委、省政府以支持深圳同等力度支持广州改革发展，为广州进一步拓展开放合作空间、提升城市发展能级提供了重大契机。随着大湾区逐步建立健全更加密切的沟通衔接机制，广州在粤港澳大湾区中的核心引擎作用日益彰显，通过加快实现自身经济高质量发展转型，不断寻求新的突破点和增长点，助力粤港澳大湾区建设国际一流湾区和充满活力的世界级城市群。

3.广州"十四五"规划出台，持续扩大高水平对外开放

随着我国经济社会进入高质量发展新阶段，城市作为推动形成全面开放新格局的重要节点，争相打造开放新高地，走向世界舞台参与国际竞争。面对"前有标兵、后有追兵"的发展态势，如何在新背景、新形势下发挥国

家中心城市和综合性门户城市引领作用,是广州在双循环新发展格局下把握先机的必然要求和现实选择。《广州市国民经济和社会发展第十四个五年规划和二〇三五年远景目标纲要》设置"扩大高水平对外开放,构建开放型经济新格局"专章,强调要实施更大范围、更宽领域、更深层次对外开放,提升投资贸易自由化便利化水平,加快推动规则、规制、管理、标准等制度型开放,深化国际合作,实现互利共赢。其中具体包含"深化自贸试验区""积极拓展全面开放空间""建设'一带一路'重要枢纽城市""加快国际交往中心"建设等重点任务。明确提出要"实施城市国际化战略,提升城市对外交往功能,打造国际高端资源要素集聚地、国际交流合作重要承载地、引领全球城市治理创新示范地、展现开放包容魅力重要窗口",从建设高端国际交往平台、拓展国际交往"朋友圈"、加强国际化环境建设等方面采取举措,为"十四五"时期广州持续扩大对外开放明确具体抓手,为城市国际化建设指明方向。

四 2021年广州城市国际化发展的对策建议

2021年是"十四五"的开局之年,更是全面建设社会主义现代化国家新征程的新起点。广州要紧紧抓住"一带一路"建设高质量发展、粤港澳大湾区打造世界级城市群有利契机,深刻理解把握以国内大循环为主体、国内国外双循环相互促进的新发展格局,坚定不移地推进城市国际化,以更高站位完善对外工作机制,以更实效能建设开放经济载体,以更优标准打造合作对接平台,以更大影响培育国际活动品牌,以更广视域拓展全球交流网络,实现老城市新活力与"四个出新出彩",建设国际大都市,不断提升广州在国家对外开放大局中的战略地位。

(一)以更高站位完善对外工作机制

广州肩负着当好"两个重要窗口"的重要使命,必须持续推进对外开放治理能力建设,不断发挥制度优势为国际大都市现代化建设提供持续动力，充分彰显中国特色社会主义制度的强大生命力。

1. 构建领导有力的国际交往工作机制

加强党对全市对外交往实践的集中统一领导，围绕服务国家总体外交大局和服务地方经济社会发展的目标，构建全市对外交流合作领导和工作体系。在外事工作领导体制机制建设上，创新外事、外经、外宣"三外"联动机制，完善各类驻外办事处运作机制，推进设立海外人才工作站，建立完善国际交往信息资源数据库，建立广州城市对外工作专家咨询机制，全方位提高协同工作能力；探索制定国际组织引进、管理和服务相关制度规则，规范本国际交往行为活动。在参与"一带一路"建设工作机制上，制定实施新一轮参与国家"一带一路"建设三年行动方案，建立健全相关工作落实考核督办机制；充分利用广州一带一路投资企业联合会、中国企业走出去暨南方国际产能合作联盟等平台，谋划用好区域全面经济伙伴关系协定和中欧投资协定，谋划与沿线国家、地方交流合作长效机制。在民间交往方面，科学规划城市对外交往的双轨制，构建民间公共外交策略，整合、激发民间公共外交资源与活力，针对在穗外国人、华人华侨、本地青少年等重点群体制定有针对性的交往策略，如加快国际化社区试点和侨梦苑、海归小镇建设，发动本地青少年参与开展丰富、新颖、灵活的公共外交活动，推动城市对外交流。

2. 打造国际一流营商环境高地

广州要推动出台更多本地特色的发展措施，持续优化国际化营商环境，打造中国法治化国际化营商环境的城市范例。一是加快构建国际一流营商环境制度体系。开展营商环境4.0改革，建设国家营商环境创新试点城市，全面落实市优化营商环境条例，推动建立与国际接轨的投融资、贸易、知识产权、仲裁等规则体系。二是突出南沙、黄埔等先行先试带动作用。着力推进南沙制度创新改革，深入推进"数字＋"集成式新型跨境贸易便利化改革，探索开展技术移民，建设国际化人才特区，探索搭建中国营商环境国际交流促进中心等。建设黄埔国家优化营商环境创新试点，创建港澳及国际投资者创新创业创造"一站式"服务平台，健全营商环境观察员制度，创建高质量发展"1+N"政策体系，创新"区块链+AI"商事服务模式。三是建立健全智慧型监管新机制，持续提高行政审批等公共管理服务效能，探索新产业新业态触发式监管和审慎监管，优化办理破产机制，加快中国（广州）知识产权保护中心建设。

3. 优化对外贸易管理服务机制

加强经贸规则标准对接与监管国际合作，创造公平、透明、高效的国际贸易市场环境。一是提升贸易便利化水平。深入推进通关改革，巩固拓展压缩通关时间成效，规范进出口环节合规成本。对标国际先进水平建设国际贸易单一窗口，推广"湾区一港通"等新模式。强化自贸试验区南沙片区制度集成创新，打造全球溯源中心、全球优品分拨中心、全球报关服务系统等数字贸易服务平台。二是强化通关一体化机制建设。搭建"一带一路"海关信息交换共享平台，推动"单一窗口"、关铁通、AEO互认等合作项目数据共享和落实细化。推进跨境海关合作，深化中荷、中英、中肯（尼亚）、中日关系合作，研究开展中荷海关数据交换，推进中英重点商品监管联合行动。三是创新手段健全外贸新业态管理服务。用好落实好跨境电商优惠政策，健全市场采购贸易管理服务体系，争取从放宽市场准入限制、推动高水平对外开放、提高便利化水平等方面的服务业扩大开放措施。

4. 建立多层次金融服务保障体系

推动本地金融机构完善跨境金融业务，丰富融资途径，"走出去"拓展业务，更好地发挥对"一带一路"资金融通的支撑作用。一是放宽准入门槛吸引境外金融机构入驻，壮大在穗国际金融服务市场主体。二是健全国际投融资服务平台和业态。大力支持广州期货交易所开业运营，推动大湾区国际商业银行落地，研究设立港澳保险服务中心，发挥好全国股转系统华南基地功能作用。大力发展科创金融、绿色金融、普惠金融、数字金融、供应链金融，推动产融深度融合。尤其是加快绿色金融发展，支持国家推进碳达峰、碳中和的目标。三是为企业"走出去"提供多样化金融服务。争取政策性、开发性金融机构的支持，协助本地企业更好地享受政策性贷款和政策性保险等服务，帮助企业获得更优化的融资条件支持和更健全的风险保障。

鼓励商业性金融机构和上市公司发挥海外网络及产品服务优势，通过贷款、项目融资、股权融资等多种形式支持境外项目融资，降低汇率风险。

（二）以更实效能建设开放经济载体

要继续深化前沿技术应用，加快推动空港、海港、铁路港与数字港"四港联动"，构建各种要素流动畅通无阻的现代综合交通体系。

1. 提高基础设施对经济发展的流量承载能力

一是进一步提升世界级机场群核心枢纽能力。推进白云国际机场三期扩建工程建设，全面优化机场地面集疏运体系，构建机场到广州北站空铁联运体系。发挥白云国际机场在珠三角机场群中的龙头引领作用，完善航空资源沟通协调机制，积极推进空域管理制度改革，促进与大湾区各机场的协同发展。二是拓展国际航运枢纽建设深度和广度。推进建设南沙港区四期，做好广州港20万吨级航道、南沙港区五期等项目前期工作，推进内港港区和黄埔港区老港作业区转型升级，完善南沙国际邮轮母港服务功能，加快智慧港口建设。三是培育建设国际高铁枢纽。建设以广州铁路集装箱中心站为核心、广州北站为辅助的国际陆港区，将广州铁路集装箱中心站打造成为集跨境电商、现代仓储、保税物流、金融物流、城市配送和多式联动等为一体的智慧物流园区，成为国家铁路主枢纽、华南铁路经济中枢以及亚欧跨境物贸支点，成为广州连通中欧、南亚等地区的世界级铁路物流枢纽。四是打造国际信息枢纽。加速数字新型基础设施建设，推动传统基础设施"数字＋""智能＋"升级，争取在南沙试点数据合作试验区，开展智能电网、城市信息模型（CIM）平台试点，建设数字丝绸之路重要承载区。

2. 做强关键领域创新载体，汇聚国际科技创新策源力

要坚持创新在现代化建设全局中的核心地位，将科技创新作为城市发展的首要战略。一是将中新（广州）知识城打造为中新合作和"一带一路"合作示范区。深入开展中新科技合作、技术转移和人才培养，全力打造中新国际科技合作示范区、粤港澳大湾区战略性新兴产业创新基地和国家知识创造示范区，广东转型升级样板和粤港澳大湾区高质量发展的重要引擎。二是

以全球化视野谋划和推动人工智能与数字经济试验区建设。立足于国内完备的产业链条，加快集聚行业世界级龙头企业、平台企业，通过物联网、5G等新技术对传统产业进行数字化升级，抢占"数字化生产时代"先机。三是以"一区三城"为主阵地打造科技创新轴。将南沙科学城建成大湾区科学中心主要承载区。完善广深港、广珠澳科技创新走廊布局，推进粤港澳联合实验室建设，创建大湾区国际科技创新中心广州创新合作区，推进共建粤港澳大湾区国际科技创新中心。

3. 推动重大载体开放创新吸引全球投资

用好自贸试验区南沙片区、产业园区、金融功能区等重大载体，积极引进新一代信息技术、人工智能、生物医药等先进制造业、现代服务业和战略性新兴产业企业，促进高质量外资项目集聚，实现更高水平开放发展。在自贸试验区南沙片区的开放探索中，要在政府治理体系和治理能力现代化、科技创新体制机制、医疗健康及疾病预防控制体系、绿色智慧城市建设等领域加大差异化探索力度，力争推出更多可复制、可推广的标志性创新成果。在产业园区发展方面，抓好重点龙头园区，如举全市之力建设广州人工智能与数字经济试验区，打造全国领先的人工智能与数字技术创新策源地和集聚发展示范区；支持龙头骨干企业牵头建设园区，探索联合招商机制，采取兼并、收购、联合、参股、增资扩产等方式使园区发展壮大。在金融功能区方面，用好国际金融城高端金融要素集聚、绿色金融创新引领等特色优势，引进一批国际金融机构落户，更好地服务国际投资及产业聚集；高质量建设广州绿色金融街，积极建设绿色金融城，打造绿色金融总部集聚区。

4. 推进对外贸易载体转型升级

要强化各类外贸载体建设，进一步优化外贸软硬件环境，推动广州市外贸从要素优势向综合竞争优势转变。一是加快综合保税区改革创新试验。白云国际机场综合保税区要创新发展航空金融、商贸会展、跨境电商等新业态，构建以航空运输为基础，航空关联产业为支撑的现代航空产业体系。南沙综合保税区要进一步培育国际中转、汽车平行进口试点、二手车出口试点、保税维修等跨境贸易新增长点。黄埔综合保税区要与临近的黄埔新港港口开展联动，重点发展物流分拨中心、融资租赁、文化艺术品保税展示等战略性新兴产业。二是建设跨境电商国际枢纽城市。大力发展琶洲电商总部区和各类电子商务产业园，打造有竞争力的跨境电商产业集聚区，培育一大批百亿级电商领军企业，壮大一大批专业电商平台。探索跨境电商主管部门与广州海关、黄埔海关共同打造建设粤港澳大湾区全球贸易及跨境电商物流履约交付中心及互换中心。三是提高外贸转型升级基地发展质量，包括做好市场采购贸易试点范围扩区工作，支持花都声频电子基地、番禺灯光音响基地升格为国家级外贸转型升级基地等。四是提升中国服务外包示范城市发展水平。深化服务贸易创新发展试点，充分发挥广州高端制造业和大数据、"互联网＋"、人工智能等高技术产业基础，鼓励企业加强创新平台建设和贸易手段。五是加快推进南沙进口贸易促进创新示范区建设。以国内大循环吸引全球资源要素，建设一批特定商品进口指定监管场地、物流集聚区和国际进口平台，培育发展大宗商品贸易型总部企业，支持一批具有采购、分拨、营销、结算、物流等单一或综合贸易功能的贸易型企业发展进口贸易，提升国际供给体系对国内需求的适配性。

（三）以更优标准打造合作对接平台

建立多领域、多层次、常态化的国际交流合作平台，突出优势、兼顾平衡、梯度发展、形成品牌，为共建"一带一路"提供更多、更新、更好的公共产品。

1. 搭建国际交往平台

一是积极争取国家级重大交往平台。主动争取举办国家主场外交活动，配合国家重要外交活动主动谋划相关配套活动，讲好广州故事，传播中国声音。二是搭好高端国际会议交流平台。办好"读懂中国"国际会议（广州）、从都国际论坛等高端国际会议交流活动，持续办好广州国际投资年会、官洲国际生物论坛、《财富》全球科技论坛、小蛮腰科技大会、世界生态设计大会等一批城市多边交往品牌会议，争取引入欧亚经合组织成员国会议、亚洲青年领袖论坛等更多具有世界影响力的国际会议和论坛项目，整体构建金字塔型的国际会议体系。三是推动基础性国际会议市场发展壮大，打造国际会议优选目的地。强化与会议行业国际组织合作，着力申办和引进对广州经济社会发展有明显带动作用的世界行业龙头国际会议和高端论坛项目。吸引国际组织、行业协会学会、跨国公司、学术科研机构在穗举办论坛、年会、峰会和其他大型会议活动。四是发挥"广州奖"平台的城市治理引领能力。强化"广州奖"品牌效应与辐射性，提升全球市长论坛影响力，探索设立广州国际城市治理创新研究院，在全球城市治理创新领域持续发声。

2. 筑牢科技合作平台

加强各类国际科技创新合作平台建设，实现与全球高端资源的有效对接，争取更多国际高端创新会议、论坛、活动在广州举办，吸引更多国家和科技主体参与，构筑全球创新交流对接高地。要推动中新国际联合研究院建设中新国家级合作新标杆，包括进行世界最前沿的尖端科学研究，促进科技成果的转化和应用，扶持科技企业，培养技术人才，在区域乃至世界发挥影响力。要提升中乌巴顿焊接研究院国际创新合作平台，充分发挥研究院的桥梁作用，大力支持关键技术成果转化孵化、国际科技产业化工作，发掘更多中乌、中东欧创新合作的新领域新方式，为我国与"一带一路"相关国家的科技合作做出表率。要进一步扩大中以合作范围领域，不仅要着力建设中以生物产业孵化基地，还要打开新一代信息技术、人工智能等更多战略性新兴产业合作突破口，助推广州构建高端高质高新现代产业新体系。此外，还要加强各类国际科技创新合作平台建设，包括中欧区域政策合作试点、中瑞低碳城市试点、中日生物医药产业合作等项目建设，引进国际一流科研机构和跨国公司在穗成立研发机构，鼓励广州企业设立海外孵化器和研发机构，支持各区因地制宜打造更多双边多边科技合作平台，实现与全球高端资源的有效对接。

3. 升级商贸会展平台

一是支持广交会优化提升。深度参与广交会组展运营、优化设施保障、加强活动宣传，支持"智慧广交会"建设，支持广交会创新发展。高标准推进广交会展馆四期扩建项目，优化琶洲地区配套功能，提升对广交会宾客的服务保障。二是推动海丝博览会升格。推动海丝博览会升格为国家级展会，充分利用海丝博览会主题论坛的平台优势，加强城市间的会展信息互动、平台共建、资源共享，积极引进更多共建"一带一路"国家和地区的知名展览机构和展会项目落户广州。三是培育本土品牌展会。进一步支持金交会、广博会、海交会、创交会、美博会等本土会展品牌发展壮大。四是引进国际知名展览。培育具有国际知名度的"名展、名馆、名企、名业"，鼓励世界商展百强在穗举办子展。

4. 壮大金融合作平台

一是多种形式健全金融功能平台。谋划发挥广州期货交易所优势，在广州加快形成期货交易、定价和清算中心。发挥上海交易所南方中心、深圳交易所广州基地、中证报价系统南方总部等平台作用以及广州市与香港联合交易所的合作机制，促进广州地区充分利用境内外多层次资本市场进行融资发展，以高品质金融服务支撑实体经济高质量发展。建设大湾区资产管理中心、金融要素交易中心、绿色金融创新中心，加速共建粤港澳大湾区国际金融中心。二是打造对外金融合作平台。加快组建湾区科技金融服务中心，高水平推进汇丰全球培训中心、国际风险投资中心等具有国际化水平的金融平台项目建设，为粤港澳大湾区内企业搭建交流合作、要素交易和信息流通等功能性平台。三是加强国际金融论坛（IFF）全球年会、中国（广州）国际金融交易博览会等金融高端国际交流活动，提升金融国际影响力。

（四）以更大影响培育国际活动品牌

要进一步扩大城市国际交流的接触面，使世界各国不同层次、不同知识背景、不同界别的人士都能接触广州、认识广州、体验广州的多样魅力。

1. 拓展科创交流活动，扩大引智引技

一是构筑全球创新交流对接高地。继续办好广州国际创新节、CNBC 全球科技大会、官洲国际生物论坛、《财富》全球科技论坛、小蛮腰科技大会等科技创新品牌活动，打造全球科技活动交流中心、展示中心和交易中心。高水平办好中外技术对接活动，精心办好"创客中国"国际中小企业创新创业大赛等品牌赛事。二是提升国际引智引技活动影响。发挥海交会、创交会等国家级国际科技和人才交流活动引领作用，以活动宣传为牵引，加快推进设立海外人才工作站，大力开展对高层次人才的联络和人才政策推广。

2. 发挥贸易投资促进活动的"纽带"作用

一是继续办好中国广州国际投资年会等重大招商活动，主动链接世界经济论坛（冬季达沃斯）、博鳌亚洲论坛等国际高端平台，瞄准世界500强和大型跨国公司、央企、民营企业500强、瞪羚企业、独角兽企业等加大招商引资力度。二是打造中国广州国际投资年会高端推介平台，强化广州宜商宜业宜居环境的集中深入展示、为国内外经济精英提供高层对话、广州与世界各国双向投资促进等功能。三是以"一带一路"沿线国家和地区为主要市场目的地，用好线上线下展览平台，进一步办好"广州名品·世界巡展"，为广州品牌"抱团出海"搭建促进平台。

3. 开展丰富多样的人文交流活动

一是提升文化交流活动影响力。积极参与"我的中国、我的年""欢乐春节""亲情中华"等国家重点文化项目，继续擦亮"广州过年，花城看花""广州文化周""广州文交会"等文化交流重点品牌，整合提升中国（广州）国际纪录片节、演交会、艺博会等品牌性文化展会，全面提升广州文交会的对外影响力。继续办好国际帆船节、国际邮轮旅游文化节、国际美食节等国际性品牌节庆活动。精心举办广州国际龙舟邀请赛、广州马拉松、广州南沙帆船节等品牌体育赛事，争取申办更多国际高级别赛事，打造世界级赛事聚集地。二是强化国际旅游交流合作。充分利用世界旅游组织、亚太城市旅游振兴机构等平台，开拓国际旅游市场，加强广州旅游集散中心建设，树立国际邮轮母港品牌。三是深入开展教育交流合作。提升基础教育国际化水平，鼓励姐妹学校友好往来。壮大国际友城大学联盟，继续加强职业院校国际合作，吸引更多国内外高水平大学、职业院校与境外教育机构来穗合作发展，开展多种形式的国际合作办学。鼓励、引导和支持广州地区智库机构加强国际合作，培育具有较大国际影响力的科研合作品牌项目，打造城市对外交往新优势。

4. 策划契合时代的国际传播活动

一是进一步扩大"广州故事会"传播品牌活动的国际覆盖面和影响力。把握国家重大主题外宣、国际盛事举办等有利时机，与当地热门媒体、知名人士合作，深入所在国当地开展故事会及配套友好交流活动，形成"境内—境外—线上线下—动态深度"的全方位、立体化传播格局，将"广州故事会"打造成为广州城市对外传播的"第一品牌"。二是优化提升新闻采访线工程。在实现采访线对党政群团全覆盖的基础上，积极培育一批城市精品采访线，进一步优化与完善广州外宣资源库，打造一个城市采访线共建共治共享的强大外宣平台。做强"广州年度十大新闻"评选发布活动，促进优秀的全球涉穗新闻报道与国际传播活动热点轮动。三是紧贴时事热点开展主题传播活动。结合世界著名国际节展、赛事、重大会议，开展广州城市形象海外路演推介活动，举办以解读广州发展等为主题的国际研讨会，实施城市形象国际传播专项创作展演。

（五）以更广视域拓展全球交流网络

整合各领域对外联络资源，内外联动，构建以保障人员交流的交通网络为基础、本地驻外工作网络为支点、国际友好网络为延伸、国际媒体网络为"扩音器"、全球华侨华人网络为特色的国际合作网络体系，内外联动，促进与世界各国的交流。

1. 密织国际交通网络

一是搭建更优质的"空中丝绸之路"，重点发展东南亚和大洋洲两大核心市场，加快培育优质欧美航线，增加和优化中远程国际航线航班，形成东南亚"4小时航空圈"、全球主要城市"12小时航空圈"。二是完善辐射全球的航运网络。抓住RCEP签署的契机，提前布局东南亚市场，争取优化东南亚航线密度。三是加强国际港口交流合作，大力实施友好港拓展战略，深入开展面向"一带一路"的港航人才交流培训业务,增进港航文化交流互鉴。四是大力推动中欧班列提质增速。研究中欧班列快件运输机制,增加跨境电商专列,谋划增开线路及回程班列,促进国际铁路物流双向往来。

2. 壮大各类海外联络网络

一是强化驻外办事处功能。强化驻外办事处"特派使者"功能,不断健全政府间常态化信息互换和工作协作机制,搭建与所在国各领域优势机构更紧密的交流联系,夯实双边、多边合作基础。二是鼓励各领域主体共享海外联络网络资源。统筹广州海外旅游推广中心、广州港驻外办事处、贸促委海外联络处等各类驻外机构,使之成为集外联、招商、推介、引才于一体的重要平台,建立驻外机构联动机制,突出窗口、桥梁功能。鼓励企业加快国际营销网络体系建设,设立境外分支机构、境外营销门店和专柜,使名优广货穗企成为广州的形象大使。

3. 提升在国际友好网络中的影响力

一是激活领馆联通中外桥梁作用。争取继续增加外国驻穗总领事馆数量。开展"驻穗领团读懂广州"系列活动。邀请驻穗领馆出席广州举办的高端国际会议会展,促进经贸、人文、旅游等交流合作。二是扩大国际城市务实合作"朋友圈"。持续推进国际友城"百城计划"与"友城+战略",坚持友城合作平台化、项目化、机制化发展,实施"一城一策"精细化管理,擦亮广州国际友城文化艺术团、国际友城足球交流学校、国际友城高校联盟等品牌,推动设立广州国际友城交流合作奖学金,构建服务双循环新发展格局的国际友城工作体系。三是扩展国际组织机构网络。充分发挥广州作为世界大都市协会主席城市作用,更好地发挥广州在世界城地组织城市创新专业委员会和亚太区妇女委员会中的作用,带动会员城市多层次宽领域交流合作。强化与联合国专门机构交流,加快全球人道主义应急仓库和枢纽建设,与联合国人居署合作开展全球试点城市规划设计实践,加强与C40城市气候领导联盟、倡导国际地区可持续发展理事会、世界城市文化论坛等重点领域国际组织的合作,努力提升我国城市在世界舞台上的话语权。

4. 深化重要媒体交流联系网络

一是深度开展与本地媒体、中央媒体全天候合作。建设全球涉穗新闻媒体数字化集约中心，对涉穗新闻信息采集、双语翻译、信息传播信息进行"中央厨房式"处理，强化城市品牌传播内容策划及质量把控。二是扩大与国外主流媒体、社交媒体平台友好合作。推动开展更多境外媒体来穗采访与交流，扩大涉穗宣传报道覆盖面。三是利用华文媒体强化全球华人情感联结。继续办好海外华文媒体广州行等活动，利用世界广府人恳亲大会等重大机遇做好宣传报道，积极承办国侨办世界华文传媒论坛，办好《广州华声》等侨刊（报）乡讯，强化海外侨胞"集体家书"作用。四是发挥好网络传播大流量优势，进一步延长传播链条，在传统传播形式之外，进一步开发运用互联网媒体进行跨国界传播。

5. 筑牢国际华侨联系网络

一是发挥侨界独特连接桥梁作用。持续擦亮广州市荣誉市民品牌，强化广州海外联谊会、侨商会等平台作用，扩大感召力、影响力，依托"侨梦苑"平台，为海外人才来穗就业创业提供有利机会与良好条件。二是培育"一带一路"新生代侨友。继续举办海外华侨华人社团中青年领袖研习班、共建"一带一路"国家师资培训班、港澳台中青年骨干培训班、归国留学人员理论研修班等各类培训班，举办海外中青年侨领广州创新创业体验活动、留学报国座谈会等活动，推荐优秀海外中青年侨领加入广州海外联谊会，增强与新一代华侨华人交流联络。三是塑造侨文化交流品牌。依托各区基础优势，广泛开展民俗节庆等主题鲜明、内容丰富的涉侨系列文化活动，常态化举办广州市幼儿师范学校海外华文幼师班，协助暨南大学召开世界华文文学大会，建好华侨博物馆新型公共文化平台，打造广州侨文化品牌。

参考文献

习近平：《在经济社会领域专家座谈会上的讲话》，人民出版社，2020。

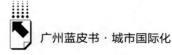

杨洁篪：《推动构建人类命运共同体 共同建设更加美好的世界》，《求是》2021 年第 1 期。

王毅：《坚决打赢抗击疫情阻击战 推动构建人类命运共同体》，《求是》2020 年第 5 期。

王毅：《迎难而上 为国担当 奋力开启中国特色大国外交新征程》，《求是》2021 年第 2 期。

中共国家发展和改革委员会党组：《科学精准实施宏观政策 确保"十四五"开好局起好步》，《求是》2021 年第 2 期。

宁吉喆：《中国经济逆势前行跃上新台阶》，《求是》2021 年第 3 期。

王雅莉、王妍：《RCEP 对中国经济高质量发展的双重影响及对策分析》，《理论探讨》2021 年第 2 期。

都倩仪、郭晴：《RCEP 生效对全球经济贸易中长期影响研究》，《亚太经济》2021 年第 1 期。

王一鸣：《百年大变局、高质量发展与构建新发展格局》，《管理世界》2020 年第 12 期。

戴翔、张二震、张雨：《双循环新发展格局与国际合作竞争新优势重塑》，《国际贸易》2020 年第 11 期。

沈坤荣、赵倩：《以双循环新发展格局推动"十四五"时期经济高质量发展》，《经济纵横》2020 年第 10 期。

赵可金：《病毒与权力：新冠肺炎疫情冲击下的世界权威重构》，《世界经济与政治》2020 年第 10 期。

蔡昉：《中国经济如何置身全球"长期停滞"之外》，《世界经济与政治》2020 年第 9 期。

郭树勇：《人类命运共同体面向的新型国际合作理论》，《世界经济与政治》2020 年第 5 期。

李兰冰、刘秉镰：《"十四五"时期中国区域经济发展的重大问题展望》，《管理世界》2020 年第 5 期。

林毅夫：《经济结构转型与"十四五"期间高质量发展：基于新结构经济学视角》，《兰州大学学报》（社会科学版）2020 年第 4 期。

罗清和、张畅：《深圳经济特区四十年"四区叠加"的历史逻辑及经验启示》，《深圳大学学报》（人文社会科学版）2020 年第 2 期。

世界知识产权组织：《全球创新指数报告》，2017～2020 年。

普华永道、中国发展研究基金会：《机遇之城》，2016～2020 年。

A. T. Kearney, *Global Cities Report*, 2008 - 2020.

Department of Economic and Social Affairs, United Nations, *World Economic Situation and Prospects Report*, January 2021.

GaWC, *The World According to GaWC*, 2000 – 2020.

International Monetary Fund, *World Economic Outlook*, January 2021.

World Bank Group, *Global Economic Prospects*, January 2021.

Z/Yen, China Development Institute (CDI): *The Global Financial Centers Index*, 19th – 28th edition.

专题篇：服务构建新发展格局

Special Reports on Serving the Building of the

New Development Paradigm

B.2
广州服务构建新发展格局推进城市
高质量发展策略思考

牛战力*

摘　要：　"十四五"时期构建新发展格局作为中国重大战略任务正在加速推进，这对广州经济发展既是重大机遇，也带来崭新挑战。从广州经济发展现状看，服务构建新发展格局既有无可替代的巨大优势，也有客观存在的短板和不足。立足实际，着眼未来，广州应科学运筹、精准施策，通过优化产业、拓展市场、营造环境、精准投资等途径，在更好服务构建新发展格局中加快推进自身高质量发展，建设具有经典魅力和时代活力的国际大都市。

---

* 牛战力，广州市政府研究室调研员，主要研究方向为城市发展。

关键词： 新发展格局　高质量发展　广州

　　加快形成以国内大循环为主体、国内国际双循环相互促进的新发展格局，是以习近平同志为核心的党中央基于国内发展形势、把握国际发展大势，着眼长远、以变应变，谋求我国更好发展而做出的重大科学判断和重要战略选择。广州作为国家中心城市和粤港澳大湾区核心引擎城市，应牢牢抓住服务构建新发展格局重大战略机遇，趁势而上实现发展动能转换和城市能级提升，以新一轮高质量发展推动实现老城市新活力，以"四个出新出彩"引领各项工作全面出新出彩，加快建设具有经典魅力和时代活力的国际大都市。

一　广州服务构建新发展格局的发展形势

　　加快构建以国内大循环为主体、国内国际双循环相互促进的新发展格局，是"十四五"规划提出的一项关系我国发展全局的重大战略任务，需要从全局高度准确把握和积极推进。我国构建新发展格局已驶向快车道，经济发展环境正朝着"双循环"相互促进的态势深刻演变，广州经济发展面临崭新课题和重大机遇。

（一）构建新发展格局是中国"十四五"时期重大战略任务

　　2020 年 5 月 14 日，中共中央政治局常委召开会议，首次提出"构建国内国际双循环相互促进的新发展格局"。此后，习近平总书记多次强调，要推动形成以国内大循环为主体、国内国际双循环相互促进的新发展格局。这个新发展格局是根据我国发展阶段、环境条件变化提出来的，是重塑我国国际合作和竞争新优势的战略抉择。2021 年 3 月，十三届全国人大四次会议通过《中华人民共和国国民经济和社会发展第十四个五年规划和 2035 年远景目标纲要》（以下简称《"十四五"规划》），进一步对形成强大国内市场、构建新发展格局进行了具体部署。构建新发展格局为我国统筹国内国际两个大局、在危机中育新机、于变局中开新局指明了方向，是今后一个时期做好国内经济社会发展工作的重要遵循。实施"双循环"战略、构建新发展格局一方面能充分利用我国完备的工业体系，发挥我国巨大的市场优势和创新潜能，稳住产业链和经济运行，有效对冲日益增长的国际风险；另一方面也有利于更好掌握国际分工主动权，保障我国经济体系安全稳定运行，是有效应对日益复杂的国际大环境、保障我国经济实现高质量发展的大战略。

（二）构建新发展格局对广州转型发展提出崭新课题

广州历经改革开放 40 多年的发展，逐步成长为国家重要中心城市、国际商贸中心城市和产业集群高地。其发展成就是在占据改革开放前沿阵地和政策先机、抓住我国高速城镇化和 20 世纪经济全球化浪潮红利等环境条件下实现的。近年来，随着逆全球化潮流兴起，中美经贸关系受到较大冲击，中国经济发展内外环境急速调整。作为中国外向型经济的"窗口"，广州经济发展也不可避免地受到深刻影响。特别是 2020 年以来，复杂环境叠加疫情冲击，广州发展压力进一步凸显，经济发展转型求变迫在眉睫。构建新发展格局是事关全局的系统性深层次变革，虽然绝不意味着中国与世界隔离闭关运作，但毫无疑问经济发展政策重心将适度向国内市场转移。在这样的重大调整下，与重庆、武汉、郑州等其他区域中心城市、省会城市相比，广州所处的"前沿"地位是否还有独特意义，广州的服务业和外贸优势是否还能持续增强，广州产业集聚力和人才吸引力能否继续保持领先，都是当前亟须研究和厘清的重大问题。

（三）构建新发展格局为广州发展带来重大战略机遇

构建新发展格局的核心是国内国际双循环相互促进，其中畅通国内大循环作为主体更是重中之重。国家"十四五"规划明确提出，要坚持扩大内需这个战略基点，加快培育完整内需体系；依托强大国内市场，贯通生产、分配、流通、消费各环节，打破行业垄断和地方保护，形成国民经济良性循环；破除妨碍生产要素市场化配置和商品服务流通的体制机制障碍，降低全社会交易成本。广州工业门类齐全、生产要素集聚、创新资源丰富，在国内生产、消费市场占据重要位置。国内大循环的畅通和消费大市场的进一步激活，无疑将为广州产品和服务"走出去"带来更多机会，拓展更大空间。生产要素市场化配置体制机制障碍的破除，客观上将促进全国供给链、产业链的加速调整和优化，也有利于广州加快产业结构调整和发展动能转换。

国家"十四五"规划同时指出，我国将坚持实施更大范围、更宽领域、更深层次对外开放。协同推进强大国内市场和贸易强国建设，以国内大循环吸引全球资源要素，充分利用国内国际两个市场两种资源，积极促进内需和外需、进口和出口、引进外资和对外投资协调发展。这意味着中国将进一步拓展参与国际经济大循环的深度、广度。广州作为千年商都、对外开放的重要"窗口"城市，参与国际大循环具有无可比拟的先天优势，地位作用必将更加凸显。

二 广州服务构建新发展格局的优势

2020 年 12 月，广州明确了全力服务构建新发展格局，培育建设国际消费中心城市，把广州发展成为国内大循环的中心节点城市和国内国际双循环的战略链接城市的发展目标。"十四五"时期，广州要为全省打造新发展格局的战略支点发挥重要支撑作用，要坚定实施扩大内需战略，服务构建新发展格局，努力建设国内大循环的中心节点城市和国内国际双循环的战略链接城市。广州在服务构建新发展格局中定位明确、目标清晰，并且已经作了相应部署与安排。在此基础上，笔者尝试结合经济社会发展现状分析，对广州服务构建新发展格局策略问题做进一步探讨，以利于精准施策，推动更好更快发展。

（一）地理位置重要，枢纽功能强大

广州占据我国第三大水系——珠江水系的入海口核心位置，雄踞华南，直面南海，向内有粤、桂、湘、赣、鄂等省区深远腹地依托，向外连接港、澳、台地区及东南亚诸国。正因其独特位置和天然良港，广州自汉唐以来就

是中国对外经贸往来的重要节点，明清时期还一度成为中国唯一的外贸港口城市。广州已建设成为重要的国际综合交通枢纽，也是全国唯一兼具海港、空港、铁路港和公路枢纽突出地位，综合优势明显的城市。近年广州年均货物运输量、货物周转量分列全国第一、第二位，地铁日均客流量超过750万人次，客流强度全国第一。2020年，广州白云国际机场成为全球旅客吞吐量最大的机场。广州市已形成"三环+十九射"的高快速路主骨架路网，高速公路（含收费快速路）总里程超过1120千米。优越的地理位置和强大的交通枢纽功能，是广州服务构建新发展格局、融入国内国际"双循环"的天然优势。

（二）经济基础雄厚，市场空间广阔

改革开放40多年来，广州综合实力大幅跃升，成为我国最开放、经济最发达、市场化程度最高的地区之一。2020年广州市地区生产总值25019.11亿元，占全省的22.6%；人均地区生产总值突破2万美元，达到高收入经济体水平。经济基础雄厚，就能为发挥辐射带动作用、推动构建新发展格局提供坚实的物质保障。广州建城区面积达1300多平方千米，实际管理和服务人口超过2200万人。以广州为核心城市的粤港澳大湾区总面积5.6万平方千米，人口超7000万人，经济总量超10万亿元。2016~2019年，广州社会消费品零售总额年均增长8.1%，2020年达9218.66亿元，人均社会消费品零售总额6.3万元，居国内城市第一。① 由此可见，广州市场空间大、需求链条长、流通范围广，这是助力提升国内产业链、供应链的稳定性和竞争力，打通经济循环堵点、痛点的良好条件。

（三）工业体系完备，商贸产业发达

广州拥有全国41个工业大类中的35个，是华南地区工业门类最齐全的城市，产业综合实力和配套能力居全国前列，形成了汽车、电子、石化等产值超千亿元的工业集群，汽车总产量居全国城市首位。近年来广州积极谋划

---

① 申卉：《拓经济纵深强外贸实力》，《广州日报》2021年1月18日第二版。

布局新一代信息技术、人工智能、生物医药（IAB）和新能源、新材料（NEM）等战略性新兴产业，取得明显成效。广州"千年商都"地位突出，广交会单展面积稳居世界第一位，近年来还逐步培育形成了跨境电商、市场采购、直播电商等诸多优势领域。2020年广州跨境电商总规模位居全国第一，其中进口连续5年位居全国第一，服务贸易创新发展试点经验数量位居全国第一。此外，广州还是中国三大通信枢纽、互联网交换中心和互联网国际出入口之一。完备的产业体系和发达的商贸流通体系，能够为广州参与"双循环"、服务新发展格局提供坚实支撑。

（四）城市开放包容，营商环境领先

作为中国古代海上丝绸之路发祥地和中国改革开放前沿地，广州历来是我国对外交往的重要窗口，外贸实力雄厚、港口经济发达，参与、促进国际交流合作积淀深厚。截至2020年12月，外国驻穗总领事馆达66家，广州国际友城87个；在穗投资世界500强企业达309家，投资项目达1100多个。长久以来与世界各地的广泛深入交流和经贸往来，使广州具备了联通"双循环"的先发优势。2018年以来，广州先后实施营商环境1.0、2.0、3.0改革，在国家发展改革委发布的《中国营商环境报告2020》中获评营商环境"标杆城市"。2020年国家营商环境评估，广州所有18项指标均被评为标杆，获得电力、跨境贸易等4项指标入选全国最佳实践，政务服务指标排名全国首位。开放包容的城市环境和相对优越的营商环境，是广州发挥国内国际双循环战略链接功能的最大底气。

（五）创新资源丰富，人口结构优势明显

广州具有在国内省会城市中居前的科教资源，现有高校82所，占全省的80%；国家重点学科59个，占全省的98.3%；国家、省重点实验室达21家和241家，分别占全省的70%和61%。高新技术企业1.2万家，全社会研发投入年均增长15.6%，专利和发明专利申请量分别达到17.3万件、5万多件。广州全市11个建城区都成功创建了"全国义务教育发展基本均衡

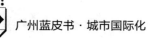

区"，义务教育公办学校 100% 成为标准化学校，截至 2019 年底，广州市在校中小学生 157.29 万人，在校本专科生 108.8 万人，研究生 10.1 万人，数量均名列全国各大城市前列，这充分说明广州人口结构优化，城市充满活力。丰富的创新资源和人口结构优势，给广州持续高质量发展提供无穷潜力，也是广州巩固提升服务新发展格局能力的强大支撑。

与此同时也应当看到，广州高质量发展还存在一些不足，需要在服务构建新发展格局中尽快巩固增强。固定资产投资需要持续用力，特别是工业投资规模偏小，对大项目依赖性较大，成为制约制造业转型升级的主要因素。对外贸易已驶入高平台发展期，近年呈现增长乏力态势，急需提质增效。市场主体需要做大做强，规模化头部企业偏少，上市公司数量相对较少，多而不强的现象比较突出。

三 服务构建新发展格局加快推进广州
高质量发展的策略建议

站在"十四五"发展新起点上，广州需要把服务构建新发展格局作为谋划下一步经济工作的大坐标，以扩大内需为战略基点，以深化供给侧结构性改革为主线，以改革创新为根本动力，更好地利用国内国际两个市场、两种资源，畅通产业循环、市场循环、经济社会循环，在服务新发展格局中赢得战略主动，以新一轮高质量发展加快推动城市转型升级，在全省打造新发展格局战略支点中发挥重要支撑作用。

（一）优结构，加快构建新时代广州特色产业体系

1. 顺应时代趋势，着眼服务构建新发展格局需要优化产业体系

广州已确定建设国内大循环的中心节点城市和国内国际双循环的战略链接城市定位目标，重中之重是结合自身发展实际尽快调整完善面向未来的产业发展战略，优化产业体系。广州要立足强化粤港澳大湾区发展核心引擎功能，在巩固对内对外开放两个扇面枢纽地位中，着力强化在国内产业链上的

支撑地位，拓展提升在国际产业链上的重要作用，加快构建具有广州特色、能够强力支撑城市新一轮高质量发展的产业体系。一个重要前提是对国内产业循环和国际产业循环进行深入研究，找准两者之间的差异与联系，从而确保产业发展战略的精准。由于国内区域发展的不平衡不充分客观存在，汽车制造、石油化工、电子电器、家居家纺等传统产业在国内大市场中仍具有发展空间和潜力，而人工智能、数字经济、生物制药等高端产业则更具有参与国际产业循环的竞争力。因此，产业优化应"新""老"兼顾，统筹推动传统产业转型升级和战略性新兴产业发展壮大，提升产业基础高级化和产业链现代化水平，全面增强产业核心竞争力。

2. 尊重市场选择，因势利导发展特色产业体系

要强化科技创新核心支撑，进一步加大科研创新投入力度，聚焦落实粤港澳大湾区科技创新走廊和广州市"一区三城十三节点"，主动承接国家和省重点项目，加快解决汽车电子、集成电路、高端装备、工业软件等"卡脖子"问题，在巩固国内产业链支撑地位的同时积极抢占国际产业链核心位置。要大力发展金融产业与总部经济，以广州国际金融城为依托高标准打造粤港澳大湾区金融合作示范区，加快建设广州期货交易所，推动建立粤港澳大湾区国际商业银行等高端金融平台，培育大型金融集团，加快提升金融产业增加值在国民经济总产值中的占比。要加快贸易数字化和数字贸易发展，以打造数字经济引领型城市为目标，做大做强沿江、东南部、西部三大产业带，增强应对全球贸易格局变化与规则重塑窗口期的主动性和积极性，推进广州外贸竞争优势从以传统价格优势为主，向以技术、标准、质量、品牌、服务为核心的综合竞争优势转变。

（二）拓市场，着力提升广州对需求端的地位作用

1. 巩固提升在国内大市场中的支点功能

牢牢把握扩大内需这个战略基点，抓住我国新型工业化、信息化、城镇化、农业现代化快速发展，以及中等收入群体快速壮大的重大历史机遇，积极抢抓国内超大规模市场红利。针对国内消费需求潜力大、市场空间大、地

域差异大等实际情况，发挥广州产业体系全、商贸服务能力强等特色优势，增强需求侧管理的主动性有效性，大力推动电子产品、汽车、化工、医药制造、影视动漫等广州优势产业拓展国内市场，引导法律、金融等广州高端服务向国内市场延伸。筹划开展"广货全国行"等宣传推广活动，进一步树立广州品牌，拓展国内市场。支持广州优势企业在国内布局建设产业链和产业集群，优化产销对接，提升"广货"市场占有率和美誉度。同时，注重激发本地市场活力，着眼建设国际消费之都，分类优化提升高端时尚商圈、都市文旅商圈、专业展贸商圈，大力发展新消费、新模式、新业态，创新发展线上经济和无接触交易服务，拓展城乡消费市场。

2. 积极开辟国际新市场

"一带一路"建设正为广州进一步扩大开放、打造链接国内国际双循环战略链接打开广阔空间。要紧紧抓住这一有利趋势，进一步加大与"一带一路"沿线国家的招商投资与贸易往来。尽快研究出台专项帮扶政策，支持相关企业扩大出口、出口转内销，开展暂免加工贸易内销缓税利息、扩大内销选择性征税等试点，引导企业加强产品创新、设计升级、营销能力和品牌建设，优化产品结构，提高产品竞争力。同时，也要紧盯中欧投资协定和区域全面经济伙伴关系协定（RCEP）落地实施机遇，前瞻性地推进相关制度改革，有针对性地做好相关技术准备，适应协定实施后更加开放的环境和竞争更加充分的新形势，促进制造业向中高端迈进，提高市场竞争力，为拓展欧洲、亚太市场做足充分准备。2021 年 3 月《广州市把握 RCEP 机遇促进跨境电子商务创新发展若干措施》发布，这是全国首个推进 RCEP 落地的地方配套措施，对广州充分把握 RCEP 带来的发展机遇，加快建设国际消费中心城市将产生积极作用。

（三）稳投资，全面增强综合城市功能和承载力

1. 进一步优化投资结构，着眼增强城市综合功能发力，保持投资合理增长

一是持续推进重点项目"攻城拔寨"，围绕构建现代产业体系加强有效投资，强化工业投资韧性，引导各类资金更多投向工业技改和新兴产业项

目，保持工业技改投资强度，支持企业增资扩产，推动重大产业项目建成投产。二是围绕强化国际综合交通枢纽建设加强有效投资，以白云国际机场三期扩建、南沙港四期建设、铁路枢纽能级提升等重大项目为牵引，优化海陆空立体化的战略性基础设施体系，确保重大交通工程投入力度。三是加大科技创新财政投入力度，优化科技支出结构，促进提高科技创新水平。特别是要聚焦科技创新轴优化资源配置，支持国家、省重点实验室和重大科技基础设施建设。四是加快实施新基建行动计划，推进5G通信、工业互联网、大数据中心、智能充电等设施建设，建设国家新型互联网交换中心、国家密码应用和创新示范基地。

2.统筹抓好新基建与传统基建、城市更新与城市治理的协同推进

以创建国家基础设施高质量发展试点示范城市为抓手，充分发挥新基建赋能效应，将新基建与老基建统筹规划、有机结合、同步实施，推动传统基础设施数字化、智能化发展，构建现代化基础设施体系，为城市发展赋能提质。城市更新是增强综合城市功能、提升市民生活品质的重要抓手。广州已确立了"2025年重点地区先行更新改造，2030年城市集中建成区全面更新改造，2035年全域存量用地系统更新"的城市更新规划部署。在推进城市更新过程中，既要统筹城市规划和产业发展，也应乘势推动智慧城市、数字城市建设，优化健全基层治理体系，推动城市治理能力和治理水平全面提升，探索超大城市治理能力和治理体系现代化的广州样本。

（四）深改革，加快营造对标国际一流的发展环境

1.深入推进营商环境改革

通过建设国家营商环境创新试点城市，尽快对标国际一流开展营商环境4.0改革，实施流程再造减环节、全程网办减时间、政策普惠减成本，推行"一网通办"服务平台、"一件事"主题套餐服务、"一门式"政策兑现等改革措施，力求做到国内城市营商环境最优最好。同时，积极探索适应"双循环"发展需要的制度创新，积极主动促进粤港澳大湾区建设方方面面的规则对接，推动广深双核联动发展，携手共建"改革创新协同发展示范

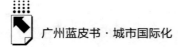
区"。全力做好中欧投资协定、RCEP协定各项条款梳理对接，推动深化制度型开放，加强政府贸易投资政策和企业经营的合规性评价，打造更具吸引力的产业发展生态。

2. 着力打造全球资源要素配置高地

加快要素市场化配置体制机制改革，促进要素自由高效流动，建设高标准市场体系。提升南沙自贸片区、白云空港经济区和中新广州知识城等开放平台的能级，推动跨境服务贸易发展和促进高端要素跨境流动。聚焦人才、金融、枢纽组织和企业培育等重点领域，优化政策举措，提升政策竞争力，切实增强对全球高端资源要素的吸引力、掌控力。实施好"广聚英才"计划，加快建设南沙国际化人才特区，对"高精尖"人才及团队实施一人一策、一团队一方案，打造全球人力资源配置高地。全力推进广州期货交易所建设和粤港澳大湾区国际商业银行筹设，发展多层次资本市场，吸引全球产业资金集聚。

3. 以更加开放的姿态参与国际城市竞合发展

改革开放40多年来，广州紧紧抓住我国深度融入世界经济政治格局的历史机遇，通过产业升级，改善营商环境，加速科技创新，以及完善基础设施，不断拓展国际合作"朋友圈"，形成了全方位、宽领域、多层次的对外开放格局。在新发展格局下，要进一步深化对外开放，一方面加大城市宣传推介力度，提升城市品牌国际知名度；另一方面积极拓宽国际伙伴网络，争取更广范围内的区域协同合作，实现国际交往功能升级，延伸利用对外交往所聚集的发展资源和营造的国际环境，强化广州综合枢纽功能，带动大湾区建设世界级城市群。

参考文献

习近平：《在经济社会领域专家座谈会上的讲话》，人民出版社，2020。

林毅夫：《国内国际双循环，推动中国经济高质量发展》，《清华金融评论》2020年第 11 期。

王义桅：《"双循环"开创"主场全球化"》，中国人民大学重阳金融研究院，2020年 12 月 10 日，http：//d. drcnet. com. cn/eDRCNet. Common. Web/DocDetail. aspx？DocID = 6054329&leafid = 3007&chnid = 1030。

权衡：《新发展格局是开放的国内国际双循环》，《学习时报》2020 年 10 月 21 日。

张平、杨耀武：《经济复苏、"双循环"战略与资源配置改革》，《现代经济探讨》2021 年第 1 期。

崔卫杰：《以更大力度的改革开放推动形成双循环新发展格局》，《中国经济时报》2020 年 8 月 13 日。

申卉：《广州全面融入新发展格局》，《广州日报》2020 年 12 月 16 日第 3 版。

冯芸清：《RCEP 将为广州融入和打造新发展格局提供更大动力和机会》，《南方都市报》2020 年 12 月 30 日第 4 版。

B.3
广州加强国际航空货运能力建设，
打造引领新发展格局战略平台

朱前鸿*

摘　要：　广州是我国重要的中心城市、粤港澳大湾区城市群的核心发展引擎。广州依托国际航空枢纽地位，货源市场支撑厚实，设施规划空间优越，航线网络基础扎实，维修改装保障有力，具有突出的国际航空货运发展优势。为了适应提升产业链供应链、实现更高水平对外开放引领大湾区发展、加快打造"创新之都"的需要，广州要充分发挥既有优势，把握好服务新发展格局的战略机遇，重点从抓好顶层设计、设施建设、政策创新、网络构建、产业发展等方面，提升国际航空货运能力，打造成为畅通国内国际双循环战略平台城市。

关键词：　新发展格局　国际航空货运能力　现代流通体系　双循环

习近平总书记2020年在中央财经委员会第八次会议上强调，要加强国际航空货运能力建设，加快形成内外联通、安全高效的物流网络。广州是广东省的省会、我国重要的中心城市、粤港澳大湾区城市群的核心引擎，综合交通枢纽优势明显。依托广州白云国际机场，以推进国际航空货运能力建设

---

* 朱前鸿，哲学博士、法学博士后、企业管理研究员、正高级经济师，广东省机场管理集团有限公司副总经理，享受国务院政府特殊津贴；广州市十五届人大代表、预算委员会委员；主要研究方向为战略规划、枢纽建设、空港经济等实务与理论。

为突破口，加快提升广州供应链和产业链现代化水平，将广州打造成为畅通国内国际双循环战略平台城市，引领新发展格局的形成，对广州实现老城市新活力、"四个出新出彩"，在全面建设社会主义现代化国家新征程中走在全省、全国前列，具有重要的现实意义和深远的战略意义。

一 广州国际航空货运发展优势突出

广州白云国际机场是国家定位的三大国际航空枢纽之一，国务院《关于促进民航业发展的若干意见》明确提出，要将北京首都、上海浦东和广州白云打造成为"功能完善、辐射全球"的国际航空枢纽。所谓功能完善，最主体的功能就是客运和货运功能，打造客运枢纽和货运枢纽是国家对白云国际机场国际航空枢纽定位的应有之义。广州白云国际机场的客货运输量一直位居国内机场前三名，2020年旅客吞吐量更是跃居全球机场第1位，货邮吞吐量上升至国内机场第2位、全球机场第13位。广州加强国际航空货运能力建设具有政策优势、市场优势、设施优势和网络优势等突出优势，加快国际航空货运能力建设机遇难得。

（一）枢纽定位持续深化

广州发展国际航空枢纽是国家赋予的使命。早在2012年国务院印发的《关于促进民航业发展的若干意见》中，已经将白云国际机场定位为"功能完善、辐射全球"的国内三大国际航空枢纽之一。近年来，广州的国际航空枢纽定位和市场地位在不断地强化和深化。国家发展改革委、外交部、商务部2015年联合发布《推动共建丝绸之路经济带和21世纪海上丝绸之路的愿景与行动》提出，"要强化上海、广州等国际枢纽机场功能"，凸显了广州国际航空枢纽在"一带一路"建设中的重要地位。中国民用航空局2017年印发实施《中国民用航空发展第十三个五年规划》，强调"要以北京、上海、广州等大型国际枢纽为核心，整合区域机场资源，实现区域机场群一体化发展，服务国家，打造京津冀、长三角和珠三角等世界级城市群，建设三大世界级机场群，疏解北京、上海、广州等机场非国际枢纽功能"。《粤港澳大湾区发展规划纲要》提出，粤港澳大湾区要"建设具有重要影响力的国际交通物流枢纽""要巩固提升香港国际航空枢纽地位""提升广州和深圳机场国际枢纽竞争力"。显然，广州国际航空枢纽的国际功能尤其是国际货运功能在进一步强化，并被赋予更大的引领发展的责任，就是要在珠三角世界级机场群的建设中发挥龙头作用、核心作用，更好地服务国家战略。国家发展改革委、民航局 2020 年印发的《关于促进航空货运设施发展的意见》提出，近期要"优化完善北京、上海、广州、深圳等综合性枢纽机场货运设施，充分挖掘既有综合性机场的货运设施能力，结合空港型国家物流枢纽建设，研究提出由综合性枢纽机场和专业性货运枢纽机场共同组成的航空货运枢纽规划布局"。可见，广州加强国际航空货运能力建设是落实国家战略的重要战略举措。

（二）货源市场支撑厚实

广州是国内传统的经济强市，经济总量一直居国内大城市前列、省会城市之首。公开数据显示，2020 年广州经济总量超过 2.5 万亿元，增长速度超过了全省和全国同为 2.3% 的平均增速。广东省 2020 年经济总量达到了11.08 万亿元，而珠三角九市的经济总量达 8.96 万亿元，占到了总量的80.87%。海关公开数据显示，2020 年，广东进出口规模占全国的 22%，继续领跑全国，出口保持连续 4 年增长，出口规模创历史新高。① 据有关机构不完全统计，珠三角每年产生的国际航空货量 800 万 ~ 1000 万吨。可见，广州加强国际航空货运能力建设不仅使城市自身的市场基础牢靠，所辐射带动的珠三角城市货源也十分充足，进一步为国际航空货运能力建设提供了厚实的市场支撑。广州国际航空货运能力的提升，又必将进一步发挥广州国际航空枢纽和广州作为中心城市的带动作用，促进珠三角城市经济发展产业协同，加快珠三角城市一体化、现代化进程，从而形成国际航空货运能力建设与粤港澳大湾区产业发展相互促进的协调发展格局。

---

① 郭跃文、向晓梅：《广东经济社会形势分析与预测（2021）》，社会科学文献出版社，2021。

（三）设施规划空间优越

根据中国民航局批复的《广州白云国际机场总平面规划（2020年版）》，广州白云国际机场的航空货运分东、西两个区域进行布局。东西两区近期和远期都有货运发展空间规划布局，土地储备充分。根据国家发改委批复的白云国际机场三期扩建可行性研究报告，扩建后基础设施近期可满足2030年货邮吞吐量380万吨（其中国际货运约230万吨）的需要；远期可满足年货邮吞吐量600万吨（国际货运约400万吨）以上需要，发展空间巨大，能够满足白云国际机场未来国际航空货运发展的市场需求。

（四）航线网络基础扎实

白云国际机场位于亚太地区的中心节点，18小时航程内可以直飞到达全球大部分城市，绕航系数小，有利于缩短航程降低航油消耗。这也是美国联邦快递亚太转运中心落户白云国际机场的一个重要原因。从空中航线网络看，主基地公司南方航空是亚洲第一、全球前列的航空公司，航线网络发达，客舱载货能力强。近期，南航货航也将正式注册落户广州并实现首航，有利于实现客舱载货和全货机的互补发展，南航的国际货运航线网络将进一步健全。同时，联邦快递亚太转运中心近年来货运量稳步提升，2020年更是超过了50万吨，货运航线网络稳步发展。顺丰速运华南（广州）枢纽快件转运中心2021年建成投产后，又一个航空货运航线网络会形成，将进一步提升白云国际机场连接国内、辐射全球的能力。

（五）维修改装保障有力

白云国际机场目前有广州飞机维修工程有限公司（GAMECO）和广州新科宇航科技有限公司（STAG）两家实力强劲的飞机维修公司。GAMECO的年维修工时已超过100万个；STAG的维修工时2019年已接近100万个，疫情过后年工时量超过百万个指日可待。两家公司已建成投产维修机库6个，能够及时为进出白云国际机场的飞机提供机务维修安全保障，也使白云国际机场成为全球范围内飞机维修保障能力最强的机场之一。GAMECO 与波音公司合作的波音 737—800 客改货项目，STAG 与空客公司合作的空客 A320/321 客改货项目，均已于 2020 年上线，既为在白云国际机场运营的货机提供了可靠的技术支撑，也为货运航空公司提供了低成本货机选择，是白云国际机场加快国际航空货运能力建设的一大技术优势和市场优势。

但是，广州白云国际机场国际航空货运也存在能力不足的短板亟须加快补齐。一是货运供应链竞争力不强。2019 年，白云国际机场每周平均总航班量9447 班，全货机只有422 班，货运航班量占比仅4.7%，且运力仍以客机腹舱载货为主。从运营货运航线的航空公司来看，外航占据了主导，尚没有以白云国际机场作为基地运作的本土全货运航空公司，而上海浦东机场有 5 家。国际货运航点覆盖面也比较有限。二是国际货运基础设施支撑能力不足。截至 2020 年底，广州白云国际机场拥有 2 个国际货站、1 个国际快件转运中心，已经到了"一仓难求"的地步，货运设施呈现出"国内吃不饱，国际吃不下"的不平衡发展局面。地面货运交通的空陆、空海、空铁等货运联运体系也尚未建立。三是国际航空货运发展支持体系还不健全。对国际航空货运物流发展支持政策的刺激度还不够强，航权开放不充分。白云国际机场设施设计和调度安排对货运重视不足，跑道占用、航站楼面积、停机位、时刻安排等，客运设施明显优先于货运设施，货运设施处于从属地位。城市没有围绕航空货运构建交通支撑体系，空港经济的产业链与国际货运物流的供应链没有完全畅通。

二 广州加强国际航空货运能力建设的必要性和紧迫性

国际航空货运能力建设，是广州在形成以国内大循环为主体、国内国际双循环相互促进的新发展格局中走在全国前列发挥引领作用的重要突破口，也是广州实现更高水平对外开放和打造"创新之都"实现老城市新活力、"四个出新出彩"的重要战略抓手，亟须乘势而上加快推进。

（一）加强国际航空货运能力建设是提升产业链供应链的需要

民航运输在我国国民经济中发挥着基础性、先导性和战略性作用，国际航空货运作为民航运输的重要组成部分，则是衔接国内循环、畅通国际循环的空中通道，是现代流通体系的关键环节，也是产业链供应链安全的基础保障。在社会再生产过程中，流通效率和生产效率同等重要。[①] 2020 年新冠肺炎疫情暴发以来，国际航空货运在畅通国际供应链方面为抗击疫情发挥了不可或缺的作用。广州白云国际机场是国内三大国际航空枢纽之一，2020 年成为全球最繁忙机场，更是中国机场首次登顶全球机场，在联通国内产业链、畅通国际供应链方面发挥着特别重要的作用。伴随白云国际机场国际航空枢纽建设步伐的加快，白云国际机场的国际航空货运能力正在稳步提升，2020 年白云国际机场的国际货运吞吐量逆境下仍然实现了微弱增长，总排名则由 2019 年的全球第 16 名跃升至第 13 名。根据白云国际机场三期扩建可行性研究报告预测：2030 年，白云国际机场实现货邮吞吐量约 380 万吨，其中国际货量 228 万吨，占比约 60%；国内货量 152 万吨，占比约 40%。2020 年 9 月 27 日，白云国际机场三期扩建工程开工，本期计划新建国际货站 15 万平方米，设计处理能力约 158 万吨。显然，广州国际航空货运枢纽的建设已经按下了快进键，具备加强国际航空货运能力建设的优势。加强国际航空货运能力建设，有利于提升广州市产业链供应链现代化水平，在全球范围内把生产和消费联系起来，扩大交易范围，推动分工深化，提高国民经济总体运行效率，打造国际"流量之都""消费之都"，引领促进国内经济发展，在加快形成新发展格局中走在全省、全国前列。

（二）加强国际航空货运能力建设是实现更高水平对外开放引领大湾区发展的需要

从改革开放的发展历程看，国际航空货运在我国对外开放中发挥了重要

---

① 朱前鸿：《加强国际航空货运能力建设，加快形成内外双循环相互促进的发展新格局》，《中国民用航空》2020 年第 11 期。

作用，是我国持续扩大对外开放的重要载体。特别是在构建以国内大循环为主体、国内国际双循环相互促进的新发展格局中，国际航空货运的作用尤为突出。21 世纪是速度经济的世纪，谁拥有绝对的速度，谁就拥有主导全球产业布局的话语权。国际航空货运枢纽凭借其对物流、资金流、技术流、商贸流等高能级生产要素的快速集聚和交换流通能力，已经成为国内国际双循环的最佳结合部，是先进制造业和现代服务业集聚的战略平台，更是国家参与全球经济竞争、争夺经济治理话语权的战略抓手。2020 年 9 月 4 日，美国交通部（US Department of Transportation，简称"USDOT"）发布了有史以来首个《国家货运战略规划》（National Freight Strategic Plan，简称"NFSP"）①，目的就是从国家战略层面巩固其在全球产业链和供应链的绝对优势。广州作为国家重要的中心城市、我国改革开放的前沿阵地、广东的省会城市、粤港澳大湾区城市群的核心引擎，加强国际航空货运能力建设，是实现更高水平开放，引领粤港澳大湾区高质量发展，在全面建设社会主义现代化国家新征程中走在全省和全国前列、创造新辉煌的重要战略支撑。

（三）加强国际航空货运能力建设是加快打造"创新之都"的需要

创新是发展的动力，抓创新就抓住了发展的"牛鼻子"。坚持创新的核心地位，是推动广州实现老城市新活力和高质量发展的必由之路。国际经验表明，国际航空货运两端连着产业链、创新链。广州抓创新驱动，必须紧紧扭住国际航空货运能力建设这个关键关节。从全球范围先进制造业和现代服务业的布局来看，国际航空货运枢纽凭借其全球范围内集聚辐射能力和快速配送能力强的突出优势，其周边集聚、布局先进制造业和现代服务业的产业特点尤为明显。亚特兰大是美国的新兴的高科技之都，2017 年《福布斯》杂志将亚特兰大列入美国五大赶超硅谷的"新兴高科技城市"之一，一个

---

① National Freight Strategic Plan（Full），原文链接 https：//www. transportation. gov/freight/NFSP/fullreport。

重要的因素就是看重亚特兰大的国际航空枢纽地位，全球第二大快递巨头美国联合包裹公司（UPS）的总部就位于此。又如世界最大的通宵麻醉药品检测站 Advanced Texicology，世界最大的便携电脑维修点 Solectron 公司，世界最大的角膜银行美国国家眼科银行中心等引领全球的产业，均布局在全球最大的快递巨头美国联邦快递公司（FedEx）总部所在的孟菲斯机场周边。广州已经坐拥联邦快递海外最大的转运中心和即将投产的顺丰速运国内最大的快件转运中心——华南（广州）枢纽快件转运中心。顺丰速运华南（广州）枢纽快件转运中心建筑面积 13 万平方米，2021 年 11 月建成投产后将成为顺丰速运国内最大的转运中心。同时，南航货运有限公司 2021 年 2 月底完成广州设立货运基地工作后，南航货航将实现首航。可见，广州国内国际产业链、供应链衔接优势突出，加快国际航运航空能力建设，有利于促进广州产业创新、服务创新、科技创新及其成果转化应用，实现老城市新活力和高质量发展。

三　广州加强国际航空货运能力建设，打造引领新发展格局战略平台的对策建议

加强国际航空货运能力建设已经成为国家战略。结合广州国际航空货运能力建设现状和面临的问题，以及加快形成以国内大循环为主体、国内国际双循环相互促进的新发展格局的战略需要，当务之急就是要充分发挥既有优势，把握好服务新发展格局的战略机遇，把加强国际航空货运能力建设当成广州走在全省、全国前列的一个重要突破口进行部署落实。

（一）抓好顶层设计，强化发展规划落地

2021 年是"十四五"的开局之年，必须系统总结白云国际机场"十三五"期间国际航空货运发展的不足和原因，立足打造具有全球竞争力的国际航空货运枢纽，结合广州独特的内外部环境，制定好广州"十四五"加强国际航空货运能力建设规划及远景发展展望。一个好的规划对引领发展很

重要，但是规划的落地比规划的本身更重要。规划再美好、再激动人心，如果不能落地，或者不按规划落地，对实践的影响比没有规划还糟糕。有了规划还必须强化规划落地，凸显国际航空货运能力建设在畅通产业链、供应链、价值链和促进双循环的重要作用。

（二）抓好设施建设，强化综合保障功能

抓住白云国际机场三期扩建和新基建、数字化转型战略机遇，加强国际航空货运设施建设。硬件方面，在加强国际货站、国际货机坪、航油设施、空管设施、海关监管仓、代理人库、空港综合保税区等国际航空货运物流地面设施建设的同时，还要加大国际航空货运综合设施投入力度，加快建设5G通信、计算机网络设备等信息技术硬件设施。软件方面，着力打造现代国际航空货运物流供应链管理系统，提升国际航空货运物流企业信息管理能力和技术手段，提高广州国际航空货运物流运作效率和效益。全面推广以电子数据交换（EDI）、互联网、物联网、智联网等为基础的国际航空货运物流信息系统的应用，加强大数据、云计算、人工智能、区块链等新技术在国际航空货运物流中的综合运用，全面提升广州国际航空货运物流的现代化水平。

（三）抓好政策创新，提高运作效率效益

充分挖掘政策资源优势，制订好对接国家政策资源实施计划，加快推进国家关于国际航空货运枢纽建设的有关政策在广州落地。合理配置航班时刻资源，保障货运航班高峰小时时刻，满足国际航空货运能力建设需要。争取第七航权开放试点，提高广州国际航空货运网络竞争力。加快推进广州低空空域管理改革开放试点进程，理顺和简化通航飞行审批程序，减少通航审批环节与运行限制，实现高低空域无缝衔接，促进通航货运物流、无人机物流与国际航空货运物流的对接。争取海关政策支持，持续创新海关监管模式，扩大异地查验口岸放行，全面推行电子通关，简化出入境货物通关手续。制定鼓励国际航空货运发展实施意见，为航空公司、机场公司和货代等市场主体，提供个性化政策支持，建立国际航空货运能力建设的长效机制。

（四）抓好网络构建，强化体系支撑能力

广州国际航空货运能力建设，网络构建是关键，重点应从四个方面着力。一是以打造国际航空货运枢纽为平台，利用广州低空空域管理改革试点的机遇，推进通用航空物流、无人机物流发展，构建通用航空、无人机物流、支线、干线和白云国际机场国际航空货运枢纽之间互补发展的多层次国际航空货运航线网络，提高广州国际货运航班载运率和国际航空货运枢纽的集散能力。二是要加大力度扶持培育网络型国际航空货运基地公司，支持南航货航基地建设，推进国际货运航线网络构建，提升广州国际航空货运的国际竞争力，畅通国际产业链、供应链、价值链，助力双循环相互促进新发展格局的形成。三是加快构建以国际航空货运枢纽为中心的货运综合交通体系建设，谋划布局货运高速公路、货运高铁，实现货运空陆联运、空海联运、空铁联运，促进以白云国际机场为中心的大湾区机场之间货运快速运输体系建设，实现快速互联互通、资源优势互补。四是加速布局异地国际航空货站，推广"卡车航班"，建立"一单制"联运机制，促进多式联运和"代码共享"，形成资源互补、错位发展的格局，发挥国际航空货运对产业的辐射带动作用，巩固强化国际航空货运的市场支撑。

（五）抓好产业发展，提升产业链价值链水平

加强国际航空货运能力建设是手段，目的是要通过国际航空货运能力建设构建现代产业体系，实现广州老城市新活力、"四个出新出彩"，在全面建设社会主义现代化国家新征程中走在全省、全国前列。要以国际航空货运能力建设为抓手，推动高端生产要素和人才在广州空港经济区集聚，促进现代产业体系在广州加速发展，成为引领广州经济社会发展的引擎。要以国际航空货运能力建设为契机，制定港产城一体化空港经济发展规划，推动广州空港经济区纳入广东自由贸易试验区，持续改善广州空港经济区营商环境，引导高端产业落地、人才安家，强化供应链、产业链对国际航空货运发展的支撑效应，吸引更多的现代工业企业落户集聚，形成现代产业集群发展的

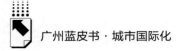

"蓝海"。充分发挥白云国际机场空港综合保税区和国家临空经济综合改革试验区的政策优势和地处大湾区货源腹地的市场优势,促进先进制造业和现代服务业在机场周边布局发展,重点打造具有全球影响力的飞机维修与制造、公务机通用航空、航空货运物流及服务贸易产业集群。改善提升货运航空公司、机场和货代等市场主体盈利水平和国际竞争力,实现国际航空货运物流业的良性发展。

参考文献

习近平:《在企业家座谈会上的讲话》,人民出版社,2020。

薛凤旋、郑艳婷:《国际航空货运枢纽港:以航空物流为新竞争优势》,《国际城市规划》2007年第1期。

潘坤友、曹有挥、魏鸿雁、曹卫东:《我国航空货运网络结构研究》,《经济地理》2007年第4期。

王姣娥、王涵、焦敬娟:《"一带一路"与中国对外航空运输联系》,《地理科学进展》2015年第5期。

吴振坤、杨雪萍:《国际航空货运枢纽:区域发展的新动力》,《区域经济评论》2016年第2期。

朱前鸿:《发展空港经济对促进我国产业转型升级的战略研究》,《中国民用航空》2017年第11期。

朱前鸿:《建设广州国际航空枢纽 打造引领型全球航空大都市》,《广州城市国际化发展报告(2018)》。

朱前鸿:《抓住大机遇,补齐发展短板,促进粤港澳大湾区航空货运高质量发展》,《中国民用航空》2019年第5期。

朱前鸿:《加强国际货运航空能力建设,加快形成内外双循环相互促进的发展新格局》,《中国民用航空》2020年第11期。

新发展格局背景下广州加快建设
国际消费中心城市研究

潘弘扬*

摘　要：　在新发展格局背景下，建设国际消费中心城市是立足扩大内需战略基点，是增强消费对经济发展基础性作用的重要举措。作为千年商都，广州在社会消费品零售规模、服务业消费、国际化程度等方面位居全国前列，具备建设国际消费中心城市的良好基础，但仍存在中高端消费资源供给相对不足、国际化消费平台相对欠缺等问题，亟须从拓展国际消费市场、打造国际消费合作平台、构建国际化消费新体制、建设国际化消费载体、培育国际化消费新产品新业态新模式等五个方面发力，加快建设国际消费中心城市，为我国实施扩大内需战略，加快构建国内国际双循环的新发展格局做出积极贡献。

关键词：　新发展格局　广州　国际消费中心城市　扩大内需

　　"十四五"时期，在推动形成以国内大循环为主体、国内国际双循环相互促进的新发展格局的战略背景下，坚持扩大内需战略基点，加快建设国际消费中心城市，成为增强消费对经济发展的基础性作用的重点工作。广州作为粤港澳大湾区核心城市，社会消费品零售总额连续多年位居全国前列，已

---

* 潘弘扬，深圳国家高技术产业创新中心研究员，研究方向为消费流通。

形成以消费经济为重点的经济结构，具备建设国际消费中心城市的优势基础。充分了解广州建设国际消费中心城市的背景和基础，提出富有针对性的政策建议，对促进广州增强主动服务新发展格局能力，推动"四个出新出彩"、实现老城市新活力具有重要意义。

一　广州建设国际消费中心城市的背景

（一）培育建设国际消费中心城市是我国加快形成新发展格局的战略要求

当前，我国加快构建以国内大循环为主体、国内国际双循环相互促进的新发展格局，亟须立足扩大内需战略基点，加快培育建设国际消费中心城市，增强消费对经济发展的基础性作用。目前，我国已成为世界第二大经济体，占全球经济比重从 2008 年的 7.2% 上升到 2019 年的 16.2%，形成了拥有包括 4 亿以上中等收入群体在内的近 14 亿人口的超大国内市场。2019年，我国最终消费支出对国民经济增长贡献率达 57.8%，比资本形成总额、货物和服务净出口分别高出 26.6% 和 46.8%。① 但与美国、日本、欧盟等发达经济体超 75% 的消费贡献率相比仍存在较大差距。同时，近年来我国居民海外消费呈迅速上升趋势，2019 年国人海外奢侈品消费 1052 亿美元，占国人全球奢侈品消费比重的 69%。② 随着人均 GDP 达到 1 万美元，我国亟须加快建立国际化消费环境，满足国民日益提升的消费升级需求。在此背景下，商务部等部门联合出台《关于培育建设国际消费中心城市的指导意见》，提出培育建设国际消费中心城市，带动一批大中城市提升国际化水平，加快消费转型升级，促进形成强大的国内市场，增强消费对经济发展的基础性作用。

---

① 蔺涛：《市场销售规模持续扩大 新消费增长点加速形成》，国家统计局，http：//www. stats. gov. cn/tjsj/sjjd/202001/t20200119_ 1723881. html。

② 要客研究院：《2019 中国奢侈品报告》，https：//finance. ifeng. com/c/7tCCwRLzzHB。

（二）建设国际消费中心城市是广东省建设新发展格局战略支点的重点任务

广东在构建新发展格局这个主战场中选准自己的定位，提出打造新发展格局的战略支点。广东必须充分发挥较强的支撑、联通和撬动功能，牢牢扭住扩大内需这个战略基点，把经济发展的着力点更聚焦于消费领域，通过建设国际消费中心城市扩大全省消费需求。近年来全省社会消费品零售总额规模不断扩大，但受区域收入差距、居民债务杠杆率等因素影响，消费对广东经济发展的撬动作用未得到有效发挥。广东省最终消费率低于50%，不仅低于美国、欧盟、日本等发达经济体，也低于俄罗斯、印度等"金砖"国家。《广东省国民经济和社会发展第十四个五年规划和2035年远景目标纲要》明确指出，"支持广州、深圳建设国际消费中心城市"，将进一步推动中心城市消费提质增效，辐射带动全省扩大消费，为广州创建国际消费中心城市提供政策保障。

（三）建设国际消费中心城市是广州推动"四个出新出彩"工作的重要抓手

广州以实现老城市新活力，在综合城市功能、城市文化综合实力、现代服务业、现代化国际化营商环境方面出新出彩为目标，出台实施《广州市推动"四个出新出彩"行动方案》，聚焦粤港澳大湾区核心引擎功能，在消费、创新、交通、产业等领域出台系列举措，加快推进"四个出新出彩"、实现老城市新活力。作为千年商都，广州需要立足社会消费品零售规模、海陆空铁综合枢纽、服务业等优势基础，通过建设国际消费中心城市加速消费结构升级，促进综合城市功能、城市文化综合实力、现代服务业和现代化国际化营商环境共同发展，辐射带动并提升全省最终消费率，加快建设国家中心城市和综合性门户城市。

二 广州具备建设国际消费中心城市的良好基础

（一）消费国际化的发展基础良好

从宏观层面看，广州在消费需求总量、消费资源供给、商贸流通服务等消费重要环节基础良好，能够有效支撑国际消费中心城市建设。一是消费需求规模大。2020 年，在统筹推进疫情防控和经济发展的背景下，广州实现社会消费品零售总额 9218.66 亿元，占全省总额的 1/4 多，人均社会消费品零售额居国内主要城市第一位。① 二是国际消费资源加快集聚。广州的核心商业区集聚 85% 的优质商业资源。天河路、北京路等商圈加快建设国际消费示范区，上下九商圈、琶洲商圈等传统商圈持续转型升级，国际化消费资源聚集能力明显提升。三是国际化商贸流通体系高效完备。2020 年，广州快递业务量达 76.15 亿件，同比增长 21.9%，位居全国第二位。白马服装市场、红棉国际时装城等各类专业批发市场朝着展贸化、国际化、品牌化方向持续转型升级。

（二）消费政策体系日趋完善

广州市委、市政府高度重视消费经济发展，出台若干政策举措，擦亮千年商都品牌。一是出台《广州市完善促进消费体制机制实施方案（2019 - 2020 年）》。在政策体系、标准建设、信用体系、信息引导等方面紧密结合重点服务消费领域体制机制创新，对消费体制机制进行完善。二是出台《广州市加快推进消费国际化特色化若干措施》。广州已正式向商务部申报国际消费中心城市培育建设试点，围绕创建工作出台《广州市加快推进消费国际化特色化若干措施》，从增强全球消费互动、优化消费载体布局、引领创新消费模式、发展特色消费元素、培育便利消费环境等五个方面提出

---

① 黄舒旻、宾红霞：《广州距离国际消费中心城市还有多远?》，《南方日报》2019 年 11 月 22 日。

19 条具体措施。三是出台消费领域专项规划。陆续出台《广州市人民政府关于加快发展体育产业促进体育消费的实施意见》《广州市促进商旅文融合发展工作方案》等专项文件，从体育、文化、旅游等方面促进细分消费领域发展。

（三）服务业消费新动能效应显现

广州是全省教育、医疗、消费中心，服务业所占比重超过七成，在旅游、体育、文化等领域消费优势显著。一是旅游消费活力显现。广州市 2019 年接待旅客超过 2.3 亿人次，旅游业总收入 4454.59 亿元，增长 11.1%，其中旅游外汇收入 65.3 亿美元，占比近 10%。2020 年，在新冠肺炎疫情重创全球航空业发展的宏观环境下，广州白云国际机场实现旅客吞吐量 4376.8 万人，跃居全球第一。二是文化消费位居全国前列。2019 年，广州市文化创意产业实现增加值近 3000 亿元，在国内城市中仅次于北京和上海，人均文化消费在全国一线城市中位居前列。三是体育消费基础良好。2020 年，广州体育产业实现增加值占全市 GDP 比重近 2%，成为新的经济增长点。国内体育界最高规格展会"中国体育文化博览会和中国体育旅游博览会"落户广州。

但广州建设国际消费中心城市仍存在一些制约因素。一是居民杠杆率偏高制约消费需求。广州居民住房等消费性贷款占比占据较大份额，抑制消费意愿，对消费造成显著挤出效应。二是中高端消费资源供给相对不足，由于消费者到香港购物便利造成分流，奢侈品在广州开店数量相对较少。三是国际化消费平台短板需加快补齐，包括领先的大型综合性电商平台有待培育，免税消费平台供给需要扩大，重点商圈国际化消费品集中度显示度有待提升。

三 广州建设国际消费中心城市的对策建议

在新发展格局下，广州应围绕拓展国际消费市场、打造国际消费合作平

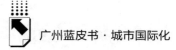

台、构建国际化消费新体制、建设国际化消费载体、培育国际化消费新产品新业态新模式等方面发力，加快建设国际消费中心城市，在服务新发展格局中赢得高质量发展的战略主动。

（一）锐意开拓扩大开放，拓展国际消费市场

广州应当发挥国际化专业批发市场和商贸网络优势，加快构建更高水平开放型经济格局，通过扩大双向国际贸易、国际投资、国际交流等多种方式并举，深度融入全球消费网络，打造国内国际双循环重要枢纽。一是加快引进国外中高端消费资源。进一步放宽国外消费品市场准入限制，探索建立国际消费品"超市"、国际水准的消费品制造基地、科技创新产业基地，持续扩大世界各国优质的、有竞争力的商品和服务进入中国市场，打造国际消费品进入国内市场的桥头堡。借鉴北京首店政策和成都"两店"政策，开展首店引进计划，对品牌首店入驻和开业、特色小店改造进程中所涉及的规划、建设、通关消防、质量检测、食品经营、市政市容等行政审批事项开启"绿色通道"，缩短办理时限加快开业进程。支持广州首店品牌参加国内外展会，对在穗开设亚洲首店的企业以及创新商业模式的特色小店给予支持。二是打造开放型消费平台。对标中国国际消费品博览会，在广交会、广州国际购物节等国际化载体基础上打造以消费合作为主题，科技、文化、时尚等业态融合的高能级国际化消费平台。争创国家数字服务出口基地，支持创办、争取承办更多国际会展博览和赛事活动，扩大国际消费流量和规模。

（二）围绕"双区"建设，联合打造国际消费合作平台

广州要依托国际化消费、生产、流通体系，围绕"双区"建设进一步拓展消费合作领域、深化消费合作层次、创新消费合作机制，加快扩大区域消费腹地，联合打造国际消费合作平台。一是深化与港澳消费合作。深入挖掘大湾区多元文化、主题乐园、滨海旅游、美食之都、购物天堂等优势消费资源，打造各具特色的消费产品体系。借鉴香港、澳门夜间经济发展经验，

促进广州夜间经济发展。发挥香港"超级联系人"和澳门"中国与葡语国家商贸合作服务平台"优势，联合港澳推进与"一带一路"沿线国家和地区在跨境消费、文体旅游等领域交流合作。二是建立广州深圳消费"双城联动"机制。抢抓广州深圳"双城联动、比翼双飞"机遇，依托两市在营商环境、生物医药、科技创新、基础设施、自贸区等领域合作基础，加强两市在新零售、免税消费、文旅消费、供应链物流等商贸领域全方位合作，联合开展消费领域招商引资、资源共享、品牌共建、市场共拓等行动，共同惠及广深两市消费者。三是依托广州都市圈建设开拓消费市场。支持广州各类商贸零售、消费品制造和供应链企业加强与佛山、清远、云浮、韶关等广州都市圈市场主体需求对接，推动消费升级与消费扶贫有机结合，积极搭建产业链供应链对接平台，进一步提升周边城市国际消费资源供给水平，形成优势互补、合作共赢的消费网络。

（三）全面深化改革，构建国际化消费新体制

充分发挥广州临空经济示范区优势基础，大力发展离境退税、培育跨境电商市场、整合国际供应链，构建国际化消费新体制。一是推进离境退税政策。充分发挥白云国际机场、南沙客运港的国际旅客集散枢纽功能，利用便利签证等通关政策，争取实施境外旅客购物离境退税政策试点，积极拓展入境和过境消费。合理规划全市离境退税定点商店布局，支持适度发展市内免税店、口岸免税店、高端品牌奥特莱斯等业态。做好离境退税在流程优化、配套服务等方面的改革。二是大力发展跨境电商。依托广州空港保税区和南沙自贸片区，积极培育跨境电子商务消费市场，支持本地企业在主要商圈开设跨境电子商务 O2O 体验店，力争实现跨境电商保税线下自提模式。加快口岸进境免税店、购物中心区域性商品展示交易等建设，拓宽国际高端消费品购买渠道。三是加大国际供应链整合力度。支持有条件的零售企业整合进口和国内流通业务，发展商品集采分销、保税仓等业务，拓展全球直采直销业务能力，扩大进口商品经营规模，吸引境外消费回流。

（四）强化平台支撑，建设国际化消费载体

以国际消费示范区建设为牵引，统筹推进大型电商平台提质增效和广州免税城建设，为建设国际消费中心城市提供平台支撑。一是深入开展国际消费示范区建设。依托天河路、北京路、环市东、珠江新城等重点商圈（街），建设国际消费示范区，吸引国际知名奢侈品集团的关联品牌、快时尚品牌、原创品牌和文化创意品牌等国际高端时尚消费品牌进入，打造一批集购物、餐饮、住宿、娱乐、生活体验等功能于一体的大型商贸综合体，持续集聚国际消费资源。二是培育大型电商平台。加大力度支持唯品会等本地电商平台做大做强，支持拓展国际业务，培育全国领先、具有国际影响力的大型网络零售平台。三是探索创建广州免税城。目前北京、上海、三亚等地已取得免税消费政策，广州应积极争取国家支持建设广州免税城等免税消费载体，按照国内现有免税店政策，创新开展市内免税店业务，在服务对象范围、商品品类、购买额度、流程等方面予以适度放宽，将广州常住居民纳入服务范畴，建立以市内免税为主、多种免税店载体叠加的免税消费范式。

（五）围绕消费升级，培育国际化消费新产品、新业态、新模式

当前，国际消费持续升级，消费产品、业态、模式加快创新，要顺应发展趋势，加快培育消费新产品、新业态、新模式，为满足消费国际化提供源源不断的内生动力。一是发展夜间经济。鼓励建设更多夜游标志性场景、打卡地，积极推动中心城区4A级以上景区根据实际条件延长开放时间1～2小时。鼓励一批文化配套载体延长开放时间，打造夜间消费"文化艺术载体"。二是支持中高端消费品制造新模式。发挥广州在汽车、纺织服装等制造业优势基础，鼓励以新消费联动新制造，大力发展个性化定制、C2B、C2M等以消费者需求为中心的制造模式，以销定产解决供需不匹配问题，带动传统消费品制造焕发新活力。三是大力发展线上消费。扶持壮大电商企业，支持各类专业批发市场和社会零售主体与国内大型电商平台合作，鼓励市场主体借助电商平台、直播电商等新兴方式，提升拓展网上销售能力。四

是优化提升服务消费资源。瞄准文化、医疗、教育等面向高品质生活服务领域优化民生消费服务，充分发挥政府和市场作用，引导社会办学办医办文化，特别是面向港澳和世界引进一批高水平机构，提升服务业国际化水平。

参考文献

国家发展改革委：《坚定实施扩大内需战略》，中国计划出版社，2020。

21 世纪经济研究院：《国际消费中心城市竞争力报告》，http://www.21jingji.com/2019/12 – 31/OMMDEzNz/fMTUyNDYOMA.html，2019 年 12 月。

广州大学、省政府参事室、省社科院联合课题组：《把广州培育成为粤港澳大湾区产业协同发展的引领者》，《广东经济》2020 年第 12 期。

方越峦、邓谦：《关于广州建设国际消费中心城市的思考》，《广东经济》2020 年第 11 期。

广州市统计局、国家统计局广州调查队：《2020 年广州市国民经济和社会发展统计公报》，2021 年 3 月 28 日。

城市评价篇
City Evaluation

B.5
2020年全球城市评价排名分析

胡泓媛　李昀东*

摘　要： 2020年世界城市分级、全球实力城市指数、全球城市指数、全球金融中心指数和全球创新集群排名相继更新公布研究报告，大多数排名对应新冠肺炎疫情对全球城市发展带来的影响进行了指标设计的调整，使全球城市格局发生了一定程度的变化，也对新冠肺炎疫情后全球城市的恢复性发展有所启示。全球城市发展要重视抗风险能力的建设，注重改革保持发展动力，当好全球复苏的领头羊，加强团结协作实现共同发展。

关键词： 全球城市　城市排名　城市评价

---

* 胡泓媛，广州市社会科学院城市国际化研究所副研究员，研究方向为全球城市评价、国际传播；李昀东，广东省社会科学院硕士研究生。

全球城市评价排名是反映全球城市发展价值导向、跟踪研判发展动态趋势的重要研究工具。广州市社会科学院长期跟踪全球化和世界城市研究网络（GaWC）世界城市分级、科尔尼公司全球城市指数、日本森纪念财团全球实力城市指数、英国 Z/Yen 集团全球金融中心指数和世界知识产权组织全球创新集群排名等知名全球城市评价排名，综合分析全球城市发展的发展态势。2020 年，受新冠肺炎疫情的不利影响，全球城市发展受到严峻的考验，由于统计数据的滞后性，绝大多数全球城市评价排名公布的 2020 年榜单统计期在全球疫情暴发之前，数据面上未能及时反映疫情的影响。但是受到疫情对城市安全性、抗风险性考验的启发，一些综合性全球城市评价排名开始调整评价体系，加重对城市韧性、可持续发展能力的考察，由此得出的城市排名对审视城市的疫情应对能力也极具参考价值。

一 世界城市分级

2020 年 8 月，由全球化和世界城市研究网络（GaWC）编制发布"世界城市分级 2020"（The World According to GaWC）。这一始于 2000 年的全球城市评价排名，是目前存续时间最久的权威全球城市研究成果，2016 年以来定为每两年发布一期。GaWC 构建了一套聚焦城市关系数据的较为完整成熟的定量研究方法，通过采集分析会计、金融服务、广告、管理咨询、法律等高级生产性服务业知名跨国企业在全球城市中的办公室分布及其相互业务联系数据，分析城市全球的连通性强弱，从而反映城市对全球资本、技术、人力、信息等生产要素的控制和配置能力。由于研究较为聚焦当前全球城市发展的核心竞争力——全球要素配置能力，研究方法也具有高度的独创性和科学性，世界城市分级排名结果受到社会高度重视。

（一）世界城市分级2020：领先城市梯队缩小

世界城市分级研究的城市范围较广，本期全球共 394 个城市入选，较 2018 年增加 20 个城市，但主要分布在榜单中后部。城市从高到低被划分为

表1　世界城市分级 2020 Alpha 类城市变动情况

级别及排名	城市	较上期	级别及排名	城市	较上期
Alpha + +			Alpha −		
1	伦敦	—	25	华沙	+5↓
2	纽约	—	26	首尔	−5↓
Alpha +			27	约翰内斯堡	+12
3	香港	—	28	苏黎世	+1↓
4	新加坡	+1	29	墨尔本	+4↓
5	上海	+1	30	伊斯坦布尔	−1↓
6	北京	−2	31	曼谷	+1↓
7	迪拜	+2	32	斯德哥尔摩	+3
8	巴黎	—	33	维也纳	+8
9	东京	+1	34	广州	−7↓
Alpha			35	都柏林	+5
10	悉尼	−3↓	36	台北	−10↓
11	洛杉矶	+6	37	布宜诺斯艾利斯	−9↓
12	多伦多	+2	38	旧金山	−2
13	孟买	+10	39	卢森堡	+6
14	阿姆斯特丹	+20↑	40	蒙特利尔	+2
15	米兰	−4	41	慕尼黑	+9
16	法兰克福	—	42	德里	+5
17	墨西哥城	+2	43	圣地亚哥	−5
18	圣保罗	−3	44	波士顿	+13↑
19	芝加哥	−7	45	马尼拉	+2
20	吉隆坡	—	46	深圳	+9
21	马德里	−3	47	利雅得	+5
22	莫斯科	−9	48	里斯本	−5
23	雅加达	−1	49	布拉格	−
24	布鲁塞尔	+1	50	班加罗尔	+16↑

＊较上期数字为上升（＋）或下降（－）位次数，箭头为等级升级（↑）或降级（↓）。

资料来源：GaWC"世界城市分级 2020"，http：//www. /boro. ac. uk/gawc/gawcworbels. html 作者整理。

Alpha、Beta、Gamma、Sufficiency 四个类别并排名，以表明不同城市在全球化经济中的位置及融入度。本期排名中 Alpha 类 50 个、Beta 类 91 个、Gamma 类 83 个、Sufficiency 类 170 个。

Alpha 类是全球连通性最鲜明的城市类别，一般由各大发达国家首都和亚太、中东、南美地区的枢纽性中心城市组成，备受社会关注。Alpha 类细分为四个级别，Alpha＋＋全球连通性最高，高度融入全球经济，位于世界城市分级顶端；Alpha＋级次之，弥补特定的服务业缺口，拥有重要的全球经济地位；Alpha 级的地位是重要的区域桥梁，有效联系所在区域和全球经济；Alpha－级实现了一定的全球连通性，在联结区域经济和全球经济方面表现中等。此前，在世界城市分级榜单城市持续扩容的大背景下，Alpha 类城市数量也逐期增加，但本期出现了首次缩减。Alpha 类总体减少 5 座城市，其中 Alpha＋级缩减 1 座，Alpha 级大幅缩减 8 座。前十位城市中，除前三位城市保持稳定外，绝大多数城市位次都有调整。

（二）亚欧城市发展强劲，美国城市呈现疲态

从城市数量规模看，亚太城市领先优势持续上升。Alpha 类城市中，亚洲（除中东外）、大洋洲城市达 18 座，首次超越欧洲。但各地城市的发展出现分化，东南亚和南亚的一些城市，包括中国城市各有上升和下降，幅度较大的有孟买上升 10 位，首尔下降 5 位。

从城市个体的表现来看，欧洲城市表现较佳。欧洲进入 Alpha 类的城市较 2018 年减少 3 座，至 17 座，其中实现排名上升的有 9 座城市，只有 4 座城市排名出现下降。部分城市出现了较大幅度的上升，如阿姆斯特丹上升 20 位，由第 34 位上升到第 14 位，并上调一级；维也纳上升 7 位，从第 41 位上升到第 33 位；华沙上升 5 位；斯德哥尔摩上升 3 位。从较长的时间来看，欧洲城市作为传统的领先城市群体，排名在较长时间中呈总体稳定、小幅波动的走势。近年来，英国脱欧已成定局，部分欧洲主要城市在联系功能上发挥了替代的作用而有所增强，例如阿姆斯特丹排名经历多期下降后急剧上升了 20 位。此外，非洲进入 Alpha 类唯一一座城市约翰内斯堡也表现亮

眼,由第 39 位上升 12 位到第 27 位。美国城市则出现了较大的下降,入围 Alpha 类的美国城市减了迈阿密、华盛顿特区等 2 座,排名也大多出现下降。除洛杉矶上升 6 位以外,其他如华盛顿下降 3 位,芝加哥下降 7 位,迈阿密下降 30 位。

(三)中国中西部城市进步加速

本期中国城市上榜 43 个城市,其中内地城市 36 个,港澳台城市 7 个。Alpha 类保持 6 座城市上榜,香港、上海、北京同为 Alpha +,上海上升 1 位至第 5 位,北京下降 2 位至第 6 位;广州、台北和深圳 3 个城市入选 Alpha -,受到 Alpha 级城市数量大幅裁减影响,广州和台北从 Alpha 级下调至 Alpha - 级,分列第 34 和 36 位。Beta 类 13 个城市、Gamma 类 10 个城市、Sufficiency 类 14 个城市,其中重庆、郑州、西安、昆明、合肥、哈尔滨、高雄、台中、海口、澳门等城市等级调升。

与 2018 年相较,中国城市出现东部城市进步相对放缓,西部城市相对提速的态势。在今年排名下降的城市中,广州、台北退至 Alpha -;杭州从 Beta + 下降至 Beta,武汉从 Beta 退至 Beta -;苏州、青岛两座城市则面临跨越等级的下降,直接从 Beta - 降至 Gamma +。除武汉外,其余城市均位于东部地区。上升的城市则以中西部为主,比如,成都上升 12 位,重庆上升 9 位,特别是在 Beta - 级别中,长沙、郑州、西安均实现了排名大幅上升,郑州上升 37 位,而西安上升 25 位。这主要是随着全面开放新格局的推进,西部内陆城市的对外开放程度出现补偿性的增长,开始逐渐缩小与沿海城市的差距,之前体现在外贸进出口、吸引外资等层面,现在进一步向生产型服务业、国际化联系方面递进。以西安为例,2012 年三星电子存储芯片项目的落户,极大地推动了西安对外资的吸引和聚集,美国空气化工、日本住友、华讯微电子等企业落户,也为高级生产性服务业落户做好了铺垫,如2015 年安永会计师事务所落户,2018 年毕马威和德勤也正式入驻,极大提升了西安国际联系度。

表2 2020年世界城市分级中国城市概况

级别	该级别城市总数量	该级别中国城市数量	中国城市
Alpha＋＋	2	0	无
Alpha＋	7	3	香港、北京（－2）、上海（＋1）
Alpha	15	0	无
Alpha－	26	3	广州（－7↓）、台北（－10↓）、深圳（＋9）
Beta＋	23	1	成都（＋12）
Beta	24	4	天津（＋9）、南京（＋7）、杭州（－15↓）、重庆（＋9↑）
Beta－	44	8	武汉（－3↓）、长沙（＋14）、厦门（＋7）、郑州（＋37↑）、沈阳（＋7）、西安（＋25↑）、大连（－9）、济南（＋1）
Gamma＋	30	4	青岛（－27↓）、苏州（－44↓）、昆明（－2↑）、合肥（＋7↑）
Gamma	24	2	台中（＋68↑）、海口（＋99↑）
Gamma－	29	4	福州（－12）、哈尔滨（＋28↑）、高雄（－3↑）、太原（－36↓）
High Sufficiency	27	2	宁波（－12）、澳门（＋86↑）
Sufficiency	143	12	乌鲁木齐（－38）、珠海（＋20）、贵阳（－4）、南宁（＋16）、长春（－47）、南昌（－47）、石家庄（－72）、无锡（－32）、新竹（新）、呼和浩特（－13）、兰州（－69）、台南（新）

＊括号内数字为本期排名、上升（＋）或下降（－）位次数，箭头为等级升级（↑）或降级（↓）。

资料来源：CaWC"世界城市分级2020"，http：//www./boro.ac.uk/gawc/gawcworbels.html作者整理。

二 全球城市系列指数

世界知名咨询公司科尔尼公司自2008年启动了全球化城市指数的研究，以全球主要区域经济、政治中心城市为研究对象，通过量化研究分析研判城市当前竞争力和未来发展潜力。经过十余年的发展,形成了全球城市指数(Global Cities Index)和全球潜力城市指数(Global Cities Outlook)两大排名。全球城市指数着眼当下,围绕商业活动、人力资本、信息交流、文化体验、政治事务五大维度评选当前全球最具竞争力的城市;全球潜力城市指数放眼未来,围绕居民幸福感、经济状况、创新、治理四个维度预测10年后城市的发展潜力。

(一)2020全球城市系列指数:后疫情时代的城市思考

2020年科尔尼全球城市报告用了一个极具冲击性的标题——《全球城市:新世界中的新优势》(Global Cities: New Priorities for the New World)。新冠肺炎疫情的大暴发对全球化造成全方位的冲击,尤其使一些全球城市发展的隐性不利因素,如经济增长的不平等日益加剧、城市发展对环境的破坏、政府日益增长的财政负担等,瞬时走到台前,使得城市管理者难以继续逃避。去中心化的声音迭起,使人们对大型中心城市的存在价值产生了质疑。科尔尼在报告中提出,城市管理者必须重新审视城市价值创造的重心、全球城市连通性的重振与创新发展,以及不合理城市空间的改造问题,取得城市包容性的可持续发展。由于统计数据的局限,科尔尼2020年报告采集的数据还在疫情发生之前。但为了更好地反映科尔尼对上述问题的反思以及调整全球城市的评判标准,科尔尼在全球城市指数中新增了两项指标:一是在商业活动维度新增独角兽企业的数量,突出了以创业居民为基础的城市竞争力;二是在人力资本维度新增医学院的数量,衡量城市医疗保健系统的发展程度。

(二)城市全球地位和未来前景的竞争日益激烈

1. 全球城市指数:当前全球城市格局变动趋势加剧

从2019年开始,科尔尼已在全球城市报告中预测了全球城市排名的革命性转变正在酝酿。2020年这一趋势愈加显著。十年来排名前5的城市的稳定态势在本期被打破,北京上升4个位次,取代香港成为全球第5,香港降至第6名。顶端城市需要具有持续的全方位优势和不懈的自我革新和发展力量，才能立于不败之地。本期纽约、伦敦、巴黎和东京还是保持了前四名。纽约尽管商业活动水平有所下降，但由于国际学校数量、国际学生人数和新的医科大学指标的强劲表现，人力资本得分最高，仍然保持着显著的领先优势。伦敦虽然仍位居第2，然而自2017年以来得分一直在下降，预计正式脱欧后经济活动还将继续处在下滑通道。而位于第3、第4的巴黎和东京则分别在信息交流、文化体验和政治参与、商业活动等方面稳步进步，成为第2位次强有力的竞争者。在排名全球前30位的城市中，有12座城市排名出现不同程度的下降，仅有6座城市实现排名上升。

表3　2016—2020 年全球城市指数排名前十位的城市

排名	2016	2017	2018	2019	2020
1	伦敦	纽约	纽约	纽约	纽约
2	纽约	伦敦	伦敦	伦敦	伦敦
3	巴黎	巴黎	巴黎	巴黎	巴黎
4	东京	东京	东京	东京	东京
5	香港	香港	香港	香港	北京
6	洛杉矶	新加坡	洛杉矶	新加坡	香港
7	芝加哥	芝加哥	新加坡	洛杉矶	洛杉矶
8	新加坡	洛杉矶	芝加哥	芝加哥	芝加哥
9	北京	北京	北京	北京	新加坡
10	华盛顿特区	华盛顿特区	布鲁塞尔	华盛顿特区	华盛顿特区

全球城市格局的变动从各个维度单项领先的城市变化中也可窥见一斑。2020年共有9个指标的榜首城市易主，这一数字在2019年仅为4座。榜首城市中，有12座次为本期新登榜首，较2019年增加6座，甚至出现"电视新闻接受度"指标4座城市并列第1的情况。两项新增指标"独角兽企业数量"和"医学院数量"也对排名变化造成显著的影响。"独角兽企业数量"的加入使得专注于创业的城市排名大幅提高。旧金山无疑是最大的受益者，跃升9个位次至第13位；上海也进步7个位次达到第12位，慕尼黑从第32位上升到第24位，西雅图也因此上升了2个位次排名第45。几个城

市的排名下降则与"医学院数量"的加入有较大关联,如伊斯坦布尔从第26位下降到第34位,受累于人力资源维度得分18位的大幅下滑,有类似情况的还有布宜诺斯艾利斯、布拉格等。

表4 2020年全球城市指数各维度榜首城市一览

指　标	榜首城市	指　标	榜首城市	指　标	榜首城市
商业活动维度	纽约	人力资本维度	纽约	文化体验维度	伦敦
财富500强企业	北京	非本国出生人口	纽约	博物馆	莫斯科
全球领先服务企业	**伦敦**	高等学府	波士顿	艺术表演	**维也纳**
资本市场	纽约	高等学历人口	东京	体育活动	**洛杉矶**
航空货运	香港	留学生数量	**悉尼**	国际游客	伦敦
海运	上海	国际学校数量	香港	美食	**巴黎**
ICCA会议	巴黎	医学院数量*	**伦敦**	友好城市	圣彼得堡
独角兽企业数量*	旧金山				
信息交流维度	巴黎	政治事务维度	布鲁塞尔		
电视新闻接受率	慕尼黑、杜塞尔多夫、法兰克福、柏林	大使馆和领事馆	布鲁塞尔		
新闻机构	伦敦、纽约	智库	华盛顿特区		
宽带用户	日内瓦、苏黎世	国际组织	日内瓦		
言论自由	**奥斯陆**	政治会议	布鲁塞尔		
电子商务	新加坡	国际性本地机构	巴黎		

注:加粗字体城市为与2019年相比较的新晋榜首城市。
*为2020年新增指标。
资料来源:A. T. Kearney, *Global Cities Report 2020*, pp. 7。

2020年全球城市指数收录了151座城市,较2019年增加21座,包括欧洲城市6座、亚洲及大洋洲(不含中东)4座、中东地区6座、拉丁美洲4座、北美1座,其中阿雷格里市、萨尔瓦多、普埃布拉等3座拉美城市和中国泉州为2019年空缺一期的榜单城市。至此,榜单中亚洲及大洋洲(不含中东)城市58座、欧洲城市29座、中东城市22座、北美城市17座、拉丁美洲城市15座、非洲其他地区城市10座,总体上延续了新兴经济体地区城市多，欧美城市少的分布格局，但是欧洲、中东城市数量增加幅度为近年峰值，尤其是新增的中东城市中，沙特阿拉伯城市占据4座，增长势头迅猛。

2. 全球潜力城市指数：经济和创新引领城市未来

全球潜力城市指数对全球城市格局重建的信号更为明显。很多城市在经济发展、创新和治理等方面坚持不懈扩大投入，崛起的势能逐步释放。排名前十位的城市中，除伦敦、巴黎两座城市排名与上期持平外，其他位次城市均发生变动。在创新和治理的持续强劲推动下，多伦多跃升9个位次跃居第2；东京的个人幸福指数一直保持高位，使得排名上升2位达到全球第4；阿布扎比在经济上的出色表现和多样化长期投资的推动下，大幅跃升13个位次取得全球第7。

表5　2016～2020年全球潜力城市指数排名前十位的城市

排名	2016	2017	2018	2019	2020
1	旧金山	旧金山	旧金山	伦敦	伦敦
2	纽约	纽约	纽约	新加坡	多伦多
3	波士顿	巴黎	伦敦	旧金山	新加坡
4	伦敦	伦敦	巴黎	阿姆斯特丹	东京
5	休斯敦	波士顿	新加坡	巴黎	巴黎
6	亚特兰大	墨尔本	阿姆斯特丹	东京	慕尼黑
7	斯德哥尔摩	慕尼黑	慕尼黑	波士顿	阿布扎比
8	阿姆斯特丹	休斯敦	波士顿	慕尼黑	斯德哥尔摩
9	慕尼黑	斯德哥尔摩	休斯敦	都柏林	阿姆斯特丹
10	苏黎世	莫斯科	墨尔本	斯德哥尔摩	都柏林

各维度的榜首城市全部易主，13个细分指标中有10个维度榜首城市易主。阿布扎比和迪拜在基础设施指标位居榜首，主要归功于对私营部门的开放和对公私伙伴关系的有力参与，迪拜也从第32位上升到第18位。其他进步显著的城市还有得益于私人投资和大学赞助的孵化器增加的芝加哥，得益于专利和外国直接投资流入的马德里，以专利和大学赞助的孵化器增加的深圳。

表6　2020年全球潜力城市指数各维度榜首城市一览

维度	城市	维度	城市	维度	城市	维度	城市
居民幸福感	**名古屋**	经济状况	阿布扎比	创新	北京	治理	斯德哥尔摩
稳定性和安全性	**东京、名古屋、大阪**	基础设施	**迪拜、阿布扎比**	人均专利拥有量	明尼阿波利斯	科层制质量	**多伦多、蒙特利尔、温哥华**
健康保障	**莫斯科**	人均国内生产总值	**阿布扎比**	私营投资	**多伦多**	营商环境	**阿拉木图、努尔－苏丹**
基尼系数	布拉格	外国直接投资流入量	**伦敦**	大学赞助的孵化器	莫斯科	透明度	**维也纳**
环境表现	**卢森堡**						

注：加粗字体城市为与2019年相比较的新晋榜首城市。

从地域上看，北美、欧洲城市近年来得分小幅下降，而中国、中东城市则呈现加速态势，两大阵营的差距进一步缩小。中国城市在居民幸福感、创新和治理方面取得了显著进步，而中东城市的显著进步则来源于海湾国家对国家转型和经济多样化的大力强调，以及以色列的持续强劲表现。美国大多数城市受美国退出巴黎气候协议和跨太平洋伙伴关系（TPP）等国家层面决策影响，在城市发展中更趋于寻求从个人、商品和资本的国际流动中获益，对居民幸福感、经济、治理等方面的投入都相对减弱，导致排名急剧下滑。事实上，近年来逐渐增多的美国城市动荡也凸显了市民对城市管理者的信心不足。拉丁美洲城市的得分下降速度则更为显著，惊人的城市化速度带来了资源分配不均的"城市病"，经济利益也未得到较好的分配。

（三）中国城市上升驱动力更加显著

1. 全球城市指数：前列城市实现上升突破

2020年全球城市指数入选的中国城市为27座，其中泉州经历2019年榜单缺席后重返榜单。绝大多数排名中上部的城市打破了前几期排名稳定的态势，在本期实现了排名上升，其中上海、广州、杭州、武汉、西安、长沙、青岛更是取得了 5 名以上的大幅进步。本期中国城市最具里程碑意义的变化是北京取代了香港挺进全球前五大城市，报告认为这得益于北京稳定的经济增长与积极的人力资本投资相结合的影响，对教育的持续投资和城市作为文化中心地位的不断提高直接使人力资本发展受益。北京的新跃升也反映了其综合实力的全面进步。本期北京的大多数指标获得较高得分，例如在商业活动方面排名第 2，尤其在新增独角兽企业指标上排名第 2。榜单新增的 20座城市全部分布在第 50 名以下，其中半数分布在第 52 ~ 92 名，半数分布在第116 ~ 151 名，排名相对靠后的中国城市受此影响出现不同程度的位次下滑。

表7　2016～2020 年中国城市在全球城市指数中的排名

序号	城市	2016	2017	2018	2019	2020
1	北京	9	9	9	9	5
2	香港	5	5	5	5	6
3	上海	20	19	19	19	12
4	台北	43	47	45	44	44
5	广州	71	71	71	71	63
6	深圳	83	80	79	79	75
7	杭州	115	116	117	91	82
8	南京	86	86	88	86	86
9	成都	96	87	89	89	87
10	武汉	107	100	102	104	93
11	天津	94	91	87	88	94
12	苏州	109	57	115	95	98
13	西安	114	114	113	109	100
14	重庆	113	115	114	105	102
15	长沙	–	–	124	113	103
16	青岛	110	109	110	110	105
17	大连	108	107	106	108	118
18	郑州	121	121	128	119	121
19	宁波	–	–	123	116	122
20	哈尔滨	117	117	118	114	126
21	沈阳	122	122	120	118	128
22	无锡	–	–	130	124	138
23	烟台	–	–	132	127	141
24	佛山	–	–	131	125	142
25	东莞	124	127	133	128	143
26	泉州	125	128	135	–	144
27	唐山	–	–	134	130	145

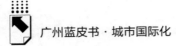

2. 全球潜力城市指数：发展前景广阔

全球潜力城市指数显示，中国城市的发展潜力十足、发展前景向好，尤其是北京、深圳、上海、广州等一线城市均获得 5 名以上的大幅提升。报告测算，2015 年以来中国城市在全球潜力城市指数的年度平均得分上升 2.59%，高于第 2 名中东地区城市（1.38%）1.21 个百分点；亚太地区（除中国外）城市仅上升 0.5%；而北美、欧洲城市得分则降幅显著，分别为 0.93% 和 0.24%。尤其是 2018 年以来，中国城市得分迅速攀升，与同期呈现显著下降趋势的欧美城市差距进一步缩小，到本期分差只在几分之间。中国城市在个人福祉、创新、治理等维度得分进步较大，较靠经济增长发力的中东地区城市前景稳定性更强。

表 8　2016～2020 年中国城市在全球潜力城市指数中的排名

序号	城市	2016	2017	2018	2019	2020
1	台北	23	44	38	25	26
2	北京	42	45	47	39	32
3	深圳	50	47	52	49	41
4	上海	63	61	64	51	45
5	广州	78	56	59	65	54
6	苏州	59	57	55	54	55
7	南京	60	62	56	57	60
8	香港	57	54	54	52	62
9	无锡	–	–	57	64	63
10	天津	61	64	65	60	65
11	杭州	69	60	70	59	68
12	武汉	68	67	71	63	69
13	泉州	72	70	72	–	70
14	东莞	82	84	81	68	71
15	佛山	–	–	69	75	72
16	长沙	–	–	67	80	73
17	宁波	–	–	62	72	74
18	大连	79	72	74	69	76
19	沈阳	71	71	77	70	77
20	烟台	–	–	73	81	78

序号	城市	2016	2017	2018	2019	2020
21	哈尔滨	81	78	80	71	79
22	西安	85	82	66	61	80
23	唐山	–	–	75	77	81
24	成都	75	77	76	73	82
25	青岛	92	92	90	79	83
26	郑州	84	85	84	74	85
27	重庆	90	89	88	78	87

资料来源：A. T. Kearney，*Global Cities Report 2016–2020* 作者整理。

三　全球实力城市指数

全球实力城市指数（Global Power City Index）是由日本森纪念财团城市战略研究所研发的全球城市评价排名，始于 2008 年，每年发布一期。全球实力城市指数跟踪 40～50 个全球最领先城市的综合竞争力进行分析研判，通过主客观量分的方式，以经济、研发、文化交流、宜居性、环境及交通便利性等维度评估全球城市的综合实力，为城市管理者、研究者把握最领先城市的发展态势，并相应制定本市的发展战略提供有益参考。

（一）2020年全球实力城市指数：新冠肺炎疫情使城市经济和生活方式发生深刻变化

推动创造可持续发展的理想城市是全球实力城市指数长期以来遵循的价值趋向。在新冠肺炎疫情的冲击下，这一发展理念受到更大的社会认同。2020 年全球实力城市指数指出，为了阻挡新冠病毒的传播，全球城市不约而同采取封城、限制跨国旅行等行动限制措施，对城市的经济联系造成很大程度的阻断，对生活方式也造成了诸多影响，甚至东京奥运会、迪拜世博会等重大国际活动也被推迟或取消，在文化交流维度的影响已开始显现，预计下一期在经济、交通便利性等维度会有更显著的影响。新冠肺炎疫情防控使非接触式交往、环境通风的需求增加，2020 年全球实力城市指数将互联网传播速度添加至"工作选择的多样性"指标中，在"交通的便利性"分级下增加了"自行车交通舒适性"，并进一步细化了环境维度下若干空气质量的指标设置。这些变化都使一些有相应优势的城市获得了更有利的地位。

（二）领先城市扩大优势，欧洲城市处于上升机遇期

2020 年全球实力城市指数榜单维持 48 座入选城市不变。排名相对稳定的城市数量减少，前列城市中，只有前 6 位城市与 2019 年保持一致。从近五年的表现来看，伦敦、纽约呈现显著的上升趋势，尤其是总分值持续上行。紧随其后的东京、巴黎、新加坡得分都呈下降趋势，以至于两组梯队的差距拉大，尤其是东京、巴黎由于新冠肺炎导致奥运会的不确定性，重大赛事活动方面未能对城市发展起到促进作用，发展势头放缓。上海成为本期全球实力城市指数的最大"黑马"，从 2019 年的第 30 位大幅上升，成为本期全球第 10 位，使中国进入全球排名前十的城市数量上升至两座。

表 9 2016～2020 年全球实力城市指数中排名前十的城市

排名	2016	2017	2018	2019	2020
1	伦敦	伦敦	伦敦	伦敦	伦敦
2	纽约	纽约	纽约	纽约	纽约
3	东京	东京	东京	东京	东京
4	巴黎	巴黎	巴黎	巴黎	巴黎
5	新加坡	新加坡	新加坡	新加坡	新加坡
6	首尔	首尔	阿姆斯特丹	阿姆斯特丹	阿姆斯特丹
7	香港	阿姆斯特丹	首尔	首尔	柏林
8	阿姆斯特丹	柏林	柏林	柏林	首尔
9	柏林	香港	香港	香港	香港
10	维也纳	悉尼	悉尼	悉尼	上海

从地域上看，近几年来欧洲城市保持着较好的发展势头。2020 年榜单中有 6 座欧洲城市较 2019 年实现排名提升，亚太地区仅有 4 座，北美城市仅有 1 座。从近五年的排名波动情况来看，欧洲城市也有 6 座实现排名提

升，同期仅有 2 座亚太地区城市、2 座北美城市实现排名提升。2016 年英国公投决定脱欧以来，临近的其他欧盟成员国主要城市在相应的投资转移中获利颇丰。例如阿姆斯特丹、都柏林等城市接收了跨国公司总部或运营中心的迁移落户，带动了当地经济、交流等维度的进步。2021 年英国真正开启脱欧时代，欧洲其他主要城市的增长在未来一段时期还将保持。此外，随着中东政局趋稳，迪拜、伊斯坦布尔等中东主要经济中心也扭转颓势，在 2020 年榜单中实现排名小幅上升。安全稳定的发展环境始终是城市发展的基石。

（三）中国城市再现强劲增长，成为亚太地区排名亮点

中国领先城市，尤其是北京、上海两座内地城市，在 2020 年全球实力城市指数再创佳绩。上海大幅上升 20 名进入全球前 10 位，创出进榜以来最好成绩；北京大幅上升 9 名回到全球第 15 位；台北也小幅上升 2 名，排名第 37 位；香港保持全球第 9 位置不变。

表 10　2016～2020 年中国城市在全球实力城市指数中的排名

城市	2015	2016	2017	2018	2019	2020
香港	7	7	9	9	9	9
上海	17	12	15	26	30	10
北京	18	17	13	23	24	15
台北	32	33	36	35	39	37

中国城市的发展优势主要分布在经济和交通两个维度。经济维度大多保持在全球前 10 位，北京继续保持在经济维度上的优势，位列全球第 3；香港、上海的经济地位过去一年也有较明显的回升。在交通维度，本期上海上升至全球第 3 位，浦东、虹桥双机场及高铁站的高衔接性使上海的交通连通性进一步领先；北京的位次也提升至全球第 13 位，近五年上升了 11 个位次。在研发维度上，中国城市的进步较为显著。香港抓住粤港澳大湾区建设契机，大力整合珠三角城市优势，共建国际科技创新中心，研发能力稳步攀

升到全球第 9 位；北京、上海也不断释放高校、科研机构集聚的优势，向研发维度上游攀升，北京近五年在研发维度上升 7 个位次，上升动能显著。中国城市在文化维度表现基本稳定在全球第 20 位上下，文化实力是城市发展中显效较慢的能力之一，需要长期坚持不懈的培育。居住和环境两个维度始终是中国城市的短板，除台北保持在环境维度全球前 20 位以内之外，其他城市表现依旧不佳。受高昂的房价拖累上海、北京在近五年居住维度均大幅下降 12 个位次。宜居性和环境是决定城市可持续发展能力的重要因素，中国城市要想获得更持久的发展能力，还需要加强城市治理能力建设，在平衡发展和公平、发展与保护之间做出更大努力。

上海作为入围 2020 年全球实力城市指数前十强的"新面孔"，在所有维度排名均有不同程度进步，取得的分值提高 85.2 分至 1108.9 分。具体来看，上海的总体就业水平指标保持第 1 位，名义 GDP、GDP 增长率、国际货运量等指标保持领先，在新增的工作选择的多样性指标中也有不俗表现。在上海保持进步态势的同时，全球其他主要城市则大多出现下降，2019 年排名位于上海之前的城市中，有 13 座城市的绝对分值、12 座城市的排名出现不同程度的下降，接近半数，也在一定程度上造就了上海的排名急速上升。城市发展始终要在抗风险性和稳定性上不断进步。

四 全球金融中心指数

由英国智库 Z/Yen 集团与中国（深圳）综合开发研究院共同编制的全球金融中心指数（Global Financial City Index，简称 GFCI）是目前被国际金融业界使用最为广泛的金融业城市发展状况评价体系之一。全球金融中心指数采用主客观相结合的研究方法，基于全球金融从业者对金融中心城市地位的主观评分选择研究对象城市，从营商环境、人力资本、基础设施、金融业发展水平及声誉五大维度构建"要素评估模型"，收集相关发展数据进行客观量化评分，综合得出排名结果。该指数自 2007 年起，于每年 3 月、9 月各更新一期，2020 年发布了第 27、第 28 期报告。

（一）GFCI：新冠肺炎疫情促使金融中心竞争力的反思

2020 年 3 月和 9 月，GFCI 分别发布第 27 期、第 28 期报告。第 27 期共有 108 座城市进入正式榜单，增加了巴巴多斯、圣迭戈、德黑兰、维尔纽斯 4 座城市。第 28 期共有 111 座城市进入正式榜单，增加了布拉迪斯拉发、西安和武汉 3 座城市。

GFCI28 采集的数据已至 2020 年初，金融业领域已显现新冠肺炎疫情对全球的影响。由于国际贸易持续的不确定性和新冠肺炎疫情对个体经济的打击，金融市场的信心下降逐步发酵，榜单城市平均得分较上期下降 6.25%，超过 80 个金融中心的评分出现下滑。疫情对社交距离的影响是金融机构运作最直接的考验，全球金融机构不约而同地增加了居家在线办公的比重，减少了到达办公室工作的要求，这对功能较为次要的金融中心城市地位威胁更大，而核心的金融中心地位并未受到显著影响，顶级金融中心由于较强的抗风险能力而被市场更加看好。从排名上看，在总体得分下降的大形势下，全球前十的城市得分却反向上升，突显出金融中心掌握核心竞争力的重要性。

报告认为，疫情后全球金融业将呈现两大发展重点：一是金融科技将更受重视。疫情显现出金融业对线上办公适应性较强，金融机构普遍考虑缩减办公场所的成本，对金融数字化的需求猛增。线上办公对金融数字化、金融网络安全性提出了更高的要求，数字基础设施铺设和监管环境较好的城市开始显现优势，预计这一趋势在 2021 年将进一步强化。二是核心金融业务还将保持传统的工作方式。报告的问卷调查显示，金融经理们在办公室办公的时长普遍缩短，但面见客户的时长却没有明显改变。核心客户的零距离接触是金融业开展有效服务的基础，当疫情过后跨国旅行限制解除，影响金融业跨国旅行的便利度的各种因素又将成为金融中心竞争的焦点。

（二）全球金融中心发展分化程度加剧

2020 年可称为全球金融中心格局变化最为显著的年份之一。在第 27 期，"纽伦港"三大金融中心格局被打破，东京上升为全球第 3 位，香港跌至第 6 名；而第 28 期，上海又取代了东京成为全球第 3 位。前十位竞争胶着，第 27 期旧金山经历三期的缺席重返前 10 位，日内瓦、洛杉矶成为全球前十位的新晋城市。第 28 期伦敦得分大幅上升 24 分，与纽约仅差 4 分；第 3、第 4 位的上海、东京之间相差仅 1 分；香港也只以 1 分优势超越新加坡，升至第五。深圳、苏黎世则替代日内瓦和洛杉矶晋级全球前 10 位，可见市场对亚洲顶级金融中心信心相对较强。前 11 至 50 位的城市中，有 12 座排名上升、27 座排名下降。

表 11　2016~2020 年全球金融中心指数排名前十位的城市

序号	2016		2017		2018		2019		2020	
	第 19 期	第 20 期	第 21 期	第 22 期	第 23 期	第 24 期	第 25 期	第 26 期	第 27 期	第 28 期
1	伦敦	伦敦	伦敦	伦敦	伦敦	纽约	纽约	纽约	纽约	纽约
2	纽约	纽约	纽约	纽约	纽约	伦敦	伦敦	伦敦	伦敦	伦敦
3	新加坡	新加坡	香港	香港	香港	香港	香港	香港	东京	上海
4	香港	香港	新加坡	新加坡	新加坡	新加坡	新加坡	新加坡	上海	东京
5	东京	东京	东京	东京	东京	上海	上海	上海	新加坡	香港
6	苏黎世	旧金山	旧金山	上海	上海	东京	东京	东京	香港	新加坡
7	华盛顿	波士顿	芝加哥	多伦多	多伦多	悉尼	多伦多	北京	北京	北京
8	旧金山	芝加哥	悉尼	悉尼	旧金山	北京	苏黎世	迪拜	旧金山	旧金山
9	波士顿	苏黎世	波士顿	苏黎世	悉尼	苏黎世	北京	深圳	日内瓦	深圳
10	多伦多	华盛顿	芝加哥	北京	波士顿	法兰克福	法兰克福	悉尼	洛杉矶	苏黎世

不仅前列城市竞争胶着，榜单整体也呈现较大波动性。第 28 期有 23 座城市上升 10 位以上，20 座城市下降 10 位以上。从区域上看，亚太地区城市表现优异。在榜单城市整体得分下降的形势下，亚太地区前 20 名金融中心中有 13 座城市得分上升，12 座城市排名上升，如首尔上升 8 个位次至全球第 25 位，孟买、大阪、釜山、台北、成都、青岛、新德里等一大批城市实现十名以上的大幅跃升。北美城市波动性相对较小，降幅仅 1.3%。美国东海岸的波士顿、华盛顿特区分别提高 10 个、5 个位次至第 15、第 19 位，反映出纽约湾区的金融中心优势进一步提升，也使北美进入全球前 20 名的城市数量从 4 座增加至 6 座。西欧城市整体得分下降 3.17%，马德里上升

15 个位次至第 28 名，奥斯陆上升 11 个位次至第 50 名，格拉斯哥上升 13 个位次至第 53 位，慕尼黑下降 11 个位次至第 48 位。东欧、中亚城市排名急剧下降，16 座城市中仅 3 座上升，索菲亚、巴库、阿拉木图下降超 30 位。中东、非洲城市得分全部下降，排名也仅有 3 座城市上升。拉丁美洲和加勒比地区城市得分降幅高达 8.66%。

（三）中国内地金融中心逆势扩容

在 GFCI28 中，随着西安和武汉的加入，中国已有 14 个金融中心城市上榜全球金融中心指数。中国城市在榜单分为三个层次：领先城市有上海、香港、北京、深圳、广州，其中深圳第二次进入全球前 10 位，使全球前 10 位的中国城市再次达到 4 座；第二层次城市有台北、成都、青岛、南京，分列全球第 42、第 43、第 47、第 89 位；第三个层次有西安、天津、杭州、大连和武汉，排名相对靠后。第二层次城市进步较快，台北、成都、青岛均上升 30 位以上。

表 12　中国城市在全球金融中心指数中排名变化

城市	2017		2018		2019		2020	
	第 21 期	第 22 期	第 23 期	第 24 期	第 25 期	第 26 期	第 27 期	第 28 期
上海	13	6	6	5	5	5	4	3
香港	4	3	3	3	3	3	6	5
北京	16	10	11	8	9	7	7	7
深圳	22	20	18	12	14	9	11	9
广州	37	32	28	19	24	23	19	21
台北	26	27	30	32	34	34	75	42
成都	–	86	82	79	87	73	74	43
青岛	38	47	33	31	29	33	99	47
南京	–	–	–	–	–	103	101	89
西安	–	–	–	–	–	–	–	105
天津	–	–	63	78	81	102	100	108
杭州	–	–	–	89	99	104	98	109
大连	75	92	96	100	101	101	102	110
武汉	–	–	–	–	–	–	–	111

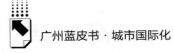

中国领先的金融中心功能发展较为扎实全面,从细分维度上看,香港、上海、北京等城市在营商环境、人力资本、基础设施、金融业发展水平及声誉等全部五个维度均排名全球前十以内,其中香港在营商环境、人力资本维度排名全球第3,上海在金融业发展水平维度排名全球第3,深圳在人力资本、金融业发展水平维度分列全球第14、第12位。金融业问卷调查显示,青岛、上海、北京、广州、深圳、香港、成都7座城市入围全球15个更有发展潜力的城市榜单。

表13　有望进一步提升影响力的金融中心

排名	第23期	第24期	第25期	第26期	第27期	第28期
1	上海	上海	上海	青岛	青岛	古吉拉特国际金融科技城（GIFT）
2	青岛	青岛	青岛	上海	斯图加特	斯图加特
3	新加坡	古吉拉特国际金融科技城（GIFT）	法兰克福	斯图加特	上海	青岛
4	法兰克福	法兰克福	新加坡	香港	北京	上海
5	卡萨布兰卡	新加坡	古吉拉特国际金融科技城（GIFT）	巴黎	首尔	新加坡
6	香港	都柏林	成都	法兰克福	深圳	首尔
7	北京	香港	香港	深圳	广州	北京
8	都柏林	成都	巴黎	北京	新加坡	广州
9	阿斯塔纳	卡萨布兰卡	卡萨布兰卡	新加坡	香港	深圳
10	古吉拉特国际金融科技城（GIFT）	北京	都柏林	东京	巴黎	香港
11	卢森堡	巴黎	斯图加特	伦敦	法兰克福	巴黎
12	成都	深圳	深圳	首尔	伦敦	迪拜
13	首尔	伦敦	北京	努尔苏丹（曾用名：阿斯塔纳）	都柏林	法兰克福
14	迪拜	卢森堡	伦敦	都柏林	努尔苏丹（曾用名：阿斯塔纳）	成都
15	多伦多	首尔	阿斯塔纳	苏黎世	东京	纽约

在金融科技领域，中国城市分化较为严重。领先城市与美国城市呈分庭抗礼之势。北京、上海、深圳、香港、广州等城市全数进入全球科技金融中心前10名。美国东西海岸两大湾区金融中心表现强劲，形成强有力的竞争态势。其他中国城市排名较为靠后，除台北外，均位于50名开外。问卷调查结果显示，多数金融经理认为融资渠道和高技术人员是金融科技发展的主导因素，而大数据分析和支付交易系统是金融科技最重要的应用场景。金融中心城市在相关发展中要重视这些核心能力的建设。

表14　GFCI28 全球科技金融中心排名

排名	城市	排名	城市
1	纽约	11	波士顿
2	北京	12	洛杉矶
3	上海	13	芝加哥
4	伦敦	14	东京
5	深圳	15	巴黎
6	香港	16	爱丁堡
7	旧金山	17	阿姆斯特丹
8	广州	18	首尔
9	新加坡	19	法兰克福
10	华盛顿特区	20	温哥华

五　全球创新指数创新集群排名

世界知识产权组织、康奈尔大学、欧洲工商管理学院于2007年共同创立全球创新指数（Global Innovation Index，GII），每年度发布一期，旨在围绕创新提供有见地的数据，帮助各经济体评估其创新表现，为之后制定创新政策提供指导，同时也有助于创造一个不断评估创新因素的环境。由于创新活动在地理区域上往往集中在特定的集群中，自2017年起，GII报告开始对全球排名前100位的科技集群城市进行跟踪分析，发布"创新集群"排名，从集群视角切入研究次国家层面创新表现的决定因素。2020年创新集群排名依据 2014～2018 年世界知识产权组织的专利合作条约（PCT）所提交专利申请中列出的发明人的地理编码地址，通过与处于某一集群的发明人有关的 PCT 申请数量衡量所识别集群的规模，该编制方法可以评估不同集群的表现如何随着时间推移而变化。

（一）全球创新指数2020：创新活动逆势增长

GII2020 观察到，新冠肺炎疫情使 2020 年全球经济大幅下滑，但处于国家经济发展核心地位的创新活动却没有呈现人们预期的低迷状态，尤其是发展中经济体在创新领域表现亮眼。中国香港和美国在风险投资、研发、创业或高科技生产这些特定的创新领域持续居于全球领先地位，以色列、卢森堡和中国并列第 3 名；塞浦路斯排名第 4；新加坡、丹麦、日本和瑞士并列第 5。究其原因，世界需要突破性技术和创新更高效地控制疫情，疫情下面临生存危机的传统行业为了维持生存、获得发展也不得不进行创新。在 2020 年经济下行的现实危机下，创新投入被迫下降，但随着疫情形势的持续好转，政府、经济创新体必然会进一步加大创新投入，以反周期的方式为创新活动提供更多、更有力的保障。

虽然各经济体都在努力缩小创新差距，但不可否认的是全球创新地区差距仍然存在，北美和欧洲在全球创新发展方面处于领先地位，东南亚、东亚和大洋洲紧随其后，接下来分别是北非和西亚、拉丁美洲和加勒比、中亚和南亚以及撒哈拉以南非洲。部分地区虽然地区总体创新发展水平较为落后，但仍存在蕴含有巨大创新潜力的创新体脱颖而出。例如处于落后水平的非洲，虽然存在科学技术活动水平低、知识产权的使用有限、科学与产业之间的联系有限等问题，但非洲典型的创新领先者通常在教育（博茨瓦纳、突尼斯）和研发（南非、肯尼亚、埃及）领域投入更多，在金融市场方面的各项指标中表现突出。

（二）创新集群排名稳定性强

全球创新集群排名呈现较大的稳定性，东京—横滨、深圳—香港分别连续四年居于全球第1、第2位；首尔、大阪—神户—京都、波士顿—剑桥、纽约分别连续三年居于排名第3、第6、第7、第8位。各创新集群所处地区创新生态系统具有较强的稳定性，这些生态系统需要很长时间才可以形成，一旦建立起来，就会对创新产出形成显著持久的影响。

表15　2017～2020年排名前十的创新集群

排名	2017	2018	2019	2020
1	东京－横滨	东京－横滨	东京－横滨	东京－横滨
2	深圳－香港	深圳－香港	深圳－香港	深圳－香港－广州
3	加利福尼亚州圣何塞－旧金山	首尔	首尔	首尔
4	首尔	加利福尼亚州圣何塞－旧金山	北京	北京
5	大阪－神户－京都	北京	加利福尼亚州圣何塞－旧金山	加利福尼亚州圣何塞－旧金山
6	加利福尼亚州圣地亚哥	大阪－神户－京都	大阪－神户－京都	大阪－神户－京都
7	北京	波士顿－剑桥	波士顿－剑桥	波士顿－剑桥
8	波士顿－剑桥	纽约	纽约	纽约
9	名古屋	巴黎	巴黎	上海
10	巴黎	加利福尼亚州圣地亚哥	加利福尼亚州圣地亚哥	巴黎

与2019年相较，2020年排名前100位的创新集群分布基本相同，属于亚洲的集群数量最多，有34个，占比34%；欧洲创新集群数量紧随其后，为33个；南美洲的创新集群数量最少，仅有圣罗保，位于排名第61位。

创新活动的投入与区域资本的充裕度有较强的关联。从收入水平层面来看，排名前100的创新集群中属于高收入水平的集群有75个，占比75%；

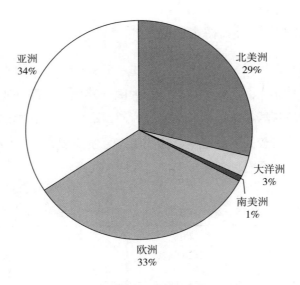

图1 2020年排名前100位创新集群地区分布数量情况

中偏上收入水平和中偏下收入水平的创新集群分别有22个、3个；没有低收入水平的创新集群。

（三）中国创新发展水平不断提高

全球创新的地理位置呈向东转移的态势，中国处于领先地位。中国、越南、印度和菲律宾是GII创新排名进步最大的经济体，且这四个经济体现已跻身前50位，其中中国排名第14位，是GII前30位中唯一的中等收入经济体。2020年，亚洲的国际专利申请数量占全部PCT申请量的份额由十年前的35.7%上升至53.7%，其中中国PCT申请量68720件，同比增长16.1%，无论是PCT申请总量还是PCT申请量同比增长率，中国都排在131个经济体的首位。

在全球创新集群排名中，中国的集群也占据领先优势。2017年以来所有中国集群均呈上升趋势。2020年中国共有17个创新集群上榜，数量仅次于美国，其中深圳—香港—广州集群稳居于全球第2位、国内第1位。与2019年相较，中国除深圳—香港—广州、北京这两个创新集群排名保持在全球第 2、第 4 位之外，其余创新集群排名均有所提升。青岛、重庆、合肥三个创新集群 2020 年的上升幅度最大，排名均上升了 11 位；其次是武汉和苏州，上升了 9 位。

表16　2017～2020 年中国创新集群在世界创新集群中的排名情况

序号	集群名称	2017 年	2018 年	2019 年	2020 年
1	深圳－香港－广州	2 （广州 63）	2 （广州 32）	2 （广州 21）	2
2	北京	7	5	4	4
3	上海	19	12	11	9
4	南京	94	27	25	21
5	杭州	85	41	30	25
6	武汉	–	43	38	29
7	西安	–	52	47	40
8	成都	–	56	52	47
9	天津	–	67	60	56
10	长沙	–	68	67	66
11	青岛	–	–	80	69
12	苏州	100	100	81	72
13	重庆	–	–	88	77
14	合肥	–	97	90	79
15	哈尔滨	–	93	87	80
16	济南	–	99	89	82
17	长春	–	95	93	87

　　深圳—香港—广州集群处于国内龙头地位，2020 年 PCT 申请量在 131 个经济体 PCT 申请总量中的份额为 6.9%，高于国内 17 个经济体在 131 个经济体 PCT 申请总量的均值 0.73%。GII 报告应用共同发明人地理位置关系决定是否把两个集群合二为一。2020 年以前，报告将广州集群与深圳—香港集群分列为两个独立的集群。但随着粤港澳大湾区建设的持续深入，广深港澳科技创新走廊不断发力，科技创新合作愈加紧密，强强联合集群效应凸显。2020 年 GII 报告捕捉到这一变化，广州与深圳—香港合并为一个集群统计，深圳—香港—广州集群全球第 2 的地位进一步巩固，与排名第 1 的东京

—横滨集群的差距缩小。在深圳—香港—广州集群中，科学出版物表现排名第 1 的科学组织是中山大学；华为连续 3 年位居全球 PCT 国际专利申请人排行榜首位。

表 17　2020 年中国创新集群 PCT 申请量与科学出版物数量

单位：种

序号	集群名称	PCT 申请量	科学出版物
1	深圳－香港－广州	72259	118600
2	北京	25080	241637
3	上海	13347	122367
4	南京	1662	84789
5	杭州	4832	48627
6	武汉	1796	63837
7	西安	775	60017
8	成都	1449	48095
9	天津	812	41989
10	长沙	502	37115
11	青岛	2074	22957
12	苏州	2627	15129
13	重庆	689	30023
14	合肥	536	29536
15	哈尔滨	168	31980
16	济南	511	27956
17	长春	209	29720

北京创新集群保持在全球第四的位置，其在科学出版物、科学组织、创新主体方面都具有显著优势。北京 2020 年科学出版物数量在中国创新集群中最多，为 241637 件，贡献最高的科学组织是中国科学院。京东方科技集团是北京地区专利申请最多的主体。北京集群人均科技总份额[①]为 0. 29，居于全球第 36 位，国内首位。

---

① 人均科技总份额为集群科技总份额与集群估算人数的比值，其中集群科技总份额 = 集群 PCT 申请量份额 + 集群科学出版物份额。

上海创新集群首次跻身全球创新集群排名前十，从2017年的第19位到2019年的第11位，再到2020年的第9位，上海创新水平越来越高，上海科技创新中心建设取得显著成效。上海PCT专利申请量较2017年增长了72.93%，数字通信是上海PCT专利申请最多的领域，在这个领域申请量最大的企业是上海中兴通讯技术公司。化学是上海SCIE论文发表最多的学科，上海交通大学、中国科学院上海巴斯德研究所的化学论文数量排名前两位。上海交通大学跻身科学组织排名全球第九。

南京是上升态势最为显著的中国创新集群之一，2017年以来，南京总体创新实力不断提升，实现"四连跳"，从初始的第94位上升至2020年的第21位。南京之所以取得这样的成绩，与其持续推进创新名城建设密不可分。从2018年开始，南京连续三年将新年的"第一会"和市委"一号文件"聚焦"创新名城"，为创新立起了"风向标"。

六　后疫情时代全球城市发展的启示

虽然新冠肺炎疫情对全球城市发展状况的影响要留待下一年度报告才能清晰显现，但是从经济数据、航空航运等交通数据、就业数据中已经可以大致评估出疫情带来的巨大冲击。随着新冠疫苗的大规模接种，预计2021年下半年后，全球将逐步走出疫情的阴霾，发展步伐重新启动。但是疫情对人们的生活方式、经济发展动能等产生了不可逆的影响，后疫情时代全球城市发展需要重新审视城市功能架构、功能发展的优先级以及城市发展的动力机制等，各大全球城市评价排名研究报告不约而同地呼吁城市领导者为这个即将到来的未知未来做好准备。

（一）疫情唤起对城市抗风险性审视

新冠肺炎疫情已被世界卫生组织定义为一场传染病全球大流行的公共卫生危机。公共卫生危机首先对人口密集的都市地区产生严重的不利影响，也使城市加强提高抗风险能力的反思。在全球化持续深入的今天，全球城市为全球化源源不断地创造价值，已成为世界发展的主力。在危急时刻保持全球城市的正常运转是全球安全稳定发展的重要环节。虽然抗风险性在城市发展过程中一直被强调，但从各重要城市排名来看，相关发展显然是不足的。城市治理能力相对于经济、科技等发展是大多数城市发展的短板。但是顶级全球城市必然是全方位领先的城市，纽约、伦敦在各大评价排名维度不同、指标设置各异的考核中，均能位于全球城市顶端。

一些研究报告提出对城市韧性的重新定义。城市韧性是国际社会用于考察城市在防灾减灾领域抗风险能力的概念，城市要未雨绸缪，配备灾害发生时能够快速反应，承受冲击、保持城市功能正常运行并快速恢复的应急管理功能。早前城市韧性大多从突发自然灾害的角度讨论和筹划，而新冠肺炎疫情的侵袭说明，公共卫生危机离我们也并不遥远，其危害程度和时长甚至可能大于突发自然灾害，城市韧性的发展理念面临着现实急迫的扩容需求。城市韧性需要结合更坚实的基础设施和更灵活有效的管理来实现。基础设施方面，对城市的公共医疗保障能力提出要求，例如方舱医院的改建；也对城市空间的架构提出要求，例如商场、公园、体育场等建筑内部的物理距离和人行道、自行车道等拓宽街道物理距离规划等。城市应急管理方面，对特殊时期城市生活物资的保供、收入和物价平抑、分配公平和人权尊重等城市秩序管理水平提出更高要求。

（二）城市要坚持改革保持发展驱动力

发展的过程注定要遇到各种各样的新情况、新问题，与时俱进保持改革创新的活力是驱动城市向前发展的重要法宝。新冠肺炎疫情正是一个警钟，迫使城市发展脱离舒适区，寻找发展的初心和使命。全球城市评价排名正是城市寻找改革方向的重要依据。完美的城市是不存在的，全球城市评价排名就是快速诊断城市"健康状况"的工具，通过不同的方法、模型，反映城市不同侧面的发展状况和水平，确定它们的优势、主要的短板和改进的空间。

综合各大全球城市评价排名的分析，疫后城市的改革创新要重视两大方面：一是以人为本。疫情斩断底层居民的收入来源，不畅通的信息获取渠道使民怨进一步恶化，成为社会稳定的最现实威胁。城市治理要重视公共价值的创造，改革现有制度使居民福祉的分配更加公平，公民发展机会均等，取得体面的工作和生活质量，实现包容性的发展。二是重视智慧城市建设。信息技术终将使人们的交往方式发生彻底改变，疫情迫使居民在家办公只是加速了这一过程。信息基础设施及相关城市治理系统的开发将成为城市发展的重中之重。全球创新指数报告还发现创新的增速并没有明显受到疫情的拖累。各大全球城市评价排名都增加了信息技术设施支持方面的评价指标或权重，而已经较早启动相关谋划的城市则占有先机，例如较为重视智慧城市建设的广州，在过往全球金融中心指数排名中表现并不突出，但2020年挺进GFCI28基础设施维度排名全球前十五行列，正反映出良好的城市信息基础设施对金融业形成了有效支撑。

（三）全球城市是疫后世界复苏的领头羊

全球城市在全球化中举足轻重的地位已成为全球共识。虽然各大全球城市评价排名适应疫情的新形势调整方法模型，反映在排名结果上城市位次变动加大，排名前列的全球城市仍然保持着良好的领先优势，尤其是在反映全球联系度的世界城市分级来看，前列城市作为全球资源配置中心和交往交流枢纽的地位没有较大改变，其长期积累的成熟的治理体系和运行制度也是保持城市自我稳定发展的"压舱石"。保有这些核心竞争力的全球城市，虽然在疫情来临时会因其开放程度首当其冲，但长期面对各种风险情况积累的应对经验也会使它们相对快速地稳定下来，进入复苏轨道。同时，全球城市基于较高的对外联系度，能在复苏过程中较快地聚集资源实现重建。全球城市通常是地区的经济中心，周边区域作为其辐射地对其有着较大的依赖度，全球城市的发展对周边区域起到带动作用，甚至撬动更大范围的经济复苏。因此，在疫后发展的谋划中，全球城市要从更高的站位、以更长远的眼光思考城市复苏和发展的战略。

（四）全球城市发展要更注重团结合作

疫情的蔓延以开放度、联系度最高的城市最为严重，纽约、伦敦都是本次疫情的重灾区。"封城"隔离措施之下，本地供应链的不完整，引起多数国家对本国产业体系安全性的重新审视。这一度引发学界展开有关"逆全球化"的讨论。但是全球城市的紧密联系也对疫情防控产生了很多有利的影响。全球城市是防疫物资的调集和输送的重要枢纽，城市之间相互友好援助补给，有效缓解了国家层面物资调动不足的困局。全球城市是科技、医疗中心，城市之间快速搭建的科研研讨和合作平台，远程医疗会诊和疫情防控经验交流，比国家层面的沟通更便捷、更直观，能够联系到更多的专家学者汇聚众智。全球城市之间的城市治理交流，也使各地城市短时间内不断地开拓危机应急处理思维，相互启发高效地改进工作方法。世界大都市协会在2020年疫情期间即组织了数十场会员城市的在线交流会议，集思广益成为非常时期地方政府提高工作效能的重要手段。在全球大流行的疫情面前，没有一个城市，乃至没有一个人能够独善其身。回望过去，正是全球团结协作不足，使得疫情防控错失了先机，蔓延趋势逐渐失控。在疫后发展中，全球城市还要进一步加强全球连通性的建设，以各种方式振兴和扩大城市的全球联系，以更开放包容的心态拥抱重要的商品、思想和人口的国际流动，在团结协作中做大发展的"蛋糕"，实现共赢。

参考文献

伍庆、胡泓媛等:《全球城市评价与广州发展战略》，中国社会科学出版社，2018。

世界知识产权组织:《全球创新指数报告》，2017～2020年。

A. T. Kearney, *Global Cities Report*, 2008～2020.

GaWC, *The World According to GaWC*, 2000～2020.

Institute for Urban Strategies, *The Mori Memorial Foundation*, Global Power City Index, 2008～2020.

Z/Yen, *China Development Institute* (*CDI*), The Global Financial Centres Index, 19th – 28th edition.

B.6
广州建设国际科技创新城市政策绩效评价及提升建议[*]

卢扬帆　邓紫晴[**]

摘　要：　广州建设成为国际科技创新城市的目标定位几经演变，政策系统规模较大且结构复杂。从科技创新"十三五"规划中提炼现行政策集群及政策项目，导入政策绩效评价理论技术，构建相应于具体政策项目绩效和政策体系综合绩效两个层面的评价指标体系，并依科学原则抽取45个政策项目样本开展实证评估。结果发现：政策体系综合绩效为良，其中政策准备和政策过程表现优于政策结果，政策实施后广州与国内创新型城市最高水平差距明显缩小，但与国际先进水平差距仍然较大。政策落实的不足之处集中在创新投入、创新能力建设、创新资源结构和孵化器服务4个方面，为此应从调整科技扶持方式、不断优化创新空间生态、巩固穗港科技合作机制、重视人才引留等角度着力政策完善，推动广州科技创新实力与国际影响力提升。

关键词：　国际科技创新城市　政策绩效评价　"十三五"规划　广州

---

* 广州市哲学社会科学发展"十三五"规划课题（编号：2019GZYB14）成果。

** 卢扬帆，博士，华南理工大学公共管理学院副教授、硕士生导师，研究方向为政府绩效管理、公共政策评价；邓紫晴，华南理工大学公共管理学院硕士研究生，研究方向为政策绩效评价。

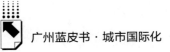

在创新驱动发展的全球治理新常态下，科技竞争力成为检验一个国家或地区综合实力的关键指标。广州作为国家中心城市，经历四十多年改革开放，面临人口资源环境等多重因素制约，必须通过加快科技创新来寻求新的发展动力，以保持和提升城市核心竞争力。党的十八大以来，广州以中央和省有关部署为导向，先后出台了《科技创新促进条例》《关于加快科技创新的若干政策意见》《关于加快实施创新驱动发展战略的决定》等纲领性文件，结合科技创新专项规划，提出系列前后衔接的战略目标，构成一个规模较大、结构较为复杂的系统。本文从政策绩效评价的理论和技术视角切入，首先尝试梳理广州建设国际科技创新城市的目标定位与政策内容，即现有政策包含哪些模块、工具及责任划分，它们又是如何演变的；然后以广州市科技创新"十三五"规划中析出的主要政策项目为标本，基于规范方法构建一套完整可行且相对科学的绩效评价指标体系，并开展实证研究；在此基础上，利用评价结果发现问题和剖析原因，并从政策配置、实施路径、部门协同等角度分别提出建议，进一步提升广州的科技创新实力和国际辐射效能。

一　广州建设国际科技创新城市政策
体系与绩效评价思路

（一）广州市科技创新目标定位与政策取向变迁

广州市科技创新政策的总体目标主要通过历次规划性质的文件来明确。比如在"十一五"期初甚至更早，广东省和广州市的规划即提出广州为国家"创新型城市""区域科技中心"，随后市科技创新"十三五"规划提出要打造具有国际影响力的"国家创新中心城市"和"国际科技创新枢纽"，2018年又出台建设"国际科技产业创新中心"三年行动计划。后在国家和广东省明确广州为"自主创新试点城市""区域中心/门户"的指引下，市级进一步提出打造"国家中心"和"国际枢纽"。但随着《粤港澳大湾区发展规划纲要》将整个大湾区定位成"国际科技创新中心"，广州近两年即将其所提的前两个目标淡化，转而以建设"科技创新强市"统概，并着重强调其作为"湾区发展核心引擎"与"广深港科技走廊"关键节点的功能。①

（二）"十三五"期间广州建设国际科技创新城市政策体系

为了实现可评价，需聚焦于当前运行的政策系统。本文将视野聚焦在"十三五"期间市本级出台具有顶层设计属性的规划与意见类政策，其中最主要的是《广州市国民经济和社会发展第十三个五年规划纲要》（以下简称《"十三五"规划》）和《广州市"十三五"科技创新规划》（以下简称《科技创新规划》），两者一脉相承。

建设国际科技创新（枢纽）城市是在"十三五"启动前后明确的目标，要解决的核心问题是如何集聚创新资源并配置使用。实际上，《"十三五"规划》第五章"实施创新驱动"主要讨论该问题，所采取的策略有六个，即完善创新空间和产业布局、布局重大科技创新工程、培育壮大创新型企业、汇聚创新创业优秀人才、营造良好创新生态环境、促进大众创业万众创新。第六章"强化价值引领"则探讨"配置创新资源用来做什么"，包含四个举措，即推动生产性服务业向专业化和价值链高端延伸、推动生活性服务业向高品质转变、增强先进制造业核心优势、培育壮大战略性新兴产业等。对比分析《"十三五"规划》与《科技创新规划》内容，可发现后者将前者相关内容细化为 12 项工作任务，又可归并为 8 类事项（见表 1）。这 8 类事项实为 8 个科技创新政策集群，涵盖科技创新主体能力强化、产业空间布局、人才要素集聚、环境生态塑造、金融政策保障和重点引擎推动等范畴，构成了广州现行科技创新政策体系的主干。由此广州市还制定了全市科技创新《年度工作要点》或《重点工作安排》，其中政策项目（尤其是重点部分）还被确定了相应的责任部门（包括牵头单位和协办单位），并都提出清

---

① 卢扬帆、郑方辉：《区域科技创新政策目标力及其演变评价——基于广州近 16 年政策文本的分析》，《中国科技论坛》2021 年第 2 期。

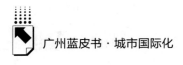

晰的考核目标与进度要求。在政策绩效评价逻辑下，这些政策条款、责任单位和目标要求即可转化为评价的范围、对象与评价指标。

表1　广州建设国际科技创新城市政策内容体系及评价范围

政策集群	重点任务	政策项目	抽取评价	责任单位
完善创新空间和产业布局	通过"珠三角"国家自主创新示范区广州园区和广州科技创新走廊建设，打造广州"四核"和十三个创新节点结构的创新空间	国家自主创新示范区建设工程（14个重点建设科园区）、国家自主创新示范区与自贸区"双自联动"机制建设、穗港澳台科技合作机制等7项	国家自主创新示范区建设工程、穗港澳台科技合作机制等4项	市科技创新委
提升自主创新能力	建设大数据科学研究中心、国际创新合作平台、清华珠三角研究院等12个新型研发机构，1～2个广东实验室，实施产学研协同创新重大专项计划	筹建广东省实验室和国家实验室、重点建设清华珠三角研究院等12家新型研发机构、重大科技创新平台建设等10项	筹建广东省实验室和国家实验室、重点建设清华珠三角研究院等12家新型研发机构等5项	市科技创新委、市教育局
培育壮大创新型企业	实施科技创新小巨人企业和高新技术企业培育行动计划，重点服务百家创新标杆企业，建设广州市科技创新企业数据库，支持鼓励企业普遍建立研发机构	科技创新小巨人企业和高新技术企业培育计划、百家创新标杆企业重点服务工程、大中型工业企业研发机构全覆盖行动等7项	科技创新小巨人企业和高新技术企业培育计划、百家创新标杆企业重点服务工程等6项	市科技创新委、市国资委
集聚创新创业优秀人才	实施羊城创新创业领军人才支持计划、高技能人才羊城工匠计划、珠江科技新星计划、岭南英杰工程以及建设人才绿色通道、建设人才绿卡等制度	博士后培育工程、珠江科技新星计划、高层次金融人才计划等7项	博士后培育工程、珠江科技新星计划等4项	市科技创新委、市人社局
营造良好创新生态环境	建设广州知识产权法院和广州知识产权交易中心、实施创建国家知识产权强市行动计划与全民科学素质行动计划	建设国家知识产权局专利局专利审查协作广东中心、国家专利导航产业发展试验区、广州科学馆等6项	市科普基地认定、广州科学馆等3项	市科技创新委、市科协、市知识产权局

续表

政策集群	重点任务	政策项目	抽取评价	责任单位
促进大众创业万众创新	实施科技服务业发展三年行动计划、孵化器倍增计划，建设技术（知识）产权交易体系，完善"众创空间—孵化器—加速器—科技园区"的科技企业孵化育成体系	完善健全知识产权侵权查处机制、科技企业孵化器增长计划、建设10家有影响力的特殊众创空间等8项	科技企业孵化器增长计划、建设10家有影响力的特殊众创空间等3项	市科技创新委、市知识产权局
发展科技金融	发挥广州市科技成果转化引导基金和广州市创业投资引导基金作用，实施中小企业科技信贷行动计划，支持企业在"新三板"等资本市场上市	设立一批科技金融专营机构、高新技术企业信用贷款融资试点、信贷资产证券化试点等8项	组建科技成果转化引导基金、建设科技金融服务平台等3项	市科技创新委
以科技园区为主引擎驱动经济发展	依托"珠三角"国家自主创新示范区广州片区的19个园区培育战略性新兴产业、先进制造业、现代服务业等产业集群	实施产学研协同创新重大科技专项、低碳重大项目和重大工程、物流公共信息平台和货物配载中心等30项	实施产学研协同创新重大科技专项、低碳重大项目和重大工程等17项	市发改委、市工信局、市商务委、市文广新局、市科技创新委、市公安局、市环保局
合计数		83项	45项	12个

资料来源：作者根据《科技创新规划》和《"十三五"规划》整理制作。

（三）评价样本及对象

基于前述梳理，评价范围以《科技创新规划》中明确的83个政策任务为总体，但对其全部评价仍有难度。本文遵照科学标准从中抽选出45个重点的政策项目作为样本（抽样率54%）。抽样原则有三：一是确保《"十三五"规划》及《科技创新规划》的8个政策集群（12类政策任务）全覆盖；二是以强制性项目为主，倡导性或试点项目为辅；三是有财政资金投入的项目为主，因为这是政策有效落实的资源保障项目，已有经验表明，财政资金支持可能使政策实施的各个环节更加规范，故更具观察价值。

相应地，这 45 个政策项目的责任单位即构成绩效评价对象，依其分工可划分为政策决策（资金主管）部门、政策落实（资金监督）部门和政策执行（资金使用）部门，实际包含市科技创新委、市工业和信息化局、市知识产权局等 12 个市直部门。市财政局和市金融局未承担被评政策项目，但作为监督者需协助提供有关信息。

（四）评价标准及数据来源

遵循政策绩效评价的一般范式，评价内容指向三个方面：一是政策组织实施成效，涵盖政策目标设置、责任落实、资源保障与执行规范等维度；二是政策既定目标完成情况，以《科技创新规划》中要求的必须达到的核心指标为主，其他延伸指标为辅；三是城市科技创新能力与国际影响力提升结果，通过对标世界范围排在前列的创新城市群，观察广州的各维度差距变化。为此，在技术上分别建立了针对具体政策项目实施绩效和政策体系综合绩效两个层次评价指标体系，前者由前期准备、实施过程、目标实现、社会满意度 4 项一级指标和 16 项具体指标构成，后者由创新投入与规划论证、创新资源与机制保障、创新能力与政策落实、创新创业生态优化、创新成效与社会影响等 5 项一级指标和从《科技创新规划》中提炼的 20 项"硬指标"构成。从评分标准看，重点政策项目评价融合定性与定量指标，故由评价者汇总全部绩效信息酌情评定；政策体系综合评价全部为客观指标，故依实际或预测完成值跟目标值相比计算完成率，直接转化为评分。为方便合成总分，各项末级指标取相等权重。

本次评价依托广州市人大预算工委对市科技创新"十三五"规划实施情况评估的契机，通过人大发布评价通知，市科创委协助组织，各被评单位对其牵头负责的政策项目开展绩效自评，填报基础信息表（含政策实施、资金使用及目标完成等数据）、自评报告和佐证材料，并委托专业第三方机构进行书面评审和现场核查（作者为第三方项目负责人），形成最终评价结果。第三方现场调研超过 40 家政策相关单位（含科技企业、科研机构及科技园区），完成超过 500 份问卷调查，获得翔实一手资料，评价于 2019 年内完成。

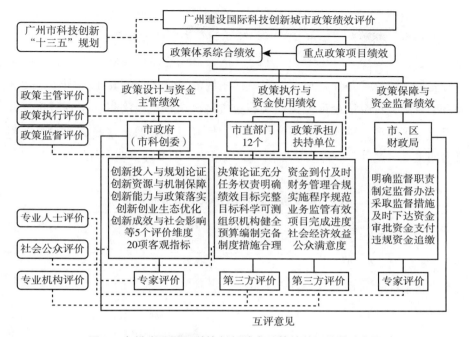

图1 广州建设国际科技创新城市政策绩效评价技术框架

资料来源：作者根据研究需要整理得出。

二 广州建设国际科技创新城市政策绩效评价发现

（一）政策绩效评分与其特点

利用既定方案，融合专家评议、书面与现场核查、问卷调查等渠道数源，最终评定"十三五"期间广州建设国际科技创新城市政策体系综合绩效评分为88.7分，等级为良，总体表明政策设计、执行与目标完成较好，已取得不错的产出效益。从45个被评政策项目来看，近80%评分介于80~88分，其中得分在88分以上有4项，在80分以下有5项，得分偏低的主要是个别（大型基础设施或平台建设）项目进度比预期滞后较多（见表2）。从具体指标来看，重点政策项目评价以前期准备优于实施过程再优于目标完成和社会满意维度，政策体系综合评价得分率较高的有创新主体强化、创新成果产出、创新生态培育、创新人才集聚等领域，较低的有创新产业规模、创新社会评价、政策体系完善等领域（见图2、图3）。从公众满意度评价看，受访者对政策内容完备性、财务管理合规性、实施程序规范性、科技创新主体强化等指标满意度较高，对政策论证民主性、配套机制健全性、经济目标实现程度、社会目标实现程度、科技创新国际影响等指标满意度较低，这些成为后续应当努力的重点。此外，有财政资金投入的政策项目绩效评分明显优于其他项目。

表2　45项重点政策项目绩效评分分布情况

政策集群	被评政策项目数（项）	目标已完成项目占比（%）	绩效评分（均值）	较好政策项目（目标完成且评分在86分以上）
完善创新空间和产业布局	4	88	81.4	—
提升自主创新能力	5	70	75.3	与国家、省自然科学基金共同设立联合基金
培育壮大创新型企业	6	91	86.7	科技型中小企业技术创新资金，科技创新小巨人企业和高新技术企业培育计划，百家创新标杆企业重点服务工程，引导企业普遍建立研发准备金制度
集聚创新创业人才	4	100	86.2	珠江科技新星计划，博士后培育工程
营造良好创新生态环境	3	67	77.7	重点产业专利导航计划
促进大众创业万众创新	3	100	85.3	科技企业孵化器增长计划
发展科技金融	3	67	81.0	—
以科技园区为主引擎驱动经济发展	17	86	82.5	重点培育节能与新能源汽车产业，建设琶洲互联网创新集聚区、国际商务会展核心功能区

资料来源：广州市人大预算工委对市科技创新"十三五"规划实施情况的评估。

（二）政策目标完成与科创实力变化

由于评价时"十三五"周期尚未结束，对各政策项目绩效目标完成情况仅依中期统计结果跟中期预设值（如有）比较，或者期末预测结果跟期

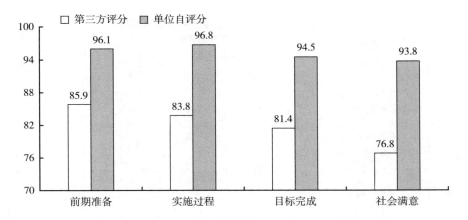

图2 重点政策项目评价一级指标得分率

资料来源：广州市人大预算工委对市科技创新"十三五"规划实施情况的评估。

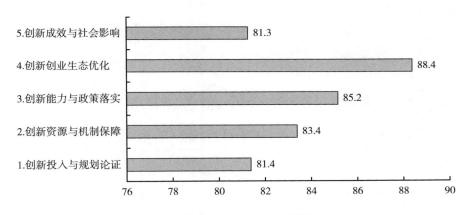

图3 政策体系综合评价一级指标得分率

资料来源：广州市人大预算工委对市科技创新"十三五"规划实施情况的评估。

末预设值对比来初步判定。从政策体系综合绩效评价所用的20项指标来看，有10项为核心指标，其中1项暂缺数据无法评价，4项的期末目标已提前超额完成，3项的中期目标已完成或预测期末能完成，2项按目前判断完成存在较大难度（见表3）。总体上，政策目标体系完成质量较好，其中"创新能力"维度表现最佳，"创新创业生态"维度表现次之，但"创新资源"集聚有待改善。结合其他延伸指标判断，结论与此一致。

表3 政策目标10项核心指标完成情况判断

内容	指　标	2020年目标值	2018年末值	2017年末值	2015年基础值	是否完成		
						中期比较	算术预测	几何预测
创新投入	R&D／GDP(%)	3	2.8	2.48	2.1	?	√	√
创新能力	高新技术产品产值占规模以上工业总产值比重(%)	50	48	47	45	≈	√	√
	高新技术企业数量(家)	8000	11000	8690	1919	√	√	√
	规模以上工业企业建立研发机构的比例(%)	50	44	40	40	×	×	×
	每万人发明专利拥有量(件)	25	33.4	27.2	17.9	√	√	√
	PCT国际专利受理量(件)	1000	1622	2441	627	√	√	√
创新资源	公民具备基本科学素质的比例(%)	15	每5年统计一次		11.7	—	—	—
创新创业生态	国家级创新平台数量(含重点实验室、联合实验室、工程研究开发中心、企业技术中心等,个)	120	85	78	75	×	×	×
	科技企业孵化器面积(万平方米)	1000	＞1000	＞1000	＞1000	√	√	√
	技术交易额(亿元)	500	719.02	357.51	266	?	√	√

注:"√"表示该项指标目标已完成或能够完成,"×"表示其未完成或不能完成,"?"表示不确定。

资料来源:广州市人大预算工委对市科技创新"十三五"规划实施情况的评估。

进一步考察在政策实施期内广州市科技创新实力整体提升效果,通过创新型城市排行榜来看,现行政策体系有效增强了广州城市创新能力,使广州与国内创新型城市发展最高水平差距明显缩小,在国际创新网络中的地位亦有所提升,但它与国际创新型城市发展最高水平的差距仍然较大,实现"建成国际科技创新枢纽"目标还任重道远。

(三)政策主要成绩

透过绩效评价结果,归纳广州在"十三五"期间建设国际科技创新城市政策体系运行带来的主要成绩。

1. 创新空间和产业布局持续优化

国家自主创新示范区内各园区实现并保持高质量发展，推进了大湾区科技合作与广深港科技走廊深度融合，启动国际智能制造平台建设，聚焦全球开放合作，打造创业发展首选地。

2. 自主创新能力有了显著提升

2019 年全市规模以上工业企业建立研发机构的比例达到 44%，大型工业企业实现研发机构全覆盖，共建清华珠三角研究院等 12 家新型研发机构并挂牌运营，承载了省级以上创新平台逾 50 个，同时获批筹建广东省实验室，以财政后补助方式带动企业研发投入近 1000 亿元。

3. 大量创新型企业获得培育壮大

广州重点落实了科技创新小巨人企业和高新技术企业培育行动计划，每年遴选 100 家市级创新标杆企业给予财政资金支持，至 2018 年年末全市高新技术企业数量达到 11000 家，比 2015 年翻了 5 倍，跃居全国第三。

4. 创新创业人才集聚取得明显成效

广州通过珠江科技新星计划培育了一批优秀青年。他们在核心技术研发和应用上取得丰硕成果，多人入选国家"杰青""优青"名录。广州与港澳台大学联合举办广州百万奖金国际创业大赛等，成功吸引 1000 多支创业团队参与和 50 多家投资机构到场对接；吸引了不少国际优秀人才来穗落户，截至 2018 年上半年人才绿卡已发出 4059 张，受到海内外优秀人才和企业的一致好评。

5. 创新生态环境已完成基本布局

广州组建运营了广州知识产权交易中心和广州市技术产权交易中心，推动实施了重点产业专利导航计划，仅 2018 年上半年即完成知识产权交易金额 29 亿元，至 2019 年末全市科普基地已认定逾 100 家，助力全民科学素质行动计划。

6. 初步形成大众创业万众创新良好氛围

广州设立了扶持中小企业发展专项资金，成功举办中国创新创业大赛，

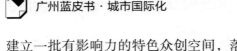

建立一批有影响力的特色众创空间，落实了科技企业孵化器增长计划。截至2019年底，全市拥有国家级科技企业孵化器36家、众创空间252家，孵化面积超过1000万平方米。

7. 科技金融服务实现较快发展

广州完善了科技金融政策服务体系，推行科技信贷行动计划，至2018年年中已对1162家企业授信达127.13亿元，规模全国最大。以新三板挂牌为抓手推进多层次资本市场行动，强化了创新企业与资本市场紧密连接。

8. 重点产业和科技园区成为经济发展主引擎

节能与新能源汽车产业规模不断扩大，新一代电子信息制造业加速发展，生物医药与健康产业布局不断优化，在高端装备和智能制造领域打造了若干龙头骨干企业，琶洲互联网创新集聚区已迅速实现项目落户及产业导入。

（四）政策存在问题

与此同时，广州对标国内外创新型城市标杆，特别是在政策目标范畴以内仍然存在一些明显的差距。城市创新投入相对不足，研发投入强度与经济发展水平不适配，财政科技支出对民间资本科技投入的引导力不佳，与对标的北上深等城市相比偏低，中小型科技企业融资难的状况尚未根本扭转，财政科技资金监管方式与科技创新活动规律的适配性有待提升。创新能力还有待进一步提升，技术交易市场发展滞后，技术合同成交额与对标城市相比明显偏小，技术交易市场对创新资源的配置作用不足。创新资源结构方面，人才资源相对不足，相对于经济规模而言人才规模明显偏小，人才"引进来"面临一些障碍，在国（境）外设立研发机构数量较少。孵化器嵌入产业链深度不够，与创新链融合有待加强，存在同质化竞争现象。

创新的本质是一种市场活动，创新主体作为市场活动的参与者，其经济利益源自市场还是行政体制决定了创新活动的参与方式。在主要依靠行政体制配置资源的情形下，经济利益主要来自政府财政支出。而财政周期、政府绩效考评周期与商业周期不同是常态，按财政周期或政府绩效考评周期组织创新活动，容易出现行政过度干预经济的情形，衍生抑制市场机制作用的效果。财政补贴是政府配置资源的主要手段之一，其对资源配置的影响过大则创新活动风险偏好弱，新生产函数的创造性水平因此降低，对既有生产函数的"毁灭"与替换作用被削弱。此外，由于市场机制发育滞后，公共行政部门作为行政责任主体在实践中对放权给市场存有顾虑。这些相互嵌套的因素，共同导致诸如科技投入在资本市场产生的杠杆效应偏小，风险投资发育滞后，融资效果有限，资本收益相对不高，技术交易市场难以促进技术与金融相融合等不良后果。

三 广州建设国际科技创新城市政策绩效提升建议

公共政策绩效评价作为一种蕴含价值导向的技术工具，"以评促改、以评促建"才是其根本目的。利用评价掌握的信息和分析发现，可从加快提升广州市整体科技创新能力、国际影响力以及科技创新对经济社会高质量发展服务效能的角度引导现有政策体系静态构成与动态运行的优化。

（一）适度调整财政资金使用方式

加大财政资金对中小企业的扶持力度，建立支持中小企业发展的财政政策体系，以税收优惠为主、后补助为辅，减少政府对资源的直接配置和对微观事务的过度参与，科学调整税率，扩大税收优惠的行业覆盖范围，对研发企业的不同领域和不同阶段实行差别化的税收政策。

（二）进一步优化科技创新空间生态

通过政策引导，鼓励大型企业和中小企业建立原材料供应、生产、销售、技术开发和技术改造等方面的协作关系，形成产业集群；通过培育中介机构，为大型企业与中小企业的合作进行信息沟通，对引进企业与本土企业采取一视同仁的政策；深化城市空间产业链专业化分工，打破市场壁垒，发挥各创新节点比较优势以承接产业链的不同环节，激发全市科技创新空间联动活力；统一规划全市基础设施网络体系，加强交通运输网络建设和信息基础设施建设，完善生活配套和创业环境配套，降低各创新节点之间的协同成本，促进创新资源要素充分流动。

（三）进一步提高利用外资水平

鼓励外商投资企业开展技术创新，支持其参与政府科技计划项目建设，在广州设立高水平研发中心和参与广州公共研发平台建设，发挥外商直接投资的技术溢出效应；支持跨国公司总部在穗发展，制定专门政策吸引跨国公司地区总部落户广州，大力发展总部经济；营造更加公平的市场竞争环境，平等对待内外资企业，促进内外资企业公平参与标准化工作和政府采购招投标；提高利用外资质量，构建有序、统一的招商引资体系和外商投资服务体系，推动加工贸易价值链向高端延伸。

（四）继续巩固穗港科技合作平台

找准穗港产业合作着力点，抓好新兴产业发展机遇，重点发展前沿技术领域；借助粤港澳大湾区建设契机建设穗港合作新平台，整合现有各平台资源，联合开展重大科技攻关和产业技术转移转化；构建穗港资源共享机制，破除两地人才、资金、研发设备和材料跨境流动障碍，推动两地科技要素资质互认及待遇逐步趋同。

（五）更加重视人才队伍建设

明确人才重点定位，加大引进人才支持力度，如直接予以高额补贴，破除资金使用的制度约束；建立市场化的人才评价制度，如推行人才认定"举荐制"，同时建立举荐人才的后评价制度、容错纠错机制和退出机制；加强通过中介机构、猎头企业等市场组织引入人才，建立科技人才评价数据库；注重本土人才的国际化培养，尤其是中青年科技人才，有计划地安排出国研修、国际交流与合作，提高人才国际化水平。

参考文献

创新城市评价课题组、何平：《中国创新城市评价报告》，《统计研究》2009 年第 8 期。

王帮俊、朱荣：《产学研协同创新政策效力与政策效果评估——基于中国 2006—2016 年政策文本的量化分析》，《软科学》2019 年第 3 期。

王勤、姜国兵、张子璇：《科技创新强省政策绩效评价实践探索：基于 A 省的实证》，《科技管理研究》2017 年第 15 期。

张赛飞、刘晓丽：《国际科技创新枢纽内涵与广州功能定位》，《科技管理研究》2018 年第 8 期。

张永安、郄海拓：《基于社会结构矩阵的区域科技创新政策绩效研究——基于北京市的实证分析》，《科技管理研究》2018 年第 20 期。

中国行政管理学会课题组、贾凌民：《政府公共政策绩效评估研究》，《中国行政管理》2013 年第 3 期。

B.7
世界大湾区比较视角下广州环境
竞争力分析与提升对策

李明光　徐健荣　王进*

摘　要：　为分析世界湾区城市环境竞争力的总体态势，研究构建世界
　　　　　大湾区城市环境竞争力评价模型，将广州（粤港澳大湾区）
　　　　　与纽约（纽约湾区）、旧金山（旧金山湾区）、东京（东京湾
　　　　　区）等世界大湾区主要城市进行评价分析，明确广州位置和
　　　　　优劣势，并提出改善措施。评价结果显示，广州环境竞争力分
　　　　　项较不均衡，优劣势明显；与领先城市相比，广州在环境质
　　　　　量、环境创新与发展、环境管理与形象等相对落后；广州应在
　　　　　提升环境质量、环境设施与服务方面加快赶超，在提升环境创
　　　　　新与发展、环境管理与形象方面重点发力。

关键词：　环境竞争力　世界大湾区　粤港澳大湾区　广州

广州是我国重要的中心城市，已进入全球城市行列，但在各类世界城市
排名中，环境是竞争短板。尤其是当前区域竞争进入湾区时代，作为粤港澳
大湾区区域发展的核心引擎之一，广州面临着全球城市激烈竞争，要成为引
领型全球城市，必须营造与全球对标的宜居环境，加快提升环境竞争力。本

---

* 李明光，博士，广州市环境保护科学研究院高级工程师，主要研究方向为环境政策、环境规
  划与评价；徐健荣，硕士，广州市环境保护科学研究院工程师，主要研究方向为生态环境；
  王进，硕士，广州市环境保护科学研究院工程师，主要研究方向为环境科学。

文构建简明、专业的湾区城市环境竞争力评价模型，试图对全球四大湾区的主要城市进行评价，从而掌握国际湾区城市环境竞争力的总体态势，明确广州位置和优劣势，研究广州在湾区竞争中的环境竞争策略及提升对策，进而提升广州全球城市竞争力。

一　世界城市环境竞争力的评价体系

（一）理论基础

综合联合国环境规划署（UNEP）、经济合作与发展组织（OECD）、德国 GHK 管理咨询公司等机构对环境与经济方面的研究成果，通过环境促进经济社会发展，主要分有四种途径。

一是保障经济社会发展的必要条件。改善环境质量，能够保障资源质量、劳动力质量、消费者健康；环境基础设施为规模化的产业发展提供条件，降低企业单独污染治理成本。

二是促使企业提高生产率和创新。加强环境保护，促进企业改进工艺技术，提高资源和全要素生产率；促进企业实施生态创新，发展创新经济。

三是直接或间接促进产业发展和就业。改善环境质量可以直接促进农业、旅游业等高度依赖环境质量的产业发展，也可以直接或间接促进环保产业等产业发展。

四是改善环境形象（营商环境和宜居环境），吸引高端产业集聚，改变经济社会发展格局。降低企业投资风险；吸引高端要素集聚，推动先进制造和现代服务业发展。

（二）评价模型

基于环境与经济的关系以及"资源—能力"竞争力通用评价模型框架，城市环境竞争力可以从环境资源、环境质量、环境设施与服务、环境创新与发展、环境管理与形象等 5 个方面进行评价，环境资源竞争力，表征城市环境资源丰富的程度；环境质量竞争力，表征城市环境质量良好的程度；环境设施与服务竞争力，表征城市环境基础设施及服务完备的程度；环境创新与发展竞争力，表征城市创新与支持绿色发展的能力；环境管理与形象竞争力，表征城市环境管理的能力水平与环境形象的优劣程度。

根据以上思路，建立包含 16 个三级指标的定性与定量相结合的世界湾区大城市环境竞争力评价指标体系（见表1）。

表1　世界大湾区城市环境竞争力评价指标体系（2019 年版）

一级指标	二级指标	三级指标	单位	权重		属性
环境资源	土地资源	土地面积	平方公里	0.05	0.10	正向
	水资源	人均可用水资源	立方米	0.05		正向
环境质量	空气质量	PM2.5 年均浓度	微克/立方米	0.05	0.30	负向
		NO_2 年均浓度	微克/立方米	0.05		负向
	水环境质量	主要水体水质满足使用要求比例	%	0.05		正向
		水污染主观指数	/	0.05		负向
	声与光环境质量	噪声与光污染主观指数	/	0.05		负向
	气候环境质量	人均二氧化碳排放量	吨/年	0.05		负向
环境设施与服务	清洁能源	清洁能源消费比例	%	0.05	0.20	正向
	污水处理	生活污水集中收集率	%	0.05		正向
	垃圾处理	生活垃圾回收利用率	%	0.05		正向
	绿化建设	建成区公园绿地率	%	0.05		正向
环境创新与发展	创新能力	科技创新指数	/	0.10	0.20	正向
	发展能力	绿色金融指数	/	0.10		正向
环境管理与形象	管理能力	环境管理能力指数	/	0.10	0.20	正向
	环境形象	全球城市环境排名指数	/	0.10		正向

资料来源：作者基于本文研究思路整理。

（三）评价方法

指标权重以等权为基础，采取主观和客观相结合的方法确定。评分方法采用加权综合法进行评价，即首先将原始数据进行标准化，然后与权重相乘计算标准化后的得分情况，总得分即城市环境竞争力的总分。最终得分以百分制展示。

不同指标的得分加和得到综合得分：

$$x = \sum_{i=1}^{i} x_i \times Q$$

式中：x 为某评价城市环境竞争力指数得分（总分）；x_i 为该评价城市第 i 项指标的得分；Q 为该指标的权重。按得分的高低，评价结果分为 5 个水平，具体见表 2。

表 2　环境竞争力等级情况表

得分区间	竞争力水平
［85，100］	强
［70，85）	较强
［55，70）	一般
［40，55）	较弱
［0，40）	弱

资料来源：作者基于本文研究思路整理。

根据原始数据的情况，原始数据标准化的方法有分段线性插值法、标准比值法，对于已经是标准化的指数（或比例），根据情况直接采用或扩缩一定倍数到［0，100］区间。

1. 分段线性插值法

对于指标值与指标得分之间存在非线性变化的指标（如土地面积、人均可用水资源），采用分段线性插值法。为避免高次插值带来的误差，采用设置多个插值节点，减小插值的区间，分区间进行线性插值。

假设两个节点为（x_1，y_1）和（x_2，y_2），认为该区间内指标值与指标得分呈线性关系，整个值域由多个这样的线性区间组成，则该区间上的一次线性方程为：

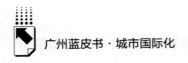

$$F_1 = \frac{x-x_2}{x_1-x_2} f(x_1) + \frac{x-x_1}{x_2-x_1} f(x_2)$$

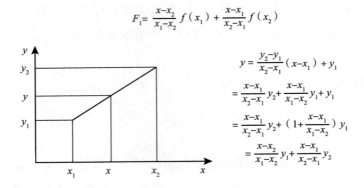

式中：y 为某评价城市第 i 项指标标准化后的得分；x 为该评价城市指标的原始值；y_1、y_2 为某一区间的指标得分上下限；x_1、x_2 为某一区间的原始值上下限。

2. 标准比值法

对于已存在评价标准（如 PM2.5 年均浓度）或已提出工作目标的指标，采用标准比值法。

若所有评价对象均未达标，则以指标值与标准之间的比值进行评价：

正向：$x_i = \dfrac{x_{i0}}{s} \times 100\%$

负向：$x_i = \dfrac{s}{x_{i0}} \times 100\%$

式中：x_i 为某评价城市第 i 项指标标准化后的得分；x_{i0} 为该评价城市第 i 项指标的原始得分；s 为评价标准或工作目标。

若至少有一个评价对象达标，则评价其他评价对象与最优评价对象之间的差距。

正向：$x_i = \dfrac{x_{i0}}{x_{max}} \times 100\%$

负向：$x_i = \dfrac{x_{i0}}{x_{min}} \times 100\%$

式中：x_i 为某评价城市第 i 项指标标准化后的得分；x_{i0} 为该评价城市第 i 项指标的原始得分；x_{max} 为正向指标时所有评价对象中最优值；x_{min} 为负向指标时所有评价对象中最优值。

3. 直接法

对于原本就是百分比的指标（如主要水体水质满足使用要求比例），采用直接法。对于原本就是标准化后的指数的指标（如科技创新指数），采用直接扩缩法。将指标值值域（如 0 ~ 1000）等比例扩缩至指标得分值域（0 ~ 100）。

指标数据来源有三种：一是官方途径，主要是各城市的政府公开信息平台（Open Data）、统计部门、环境和水务部门等材料，包括但不限于统计年鉴和公报、工作报告、规划、研究报告。二是第三方途径，主要包括世界知名智库、世界知识产权组织、世界银行、Numbeo 网站①、维基百科（Wikipedia）等发布的数据、报告。三是课题组研究计算，基于已有数据，计算出评价目标值，如环境管理能力和形象、生活污水集中收集率等。

（四）评价对象

本次评价对象是四大湾区的主要城市，其评价范围是属于行政区的城市，而非大都市统计区（MSA）或联合统计区（CSA），分别是纽约湾区的纽约市、旧金山湾区的旧金山市、东京湾区的东京都、粤港澳大湾区的广州市。评价数据尽量采用城市级数据，部分数据如城市级的不可得、都市区级数据亦可比时采用都市区数据。

1. 纽约湾区：纽约市

纽约湾区是美国经济核心地带、美国重要制造业中心、美国最大商业贸易中心，号称"金融湾区"。纽约市（New York City），是全球商业和经贸的枢纽，与伦敦和东京并列为世界上三个最重要的金融中心，除金融业外，也是美国文化之都，文化产业、时尚产业等都具有世界水平。

---

① Numbeo 网站：全球最大的城市数据库网站之一，无官方中文译名。

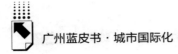

2. 旧金山湾区：旧金山

旧金山湾区是全球环境质量标准最为严格的区域，也是自然生态环境保护最好的区域，是国际公认的生态宜居湾区，是全球最重要的高科技研发中心之一，号称"科技湾区"。旧金山（City and County of San Francisco）是全美国大城市人口密度第二高城市（仅次于纽约市），是北加州与旧金山湾区的核心都市，也是文化、商业和金融中心。

3. 东京湾区：东京

东京湾区是全球最大的工业产业地带，装备制造、钢铁、化工、现代物流和高新技术等产业发达，号称"产业湾区"，也是国际金融中心、交通中心、商贸中心和消费中心。东京是日本的首都，金融业和商业发达，同它南面的横滨和东面的千叶地区共同构成了闻名日本的京滨叶工业区，是与伦敦、纽约等并列的全球城市。

4. 粤港澳大湾区：广州

粤港澳大湾区包括广东省九个相邻城市：广州、深圳两个副省级市和珠海、佛山、东莞、中山、江门、惠州、肇庆七个地级市，以及香港与澳门两个特别行政区，是我国人均 GDP 最高，经济实力最强的地区之一。广州是广东省会城市、国家重要中心城市、国际商贸中心、综合交通枢纽，是粤港澳大湾区的中心城市之一以及"一带一路"重要枢纽城市，2019 年三次产业比重为 1.06∶27.32∶71.62。

据广州的发展现状和发展定位，与东京、旧金山和纽约存在一定的经济竞争和生态环境竞争关系。（见表 3）

表 3　广州与国际湾区主要城市的经济竞争与生态环境竞争关系

城市	主要经济竞争关系	主要环境竞争要素
广州 - 东京	工业经济、服务经济、创新经济、绿色经济	环境资源、环境质量、环境设施与服务、环境技术与创新、环境管理、环境形象
广州 - 旧金山	服务经济、创新经济、绿色经济	环境质量、环境技术与创新、环境形象
广州 - 纽约	服务经济、创新经济、绿色经济	环境质量、环境技术与创新、环境形象

二　世界大湾区城市环境竞争力评价结果

（一）广州环境竞争力在世界大湾区城市中的排名

本次四大湾区主要城市环境竞争力评价得分排名从高到低为：东京、旧金山、纽约、广州。根据环境竞争力评估结果等级划分情况，东京、纽约和旧金山为"较强"等级，广州为"一般"等级。广州排名第四，低于平均分9.4分，综合竞争力一般。（见表4）

表4　城市环境竞争力指标得分情况表

一级指标	二级指标	三级指标	单位	纽约	旧金山	东京	广州
环境资源	土地资源	土地面积	平方公里	3.76	3.02	4.30	5.00
	水资源	人均可用水资源	立方米	3.87	2.54	3.84	5.00
环境质量	空气质量	PM2.5年均浓度	微克/立方米	4.50	3.47	4.03	1.43
		NO_2年均浓度	微克/立方米	3.95	4.41	5.00	3.08
	水环境质量	主要水体水质满足使用要求比例	%	2.62	1.88	4.61	1.41
		水污染主观指数	/	2.59	2.85	3.11	1.53
	声与光环境质量	噪声及光污染主观指数	/	1.60	1.99	2.29	1.82
	气候环境质量	人均二氧化碳排放量	吨/年	3.12	4.28	5.00	3.98
环境设施与服务	清洁能源	清洁能源消费比例	%	4.53	4.83	2.79	1.20
	污水处理	生活污水集中收集率	%	4.39	5.00	4.99	4.01
	垃圾处理	生活垃圾回收利用率	%	1.06	3.26	1.14	1.78
	绿化建设	建成区公园绿地率	%	4.70	4.23	1.20	5.00
环境创新与发展	创新能力	科技创新指数	/	8.69	7.96	9.50	7.88
	发展能力	绿色金融指数	/	7.97	8.59	8.18	8.16

续表

一级指标	二级指标	三级指标	单位	纽约	旧金山	东京	广州
环境管理与形象	管理能力	环境管理能力指数	/	8.20	8.05	9.60	6.70
	环境形象	全球城市环境排名指数	/	7.60	7.20	6.40	3.70
合计				73.15	73.56	75.98	61.68

（二）广州环境竞争力分项较不均衡，优劣势明显

从各分项竞争力来看，广州环境竞争力优劣势分化显著（图1），在5个分项竞争力中，环境资源竞争力得分排名第一；环境设施与服务竞争力得分排名第三，环境质量、环境创新与发展、环境管理与形象竞争力均得分排名第四。

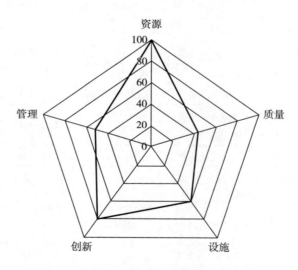

图1　广州市各分项环境竞争力得分情况

广州环境资源竞争力在评价城市中最强，土地和水资源均得满分，排名第一，领先优势明显，对吸引大型先进制造业、现代服务业投资项目十分有利。

广州环境质量竞争力较弱，得分排名第四，是差距第二大的分项竞争

力。其中，空气质量、水环境质量得分排名第四，声和光环境质量、气候环境质量得分排名第三（均好于纽约）。广州较弱的环境质量竞争力对吸引具有国际水平的先进制造业和现代服务业等优质项目、资本、高端人才不利。较易于提升、赶超前一名城市的指标有 NO_2 年均浓度、主要水体水质满足使用要求比例、噪声与光污染主观指数、人均二氧化碳排放量等，较难提升、赶超前一名城市的指标有 PM2.5 年均浓度、水污染主观指数。

广州环境设施与服务竞争力较弱，得分排名第四，是差距第三大的分项竞争力。其中，清洁能源、污水处理得分排名第四，垃圾处理排名第二（仅次于旧金山），绿化建设得分排名第一。广州较弱的环境设施与服务竞争力对吸引要求具备国际先进水平的清洁能源和环境基础设施的高端优质投资项目不利。较易于提升、赶超前一名城市的指标是生活污水集中收集率，较难提升、赶超前一名城市的指标有清洁能源消费比例、生活垃圾回收利用率。

广州环境创新与发展竞争力较强，虽得分排名第四，但是差距很小，是差距最小、最易提升和赶超前名城市的分项竞争力。其中，创新能力得分排名第四，发展能力得分排名第三（好于纽约）。广州较强的环境创新与发展竞争力对吸引需要良好绿色金融支持和科技创新能力的投资项目十分有利，但还需要提升科技创新与绿色金融的国际影响力。较易于提升、赶超前一名城市的指标是绿色金融指数、科技创新指数。

广州环境管理与形象竞争力较弱，得分排名第四，是差距最大的分项竞争力，管理能力和环境形象得分排名均为第四。广州较弱的环境管理与形象竞争力对吸引需要国际水平环境管理能力支持（如环境法治、守法支持、环境基础设施建设、项目评价与许可等）和国际上良好环境形象的高端投资项目十分不利。较易于提升、赶超前一名城市的指标是环境管理能力指数，较难提升、赶超前一名城市的指标是全球城市环境排名指数。

（三）与领先城市相比，广州环境质量、设施和形象相对落后

与排名前列的城市相比，广州在环境质量、环境设施与服务、环境创新与发展、环境管理与形象方面较为落后，主要落后指标有 PM2.5 年均浓度、

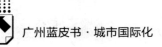
清洁能源消费比例、生活垃圾回收利用率、全球城市环境排名指数等。

与东京相比，广州差距最大的是主要水体水质满足使用要求比例，落后3.2分；其次是环境管理能力指数，落后2.9分；再次是全球城市环境排名指数，落后2.7分。此外，在PM2.5年均浓度、NO_2年均浓度、水污染主观指数、人均二氧化碳排放量、清洁能源消费比例、科技创新指数和生活污水集中处理率等7个指标也落后较多，有1分以上差距。

与旧金山相比，广州差距最大的是清洁能源消费比例，落后3.63分，其次是全球城市环境排名指数，落后3.5分；再次是PM2.5年均浓度，落后2.04分。此外，在NO_2年均浓度、水污染主观指数、环境管理能力指数、生活垃圾回收利用率等4个指标也落后较多，有1分以上差距。

与纽约相比，广州差距最大的是全球城市环境排名指数，落后3.9分；其次是清洁能源消费比例，落后3.33分；再次是PM2.5年均浓度，落后3.07分。此外，在主要水体水质满足使用要求比例、水污染主观指数和环境管理能力指数等3个指标上也落后较多，有1分以上差距。

三 广州提升环境竞争力的对策建议

（一）提高清洁能源比重，改善空气质量

世界大湾区主要城市清洁能源比例在50%以上，纽约和旧金山在90%以上，而广州近年来仅为23.9%，还未达到粤港澳大湾区43%的平均水平。因此提升清洁能源比重，进而改善环境空气质量是提高广州在国际湾区主要城市环境竞争力的重要内容。广州可以以天然气推广利用为主要途径，提升天然气接收能力，拓展城市燃气管网和天然气利用领域，推进机动车船、非道路移动机械等能源进一步清洁化，尽快将清洁能源在终端能源消费比例提升到50%以上的粤港澳大湾区前列水平、国际湾区主要城市基本水平。

广州与世界大湾区主要城市空气质量差距较大，需要采取综合措施，尽快实现PM2.5年均浓度达到25μg/m³的WHO第2阶段过渡期目标、NO_2年

均浓度达到40μg/m³的国家标准。除优化调整能源结构外，还需要坚持主体功能开发、公共交通引导开发等理念，推动形成组团式的城市结构，发展以轨道交通为重点的公共交通体系，加强燃煤电厂污染治理，提高餐饮油烟、扬尘及挥发性有机化合物（VOC）治理要求，创新大气环境管理体制机制，与佛山建立大气质量合作管理区，采用更严格手段推进联合治理，强化中心城区交通管理措施等。

（二）改善水环境质量，营造亲水生态景观

广州市水环境质量近年来明显改善，但与世界大湾区主要城市水质仍有差距，有较大提升空间，需要继续深化水污染防治，尽快实现全市域生活污水全收集、全处理、全达标排放，加快补齐城镇污水收集处理系统建设管理短板，着力提高城镇污水处理厂污染物削减效能，力促重点流域一级支流尽快全面消除劣Ⅴ类，确保地表水国考、省考断面水质全面稳定达标。

从国际城市来看，营造亲水生态景观对提升水环境竞争力十分重要。广州市要推动落实省"万里碧道"工程，针对广府文化特点，继续贯彻落实"水清岸绿、广府生活、三道一带、缝合城市、新旧共生、赏粤四季、绣花功夫、永续利用、经济适用、共同缔造"的"广州碧道十条"行动准则。营造优美亲水生态景观，为居民和游客提供优质亲水体验。

（三）完善环境基础设施，提供优质环境服务

广州相比其他国际城市，污水集中收集率较低，应建设完备的污水处理设施，提供优质排水服务。一是实施城镇污水处理提质增效三年行动方案，消除污水处理设施空白区，尽快实现污水管网全覆盖、全收集、全处理。强化城中村、老旧城区和城乡接合部污水截流收集。二是实施管网混错接改造、管网更新、破损修复改造等工程，实施清污分流，全面提升现有设施效能。三是健全污水接入服务和管理制度，整治沿街经营性单位和个体工商户污水乱排直排。四是加强雨水利用和处理，减轻雨水径流污染，建设透水地面、绿色屋顶、雨水花园等绿色基础设施，打造海绵城市。

广州应建设完备的固体废物处置设施，提供优质处理服务。一是推进固体废物处置产业化发展，加快建设工业危险废物和医疗废物无害化处置设施，使危险废物无害化处置率达到100%。二是加快生活垃圾和生活污水污泥焚烧处理系统建设，使生活垃圾无害化处理率保持100%。三是建设建筑垃圾分类场地，推进建筑垃圾再利用。四是要推进生活垃圾清运和再生资源回收"两网合一"，建设生活垃圾分类处理与回收利用系统，使生活垃圾回收利用率提高至50%以上的国际城市先进水平。

（四）推进绿色科技创新，提升绿色金融质量

广州应加快打造绿色科技创新平台，提升绿色创新力。一是建立节能环保产业发展基金，设立工程实验室、重点实验室、工程（技术）研究中心和企业技术中心等绿色科技创新平台，加强科技成果知识产权标准化和产业化工作。二是节能环保产业项目优先列入重大建设项目计划，加快建设节能环保产业基地，培育引进一批拥有核心关键技术、具有国际竞争力的节能环保企业。三是以绿色工业设计为引领，以绿色供应链为核心，推进绿色制造，成为粤港澳大湾区绿色环保领跑者。

广州应抓住绿色金融改革创新试验区建设机遇，通过绿色金融推进绿色创新。一是推进生态系统服务价值核算，探索创新生态系统服务价值实现机制。二是加大绿色信贷产品创新力度，支持开展合同能源管理、企业特许经营权、碳排放权和排污权等环境权益抵质押业务，加强环境信用基础设施建设，完善绿色金融评价、信息披露和行业标准，支持绿色初创企业发展，强化绿色金融产融对接，推广绿色融资模式，加快建设国家级或世界级绿色金融交易平台。

（五）加强环境管理能力，塑造全球行动者形象

广州应加强环境立法，形成具有广州特色的地方性法规体系。成立高规格生态环境委员会，加强生态环境保护领导决策协调能力，全面实施生态环境目标考核和责任追究。推进环境规划"多规合一"，发挥环境规划在综合

决策中的基础作用。实施政策环境评价，加强环境政策综合能力。加强环境
管理机构建设，街镇环保机构实现全覆盖。加强环保公益研究，提升环境管
理科技含量，建设完善的生态环境监测监控系统。建设以信用为核心的企业
新型监管机制，实施执法正面清单，加强对企业的守法支持，提高环境公共
服务效率。

积极塑造全球绿色行动者形象有助于提升广州全球城市环境竞争力。一
方面要积极参与国际气候与环境相关组织的活动，例如城市气候领导联盟
（C40）、国际气候行动伙伴（ICAP）等，编制提交城市温室气体排放清单、
气候应对规划计划或方案以及绿色发展案例，参与相关交流、研究与推广活
动；另一方面要主动策划相关活动，走出去，请进来，积极传播广州绿色形
象，讲好绿色发展的广州故事。此外，还要研究有影响力的世界城市生态环
境指数或排名的评价方法，向评价机构主动提供最新数据，提升广州在世界
城市环境评价中的排名。

参考文献

UNEP, *Green Economy*：*Pathways to Sustainable Development and Poverty Eradication*, Nairobi Kenya Unep, 2011.

OECD, Towards Green Growth：A Summary for Policy Makers ［R］, 2011.

GHK, The Economic Benefits of Environmental Policy, 2009.

李明光：《国际大城市环境竞争力评价分析》，《中国环境管理》2013 年第 6 期。

李明光、关阳：《广州市区县环境竞争力评价研究》，《环境科学与管理》2016 年第
3 期。

康晓光、马庆斌：《城市竞争力与城市生态环境》，化学工业出版社，2007。

李建平：《中国省域环境竞争力发展报告》，社会科学文献出版社，2011。

倪鹏飞、侯庆虎、李超等：《中国城市竞争力报告（2019）》，社会科学文献出版
社，2019。

国际经贸篇

International Economics and Trade

B.8
广州建设跨境电商中心城市的对策研究

赖伟娟　王佳莹*

摘　要：　广州在获得跨境电商试点城市先行先试的政策优势下，充分发挥区位优势，创新监管模式使得跨境电子商务发展成效显著。但是随着全国综合试验区扩容以及其他地方政府支持力度的加大，广州面临激烈的竞争。广州要建成国际跨境电商中心城市，要通过打造跨境电商枢纽港实现跨境电商全球分拨中心功能；通过举办展会和国际性市场建设强化广州在跨境电商链条上的供应链和货品市场的中心功能；做大做强跨境电商主体，完善跨境电商综合服务体系，增强跨境电商生态群的竞争力，提升生态圈的根植性和聚集性。

---

* 赖伟娟，华南理工大学经济与金融学院副教授，研究方向为国际贸易、国际直接投资、跨境电子商务；王佳莹，华南理工大学硕士研究生，研究方向为国际投资与跨国公司经营。

关键词： 跨境电子商务 海外仓 全球中心仓 广州

自 2013 年被批准为跨境电子商务试点城市以来，广州已是全国跨境电子商务交易最活跃的地区之一，2016 年 1 月获批为第二批跨境电子商务综合试验区，跨境电商各项业务创新发展，跨境电商交易额在全国遥遥领先。2020 年新冠肺炎疫情暴发，线下展会、贸易商务活动停摆，跨境电商凭借其线上交易、非接触式交货、交易链条短更是发挥了"稳外贸、保增长"的积极作用，成为零售进出口的重要方式，连接国内外循环的重要桥梁，实现爆发式增长，成为外贸增长新动能。跨境电商的发展同时带动了相关物流、营销、金融以及数字经济的发展，成为广州经济发展的新动力。如何构建跨境电商的产业链和生态圈已成为各地政府增强区域竞争力的重要议题，各地政府部门通过完善跨境电子商务综合服务体系、创新监管模式，打造区域跨境电子商务发展的重要竞争优势。

一　广州跨境电子商务发展成效以及有利条件

（一）政策优势以及监管模式的创新

广州具有试点城市先行先试和海关特殊监管区域的政策优势。跨境电子商务的监管主要涉及海关查验和检验。海关总署明确跨境电子商务通关业务应该在海关特殊监管区域或保税物流中心（B 型）内开展。广州作为第二批跨境电子商务试点城市和跨境电子商务综合试验区，具有政策先行先试的优势，加上拥有白云空港综合保税区、南沙保税港区、广州保税区等海关特殊监管区域，是全国极少数可以同时开展零售出口、保税出口等多种业务模式的城市之一。例如白云空港综合保税区叠加了保税区、出口加工区、保税物流园区（中心）的所有政策和功能，已纳入国家电子商务示范城市广州跨境电子商务服务试点范围。南沙保税港区地处广东自贸区南沙片区，在自贸区制度创新推动下，跨境电子商务监管模式和流程在业务开展后较快理顺。同时当地监管机构针对跨境电商业务多项政策创新，例如在南沙保税港区、白云空港综合保税区为核心区域的跨境电商产业集聚区，广州海关推出零售进口申报清单修撤单流程简化、商品入区单自动化审核、物流辅助系统对接跨境电商报关系统等7项专为跨境电商通关流程制定的便利化措施。2020年，广州海关在全国率先完成海、陆、空等渠道的跨境电商B2B货物出口监管，率先开展跨境电商出口商品退货监管试点并形成成功经验向全国推广复制。

（二）区位优势叠加海陆空交通枢纽

物流是完成跨境电子商务的最重要环节，大量商品选择从广州口岸入境在于广州充分发挥了独特区位优势形成发达的物流网络。在跨境电子商务试点城市中，广州是兼具国际航空枢纽、国际航运枢纽和自贸区三大优势的少数城市之一，白云国际机场货邮吞吐量仅次于上海浦东机场。白云空港综保区毗邻白云国际机场，物流方面有效实现"无缝连接"，实现"区港一体化"运作，在货物进出境组织和口岸查验等方面十分便利。截至2021年2月，广州港外贸集装箱航线达到124条，全球主要班轮公司均在广州港开辟航线，江海联运驳船航线超过160条，跨境电子商务远洋货运通道比较完善。通过自贸区贸易便利化政策创新，开通了香港机场—南沙保税港区点对点陆运通道（超级中国干线），可将跨境进口货物从香港机场货站通过快速跨境通关模式运抵南沙保税港区。便捷的海陆通道可使物流企业充分利用香港自由港的优势：跨境电商进口商品在港澳备货、集货后再进入大陆关境，跨境物流时间短。作为全国八大铁路枢纽之一，广州拥有华南乃至中国硬件最优良、管理最高效的铁路系统，且具有"海陆对接"优势，能够满足跨境电子商务物流配送的时效性要求。"广州海关通关时效+物流企业的供应链效率"打造了广州跨境电商的竞争力。

（三）跨境电商平台聚集效应显著

广州跨境电子商务平台优势主要体现在物流环节，典型的以物流企业为主导，价值增值在物流、运输和报关环节。物流企业、支付企业都较其他城市多，北边机场综保区内及周边集聚了 FedEx、DHL、EMS、顺丰等一批世界级物流巨头，以及中远空运、威时沛运、高捷物流、心怡科技等跨境电子商务物流企业。由于监管模式较为成熟，跨境电子商务物流服务业在全国具有较强的竞争力。许多国内知名跨境电子商务企业通过委托广州的物流企业办理口岸入境业务，货物由广州发往全国各地。经过近十年的发展，南沙海港、白云空港、黄埔等跨境电商产业集聚区发展各具特色，构建起"零售+平台+支付+物流"跨境电商生态链，深耕网购保税进口、直购进口、零售出口三项"拳头"业务，南沙保税港区网购保税进口业务占据了广州市九成，机场保税区较多跨境电商企业选择直购进口模式开展业务。

（四）外贸基础扎实催生特色货品优势

广州作为千年商都，国际贸易的氛围非常浓厚，既有管理先进、海外营销网络完善的传统大型外贸企业，又有一大批经营灵活的中小型外贸公司，这些企业逐步开展跨境电商，促进跨境电商与传统商贸相结合。传统的外贸基础扎实，是服装、文体娱工艺品、家居商品的传统出口采购市场，也有众多外贸企业可以成为经营跨境电商业务的市场主体。当前活跃于亚马逊、eBay、阿里速卖通的卖家有 1/3 聚集广州，在广州各大批发市场采购，通过C2C 的方式发往全球。

综上所述，广州形成了从政策优惠、平台集聚到物流便捷、经营主体活跃较为完整的跨境电商生态圈。在服装服饰、鞋帽箱包、汽车配件、母婴玩具等品类跨境电商出口居于全国前列，具有明显优势。

二 广州跨境电商发展存在的问题和障碍

随着全国综合试验区扩容以及各地地方政府支持力度的加大，广州跨境电商面临激烈的竞争，"人才、企业、政策"等要素聚集程度不足，本土大型交易平台企业不多，发展氛围与潜力需进一步提升，跨境电商商品的全球分拨和配置也面临仓储调配受限、贸易自由度便利化不足等政策障碍。

（一）政策优势空间缩减，面临兄弟城市激烈竞争

国务院于2018年8月同意北京市等22个城市建设第三批跨境电子商务综合试验区，随着2019年第四批、2020年第五批跨境电子商务综合试验区相继设立，截至2020年4月，全国共有105个跨境电子商务综合试验区。综合试验区的扩围意味大部分有综合试验区省份的都可以在本省区域内的国际机场或者空港经济区进行跨境电商的空运业务操作。2019年1月国务院出台"支持综合保税区内企业开展跨境电商进出口业务，逐步实现综合保税区全面适用跨境电商零售进口政策"后，综合试验区和全国各个综合保税区都全面适用跨境电商进出口政策，广州白云国际机场和南沙的综合保税区的政策领先优势不再，面临更加激烈的业务竞争。在广东省范围内，除了与广州同时成立的深圳综试区之外，第三批综试区中还有珠海市和东莞市。2018年以前广州的跨境电商发展，随着全国各地保税仓面积的扩张、跨境电商试点城市的增多以及地方政府支持力度的加大面临着不进则退的局面。

（二）本土大型交易平台企业影响力不足，带动辐射作用有限

目前全国主要电子商务平台主要聚集于杭州（阿里巴巴、天猫国际、速卖通）和北京（京东）等地。广州目前在行业比较有影响力的跨境电商平台主要是唯品会，但是唯品会相对于阿里和京东，体量还比较有限，影响力主要局限于时尚产品。虽然阿里和京东以及苏宁易购在广州设有区域总部，但是功能较为单一，辐射力较为有限。天猫国际曾在广州建有跨境电子商务基地，运营不久后迁回杭州。从进出口的结构来看，入驻广州进口跨境电子商务的平台企业较多，出口平台不足，尤其是B2B平台严重不足。杭州电子商务发展最大的优势就是拥有阿里巴巴、大龙网、中国制造网、敦煌网等出色的电子商务平台，而且电子商务平台的服务不断创新，例如运用大数据技术服务全球买家和中国卖家，为中国优秀供应商提供担保等。当前全国各地都在通过各种补贴争夺跨境电商业务，争取各大平台落户当地的竞争非常激烈。根据广州空港经济区官网和广州空港电商国际产业园区官网公布的信息，入驻广州空港的龙头企业大多数为运输、仓储和报关等物流企业，缺乏龙头平台企业的引领作用，只有唯品会名气较大。调研发现，龙头电商平台的跨境电商业务集聚效应显著，而龙头电商平台亦是依据在各地开展业务的收益和成本来决定将业务布局在何处。广州在吸引和留住跨境电子商务平台方面还需做出更大努力。

在跨境电商生态链中，供应链金融服务的提供尤为重要，但广州这类服务尚未完善。广州不少跨境电商大卖家都是中小企业，这些企业在跨境电商供应链的资金融通中往往处于被动地位。而供应链中市场力量较强、规模较大的核心企业容易凭借自身强势地位，在交货、价格和账期等贸易条件方面对供货企业要求苛刻，转嫁资金压力，而供货企业大多为中小微企业，难以从银行获得融资，资金周转更为紧张，一旦资金链断裂，将会导致整个供应链失衡。当跨境电商大卖家向供应链中其他配套企业（例如货运代理企业）寻求资金融通或者担保服务时，这些企业需要对大卖家的信用风险和征信档案进行评估。当这种评估的需求逐渐增多时，会给供应链相关企业增加评估的费用和时间成本，阻碍跨境电商供应链的高效和安全运作。

（三）用地紧张导致较高的仓租

跨境电商平台运营考虑的主要是成本、效率和服务水平等因素，仓租成本低的地区会更具有竞争力。当前，广州空港跨境电商发展最大的制约因素是产业用地不足。相较于上海浦东机场、深圳前海湾、武汉新港空港等综合保税区，广州白云国际机场保税区核准面积较小，产业用地供不应求引起仓租费用过高，进而导致相关企业的成本无法下降；南沙保税仓的仓租也上涨得很快，接近 20 元/平方米。而广州白云国际机

场综合保税区仓库不足和仓租成本高的问题随着其他地区如珠海和东莞
等地仓库的释放而进一步凸显，大量的电商平台因为租金成本高昂而纷
纷外流。

表1　广州白云国际机场综合保税区与其他保税区的概况比较

保税区名称	批准时间	核准面积（公顷）	主导产业
广州白云国际机场综合保税区	2010 年 7 月	294.3	仓储、物流
上海浦东机场综合保税区	2009 年 11 月	359	物流、贸易
武汉新港空港综合保税区	2016 年 3 月	405	仓储、物流
广州南沙保税港区	2008 年 1 月	499	航运物流、保税展示
深圳前海湾保税港区	2008 年 1 月	371.21	物流、金融、信息服务

资料来源：《中国开发区审核公告目录（2018 年版）》。

（四）跨境电商仓储调配受限

我国综合保税区海关货物是按照保税货物、非保税货物、口岸货物进行
分类监管的，不同进出口类型的货物需要严格地物理隔离，并且贸易类型不
能互相转换，保税仓的具体用途受到严格限定。在实践中，跨境电商货品的
进出口数量往往需要根据境内和境外两个市场行情变化进行灵活调整，进出
口货物进入保税仓后可能需要再次调拨。随着我国跨境电商市场的发展，企
业对放宽对非保税业务限制的诉求较为强烈，原因有二：一是保税仓报税不
灵活，由于"二线"货物出区需要报关征税，所以海关对已完成征税的货
物，要求不得存放在保税仓内，企业需要另外安排仓库中转，额外增加运输
和转运成本，企业诉求能够在区内自由分拨，降低成本。二是国内货物入区
难，按照海关现有监管规定，国内货物入区需要办理货物出口程序。与一般
贸易不同的是，拟通过跨境电商出售入区存储的货物既可能离境出口，也可
能重新复运进境，若能待国内货物流向确定后再办理出口手续，则可大大提
高区内仓库存储效率。有关部门需要创新不同于一般贸易保税货物的监管模
式，才能更好地解决跨境电商仓储调配受限，难以实现全球仓配的问题。

三　广州建设跨境电商中心城市的对策与建议

广州要牢牢把握业已形成的跨境电商发展优势，从提高中心枢纽和全球分拨功能，强化展贸、流通功能，壮大市场主体，完善综合服务，优化产业生态，着力建设跨境电商中心城市。

（一）打造"买全球、卖全球"的跨境电商枢纽港

广州跨境电子商务企业、平台上的市场经营体已经形成一定规模，监管模式已经较为成熟，应当进一步发挥空港、南沙、琶洲互联网企业总部优势，打造跨境电商枢纽港。跨境电商枢纽港以"全球中心仓""港澳仓"为载体，先行先试"一线相对放开"的监管模式，使其具备境内海外仓的功能，以"一仓发全球"为理念，覆盖跨境电商进出口各业务类型，承载中心枢纽的作用。枢纽港可以发展跨境电商货物全球分拨功能，从而实现"买全球、卖全球"，进一步地通过以点带面，带动跨境电商展贸、销售、第三方服务等全产业链的发展。跨境电商枢纽港可实现对粤港澳跨境电商产业的辐射带动功能，并以此为基础，辐射全国和全球，据此推动形成跨境电商贸易、物流、信息、金融、人才全面集聚的亚太乃至全球一流枢纽港。

"全球中心仓"与"港澳仓"实际上相当于境内海外仓的功能，进入该仓视同于备货在海外仓，产生订单后分拣、打包成小包裹，以直邮形式在口岸快件部门申报清关。建议对不涉及出口关税、不涉及贸易管制证件、不要求退税且不纳入海关统计的货物和物品，从境内进入仓内实施便捷进出区管理模式。既免去了在各个国家设立海外仓的仓储费和人工费等，节约了仓储成本；又因为可以直接在全球中心仓集中分拣打包多国产品，汇总运输，泡重比低，节省运输费用。还可以将顾客来自多个国家的商品订单汇集成一个包裹发运，提升了客户体验，同时也解决了跨境电商货品仓储调配受限的问题。跨境电商枢纽港可以在完善广州综合保税区开放政策的基础上，全面复制现有自贸试验区和海南自贸港的试点经验，推动监管部门进行政策创新和

突破，"港澳仓"则在粤港澳合作机制下采用与港澳直接对接的监管模式，建立基于粤港澳融合发展的跨境电商创新监管机制。即争取以仓库为单位突破现行的保税监管政策，有针对性地建立"一仓多功能，一仓多形态"的保税货物监管模式，实现不同类型和状态的货物同仓监管，包含非保税账册在内的各种账册互转互通。同时，争取在"港澳仓"叠加中转集拼、货物按状态分类监管、分送集报、先入区后报关等便利化监管措施，实现跨境电商货物国际分拨功能。

（二）强化跨境电商展贸和流通功能

一是做强做大中国（广州）跨境电商博览会。当前我国与"一带一路"国家和地区合作日益密切，跨境电商发展成为推动双边贸易的重要方式，广州作为中国的南大门，更是面向东盟国家市场的桥头堡。作为"千年商都"和"海上丝绸之路起点"，广州可在中国（广州）跨境电商博览会基础上，打造为"一带一路"国家和地区跨境电商上下游产业链企业及其服务商提供相互交流合作的平台，为国内出口商和海外进口商解决双向销售渠道问题。

二是着力打造跨境电商进口商品市场。空港与南沙分工合作、错位竞争。空港可着力于提升生鲜品、医药品、珠宝首饰和精密电子产品等商品交易时效性、安全性和稳定性，在广州空港形成以上商品的进口市场。南沙可充分利用建设国家级进口示范区的契机，在跨境电商保税备货进口业务基础上，建立粤港澳大湾区进口商品市场，整合广东的跨境电商进口业务，并采取线上和线下相结合的市场策略服务粤港澳大湾区的消费者，在各大城市率先推出进口商品完税直销中心，发挥广州各保税区跨境电商的品牌和质量保证，发展港澳台、东南亚和澳洲等地的进口商品完税直销，与国内知名电商平台紧密合作，在电商平台上注册并自营旗舰店，通过线上营销带动线下消费。

三是推动传统出口批发市场与跨境电商的融合。跨境电商进口业务已经在我国完成了初步的地域布局，但是出口业务却是方兴未艾。从国际贸易管理的角度看，跨境电商发展的趋势是从碎片化、小批量向"集约化＋个性化"相结合，也就是一般贸易与跨境电商保税进出口相平行，B2B 出口、海外仓、M2B2C 等模式会取代当前的部分 B2C 出口。顺应这个趋势，广州可以加快服装、箱包和汽配等传统批发市场的"上线""上网"，进一步创新跨境电商出口模式，引导 B2C 出口向 M2B2C、B2B2C 出口，特别是出台 B2B 通关便利化措施，使得传统出口批发业可运用 B2B 贸易方式出口。

四是完善跨境电商风险监测体系，保障跨境电商市场良性发展。要保证跨境电商的良性发展，必须杜绝商品质量安全问题，以防范跨境电商风险和维护良好的市场秩序。监管部门可以从四个方面着力加强跨境电商商品的质量保证：完善跨境电商的企业管理、产品申报制度，建立检验检疫监管前推后移的过程监管模式；建立跨境电商的风险监测机制与分类管理模式；运用大数据和区块链技术构建跨境电商监管溯源体系；完善海外直购、直邮等方式的信用监管，例如对个人通过海外直购进境的产品、粮食及其制品、水产品等高风险产品实施风险等级管理；对违规超配额采购实施严格控制，并与个人信用体系相关联。

（三）通过做强做大跨境电商主体提升生态群的竞争力

除了大力引进外，还需要积极培育和建设跨境电子商务综合服务企业和市场经营主体，壮大跨境电商市场主体规模，增强发展后劲。一要支持现有的平台做大做强。例如稳定和支持龙头平台企业发挥其在生态群中的主导作用；拓展广交会跨境电商平台作用；引导传统外贸企业拓展跨境电子商务业务。二要进一步引进跨境电子商务平台企业，吸引国内知名跨境服务企业到广州设立分支机构，基于其发展规划与需求，为其提供更多的便利与优惠，发挥跨境电商生态链的链主作用。例如利用国内外已有成熟的服务平台和网络，缩短广州卖家市场进入、法律法规等磨合适应期，有效规避市场风险，快速、安全打通销售渠道。三要加大力度打造出口 B2B平台。通过出口供给侧结构性改革，推动传统外贸向 B2B 出口转型增强竞争力，加快跨境电子商务 B2B 平台企业与"单一窗口"综合服务平台对接，降低传统企业上线交易的障碍；加快培育跨境 B2B 出口示范园区，实现 B2B 出口聚集发展。四要发挥出口大卖家对广州外贸的带动作用，支持广州本土大卖家成为跨境电商国际市场的直营店，使其成为珠三角众多工厂拓展海外市场的重要渠道。五要建立跨境电商创新创业孵化器。为了孵化一批优秀的本土跨境电商企业，广州可以在空港园区、黄埔园区建立跨境电商创新创业孵化器，重点提供融资、创业辅导、市场推广服务，有效帮助相关企业迅速发展，从全链条上扶持源头采集、销售到售后服务等不同类型的新创企业，实现集约型的链式"抱团"发展模式。

（四）完善跨境电商综合服务体系

跨境电商综合服务体系是跨境电商生态圈良性循环的重要基础，也是形成根植性、互动性和聚集性营商环境的重要保障。

一是打造跨境电商综合服务平台。跨境电商综合服务平台主要为跨境电商出口企业提供境内外市场推广、海外仓、境内外供应链管理、冷链物流仓储、大宗交易、产业园区、结算、智能系统科技、口岸商旅等九大板块的综合服务。平台通过强化金融服务和大数据服务功能，推动跨境电商供应链金融的发展，通过物流、商流、信息流、信用记录等大数据支撑供应链金融的业务发展与风控管理，为跨境电商中小企业提供融资服务，提升广州跨境电商生态的综合竞争力。平台通过对消费者需求的数据分析、数据挖掘为传统制造业提供产品设计、改良的数据支持。

二是构建跨境电商综合监管平台。在国际贸易"单一窗口"的基础上，应加强与相关部门和机构的沟通与合作，把关、检、税、汇等监管部门以及跨境电商进出口贸易商、货运代理企业、支付企业和金融机构等跨境电商产业链相关企业聚集在同一平台，让跨境电商进出口贸易商得以在同一平台上接受各监管部门的监管，简化贸易流程，提升监管效率，同时通过数据共享，获得各供应商的商业服务。同时，各部门可根据监管情况对跨境电商企业进行评估，以评估等级授予适用于关、检、税、汇等监管部门的各项进出口便利权限，相关部门应当构建起对辖区内跨境电商企业进行整体评估的一套评估标准，并据此决定给予其进出口便利的程度。对评估等级较高的企业，各监管部门可给予更多的便利权限，同时，若中小企业需要向供应链服务商寻求资金融通或者担保服务时，管理部门可为其出具征信报告，促成供应链金融服务，实现物流、商流、资金流、信息流等多流合一，并减少供应链服务商对中小企业征信评估的费用和时间成本。

三是进一步推动跨境电商通关便利化。推进跨境电商监管的"信息化、智能化"，要实现跨境电商贸易监管智能化，还需要通过信息化监管平台与保税区内仓储物流企业等机构对接，实现系统直连互通以及信息双向反馈，加快和提高物流运作和通关效率。通过"单一窗口"标准舱单电子数据办理申报，实现与企业系统数据直传，提高申报效率和物流信息自动采集能力。考虑广州与香港货物往来的密切程度，粤港澳大湾区应加强联合通关，支持粤、港、澳三地海关实行"三个一"（一次申报，一次查验，一次放行）的通关作业模式，互认通关凭证，建立信息系统交互，共享监管数据资源。

参考文献

冯然：《我国跨境电子商务关税监管问题的研究》，《国际经贸探索》2015 年 2 月。

王东波：《中小外贸企业开展跨境电商面临的物流难题与解决路径》，《对外经贸实务》2018 年第 11 期。

马骏驰：《进口跨境电商供应链结构与交付可靠性研究》，硕士学位论文，北京交通大学，2018。

杨柳：《上海自贸区货物海关分类监管模式研究》，硕士学位论文，上海师范大学，2017。

沐潮、叶琳：《全球中心仓：跨境物流新模式——深圳前海考察》，《开放导报》2017 年第 7 期。

倪雨晴：《跨境电商广东样本：广州、深圳业务领跑》，21 世纪经济报道，2018 年 2 月 9 日，http://www.21jingji.com/2018/2 - 9/xNMDEzODFfMTQyNTAxNQ.html。

卢迪：《上海自由贸易试验区制度创新的演进过程与推进机制》，《当代经济研究》2018 年第 2 期。

赖伟娟、廖志明：《我国自贸试验区贸易便利化改革的实践经验与借鉴——以上海、广东、天津、福建自贸试验区为例》，《特区经济》2020 年 3 月 25 日。

赖伟娟、欧奕成：《我国跨境电商仓库的运作困境及转型升级研究》，《中国经贸导刊》2020 年第 2 期。

B.9
广州推动区块链赋能粤港澳大湾区
国际金融枢纽建设

朱　锦*

摘　要： 粤港澳大湾区是我国经济活跃度、开放水平和发展水平较高的区域之一，制造业和信息技术服务产业发达，拥有发展区块链相关产业的优质土壤和条件。应用区块链技术赋能粤港澳大湾区国际金融枢纽建设具有重要意义。为切实有效推动区块链技术赋能金融，助力粤港澳大湾区国际金融枢纽建设，立足广州地区产业实际，基于区块链技术带来的思想升级，提出了探索构建区块链赋能金融"五大中心"的发展体系。

关键词： 区块链　粤港澳大湾区　金融枢纽

　　区块链技术作为全球最为关注的热点前沿科技，不仅是一种技术创新，更是一次人类思想进化和思维方法革新。分布式账本、去中心化、不可篡改、机器信任、智能合约、共识机制等，由区块链技术引发的思想方法创新，正加快渗透经济社会发展各方面。习近平总书记在主持中共中央政治局第十八次集体学习时指出，要利用区块链技术探索数字经济模式创新。区块链技术经过十余年的发展，从边缘的技术创新逐渐发展融入主流的技术体

---

　　* 朱锦，博士，广州市地方金融监督管理局资本市场处副处长，高级会计师、高级黄金投资分析师，研究方向为数字金融与金融科技。

系，尤其在金融应用场景中比较活跃成熟，区块链技术正在金融数据可信存储、信任穿透、降本增效、多方协作等方面发挥着作用，广泛应用于供应链金融、金融数据治理、跨境金融等场景，并逐渐催生诸如开放金融等新型金融业态。北京市、上海市、河北省、山东省、湖北省、山西省等多个省市相继就区块链技术促进产业发展做出部署。广州也早在 2017 年开始部署相关工作，对区块链赋能粤港澳大湾区国际金融枢纽形成了有力支撑。

一 区块链赋能金融发展及对粤港澳大湾区 国际金融枢纽建设的意义

（一）区块链技术在金融领域的主要应用形式

区块链技术应用最早从比特币起步，在诞生之初就天然适用金融场景。全球主要国家都在加快布局区块链技术发展，国内外的"区块链 + 金融"应用实践已经远远超出了加密数字货币的范畴，在跨境支付、资产管理、交易平台建设、保险、供应链金融、金融监管、征信等领域均有不同层次的应用。

1. 加密数字货币

加密数字货币是区块链技术在金融领域应用最早也最成功的应用。区块链或分布式账本技术利用密码学及共识机制实现的防篡改、可追溯等特性，使加密数字货币的产生成为现实。根据加密数字货币信息网站 CoinMarketCap 的数据，截至 2021 年 1 月，全球加密数字货币总量已逾 8000 种，总市值超 1 万亿美元。①

我国一方面对加密数字货币的发行、流通等采取严格的监管措施，将以比特币为代表的加密数字货币认定为虚拟商品，认为其不具备与法定货币等同的法律地位，并将 ICO② 和 STO③ 等定性为非法金融活动，严禁任何组织

---

① 数据来源：加密数字货币信息网站 CoinMarketCap，https：//coinmarketcap.com/。
② ICO，全称 Initial Coin Offering，是指区块链项目首次发行代币。
③ STO，全称 Security Token Offer，是一种在合法合规监管的前提下进行的通证发行。

和个人从事此类活动；另一方面也在积极研究数字货币的研发应用，2020年以来，央行数字货币 DCEP 已在苏州、雄安、成都和深圳四地开展内测试点。虽然数字人民币的正式推出尚无明确的时间表，但与其他国家和地区的央行数字货币研发相比，中国在相关领域的研发与试点工作已经走在了世界前列。

2. 跨境支付

支付是资金流转过程中的基础环节，传统跨境支付一直面临流程烦琐、费时、耗力等问题，支付成本高、交易效率低，支付中介是传统跨境支付的必然环节。去中介化、点对点交易、不可篡改的区块链技术的应用有效化解这些困难，在跨国收付款人之间建立直接交互，实现无中介的实时结算，推动跨境微支付等商业模式的发展，有效解决跨境支付"低效"问题。目前基于区块链技术的跨境支付已初具规模，如美国的跨境支付平台 Ripple、国内招商银行的跨境直联系统等。

3. 数字资产管理

区块链技术的不可篡改性对数字资产的管理大有裨益。以之为基础，区块链技术可在多节点、多机构、多区域建立资产共享的分布式账本，给链上资产数据进行确权，为资产高效管理提供重要的技术支撑。当前，区块链技术服务企业数字资产管理的相关业务已在我国顺利开展，如工商银行、中国银行、浦发银行和杭州银行等多家银行联合打造的数字票据交易平台已成功上线并顺利完成基于区块链技术的数字票据签发、承兑、贴现和转贴现业务，广发证券、广发资管推出了自主研发的应用网桥服务器（ABS）云平台，中国人民银行和恒生电子等也在测试区块链数字票据平台。

4. 交易平台建设

交易平台建设与数字资产的管理类似，对区块链技术的不可篡改性、可追溯性有较强的应用需求。欧美各大金融机构和交易所都在开展区块链技术在证券交易方面的应用研究，探索利用区块链技术提升交易和结算效率。纳斯达克证券交易所已正式上线了 FLinq 区块链私募证券交易平台，纽约证券交易所、澳大利亚证券交易所、韩国证券交易所也在积极推进区块链技术的探索与实践。

5. 保险业务

区块链技术营造的信任生态在解决传统保险业消费误导、风险定价难、理赔效率低、行业信息无法共享等问题方面具有天然优势。在保险产品设计、销售和理赔等环节，区块链技术帮助保险行业实现投保个体差别定价和专属产品定制，简化投保人信息审核流程，节约销售成本，通过智能合约缩短理赔处理周期而无须保险代理人介入。所有信息的可追溯性和不可篡改性也为识别保险欺诈行为提供捷径。阳光保险早在 2016 年即推出具备区块链特性的微信保险卡单"飞常惠"，众安科技于 2017 年 5 月开发了基于区块链技术的"安链云"平台。

6. 供应链金融

区块链技术应用有效解决了供应链金融两方面的问题：一是核心企业确权，包括整个票据真实有效性的核对与确认；二是证明债权凭证流转的真实有效性，实现信用打通，进而解决二级供应商的授信融资困境。以腾讯"区块链＋"供应链金融解决方案为例，以源自核心企业的应收账款为底层资产，通过腾讯区块链技术实现债权凭证的转让拆分，极大提高了资金的转速，解决了中小企业融资难、融资贵的问题。

7. 监管体系架构

区块链技术的应用对金融监管思维进行了颠覆式的创新，一改传统监管被动的防御性的思路，设计出使监管者可以设置的开放式的"容错"架构和机制，并要求众多的参与者在这种设定的架构下进行活动、互相监督和制约。基于全局性的共识机制会使多数的参与者立即发现少数参与者不遵守"游戏规则"的情况并自动进行举报、纠正和惩罚。在监测 P2P 网贷平台非法集资的活动中就应用了区块链技术创设了"冒烟指数"分析风险的大小。

8. 征信服务

现代征信涉及大量法人和自然人的信用信息，将区块链技术与征信相结合，就能在保持征信数量大、速度快、来源广等优点的基础上，解决数据真实性、准确性不足的问题，为打造更加高效完善的区块链信用生态提供可能。当前基于区块链技术的征信平台正在研究开发，部分平台已上线运营。如银通征信旗下的云棱镜、公信宝都在开发基于区块链技术的征信平台，解决行业数据交换难题；蚂蚁金服区块链携手华信永道打造"联合失信惩戒及缴存证明云平台"；广州市小额贷款行业协会正在研究筹建基于区块链技术的征信共享平台。

（二）区块链技术赋能金融发展的优势

区块链技术本身所具备的弱中心化、去中介化、信息不可篡改、智能合约、编程开源、点对点高效传输以及隐私保护能力，与金融对安全性、可追溯性、交易便捷性以及匿名性的迫切需求高度契合。这就使区块链在金融领域的应用体现出显著的技术优势。

1. 降低金融监管成本

金融行业在防范系统性风险上，需要借助多道审计来控制金融风险，监管成本较高。特别是随着互联网金融等新兴金融服务模式的出现，金融管控要求逐步提升，监管难度不断增加，整个金融系统的监管成本越来越高。区块链通过分布式网络结构，将信息储存于全网中的每个节点，单个节点信息缺失不影响其余节点正常运转。区块链技术以防篡改、高透明的特性，保证了每个数据节点内容的真实完整性，实现了系统的可追责性，降低了金融监管的成本。

2. 实现个人隐私保护

随着金融业务与信息技术的不断融合，用户身份识别和安全认证成为金融业务开展过程中面临的重要问题。区块链技术通过基于节点的授权机制，将私密性和匿名性植入用户控制的隐私权限设计中，只有授权节点才有相应权限查阅和修改有关数据信息。区块链技术对完善用户个人信息保护制度，保证个人信息、财产状况、信用状况等私密信息安全，具有重要应用价值。

3. 实现高效低成本的交易模式

区块链通过共识机制替代中心化的信任创造方式，实现任意两个节点在不依赖任何中心平台的情况下进行点对点交易。点对点交易模式无须第三方介入，大幅降低信息传递过程中出现错误的可能，从而提升信息传输效率。而且，基于区块链技术的点对点交易由计算机程序自动确认执行双方交易结果，即交易确认和清算结算在同一时间完成，大幅度提高了金融交易和结算效率。

4. 促进行业信息共享

区块链的匿名保护、安全通信、多方维护和可溯源等特点，有助于进一步打破行业数据孤岛的现状。在金融业务开展的同时及时将交易信息同步上链，可实现交易信息的公开透明和可溯源，在此基础上由于多方维护共同的信息账本有助于实现行业信息的共享，从而有助于监管部门和合规部门动态掌握交易的全貌，在打击多头借贷、骗保、票据作假、重复质押等方面起到积极作用。

5. 促进金融中介和金融工具的创新发展

传统金融工具的发行、认购、交易等都离不开中介的参与，区块链技术实现了点对点的交易，打破了传统的信息不对称特点，弱化了传统中介的概念，后续金融中介在发行、承销、认购等业务方面功能可能会弱化，更多的工作可能将集中在提供专业的金融咨询服务、链下资产的管理以及上链数据真实性的把控上。随着区块链技术的发展，以加密数字货币为代表的数字资产的出现以及股票、债券等金融工具的上链，都使得金融工具在具体形式和管理机制上将发生新的变化。

（三）区块链技术对粤港澳大湾区国际金融枢纽建设具有重要作用

粤港澳大湾区是我国经济活跃度、开放水平和发展水平较高的区域之一，制造业和信息技术服务产业发达，拥有发展区块链相关产业的优质土壤和条件。《粤港澳大湾区规划纲要》提出建设国际金融枢纽的发展目标，应用区块链技术赋能粤港澳大湾区国际金融枢纽建设具有重要意义。

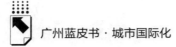

1. 提高跨境金融的服务效率，在全球树立跨境金融服务典型

跨境金融服务中，支付是重要一环，在跨境物流和跨境电商业务中扮演重要角色。目前绝大部分的跨境支付结算都需要第三方机构的参与，已经逐渐形成了相对垄断的局面，并且跨境金融的环节繁多、效率较低，成本也相对较高。粤港澳大湾区涉及三种货币的跨境结算，提高跨境金融服务效率是湾区融合发展的重中之重。

借助区块链技术，粤港澳地区可以在天然的跨境场景下尝试构建统一的区块链跨境金融平台，从而改善跨境金融支付的用户体验，营造更加高效、低成本的跨境金融环境。这不仅可以进一步提升粤港澳地区的金融活力，还可以通过三地的成功实践将经验向其他国家和地区进行推广，树立跨境金融服务典型。

2. 实践中心化管理和去中心化自治的创新监管模式，进一步扩大金融业对外开放

首先，我国金融业对外开放的大前提是金融风险在一定范围内的可控，在核心金融板块中，中心化管理模式是主要管理模式，以避免系统性金融风险的冲击；而在非核心的金融业务板块中，区块链技术的应用则可以带来管理效率的显著提升。其次，随着金融业对外开放水平的提高，可以预见越来越多的国际银行、证券及保险公司将在粤港澳地区设立众多的分支机构，对这些机构的管理可以采用联盟链的形式纳入统一监管范畴。最后，粤港澳地区的人民币相关业务可以基于区块链技术扩大使用范围和规模，使人民币（或数字人民币）在跨境金融中的流通和兑换更加便利。

3. 区块链技术与其他新兴信息技术协同应用，巩固国际金融枢纽地位

区块链技术在金融领域的应用绝不是孤立的，而是需要与其他如互联网、大数据、物联网、人工智能等信息技术做好协同，从而改进信贷流程和信用模型，打造自动化和智能化的跨境金融服务体系。凭借多种技术的协同应用，粤港澳大湾区可以建设成为更加高效的金融枢纽，并逐渐巩固这一地位。

二 广州"区块链＋金融"发展现状分析

2019 年，中国人民银行发布的《金融科技发展规划（2019－2021 年）》明确指出，金融科技是技术驱动的金融创新。在金融科技领域尤其是区块链技术领域，基于广州地区金融及区块链产业发展实际情况，广州市在扶持政策、发展路径、平台建设、监管科技等方面下功夫，积极推动区块链赋能金融高质量发展。

（一）广州金融高质量发展为"区块链＋金融"发展奠定基础

广州金融近年来发展势头强劲，围绕服务实体经济、防控金融风险、深化金融改革三项任务，着力完善现代金融服务体系，推动粤港澳大湾区金融枢纽建设。

2020 年，广州市金融业增加值 2234.06 亿元，同比增速 8.3%，金融业增加值占 GDP 的比重为 8.9%，拉动 GDP 增长 0.7 个百分点。全市金融业税收为 489.3 亿元，同比增长 9.1%，占全市总税收的比重为 9.14%。2020年，广州市新增境内外上市公司 22 家，创历史之最。全市持牌金融机构325 家，其中法人金融机构 55 家。金融业总资产近 9 万亿元，已经成为广州市的第四大支柱产业。

1. 金融产业服务实体经济的能力不断增强

截至 2020 年 12 月末，广州地区本外币存贷款余额 122186.46 亿元，同比增长 15.02%，增速居北上广深津五大城市第二位。其中，各项存款余额 67798.81 亿元，同比增长 14.66%；本外币各项贷款余额 54387.64亿元，同比增长 15.46%。另外，2020 年广州市全市银行业机构总资产达 8 万亿元，同比增长 14.32%；银行业利润 612.66 亿元，同比增长3.68%；全市保费收入 1495.62 亿元，占全省保费收入的 26.46%，同比增长 4.97%；全市累计证券交易额达到 20.62 万亿元，同比增长36.85%。

2. 资本市场服务创新创业的成效显著

截至 2020 年 12 月末，广州境内外上市公司累计 200 家，总市值约 3.8 万亿元，累计募资约 4850 亿元。其中，境内 A 股已上市公司 117 家，总市值约 2.06 万亿元；累计新三板挂牌公司 502 家（其中正常存续的企业 310 家，创新层企业 51 家）。广东股权交易中心累计挂牌、展示企业 19726 家，累计融资总规模 1207.07 亿元。

3. 金融风险防控工作有效扎实推进

在新冠肺炎疫情的影响下，2020 年广州市银行业金融机构不良贷款率 0.98%，低于广东全省 0.04 个百分点。政府存量债务有序化解。各项风险指标均处于较低水平。

4. 深化穗港澳全面合作，提升开放型经济水平

2020 年制定实施两批共 72 项与港澳规则对接事项清单。出台支持港澳青年来穗创新创业政策，与香港共建 6 个国际技能人才培训基地，推进建设港澳青年创新创业基地 32 个、入驻项目团队近 300 个。推进"一带一路"枢纽城市建设，对沿线国家和地区投资增长 29.4%，沿线国家和地区来穗实际投资增长 19.9%。深化南沙自贸试验区制度创新，累计形成创新成果 506 项，获全国复制推广 42 项。

（二）多种举措支持"区块链＋金融"发展

1. 营造区块链产业发展良好生态

广州市加速推进区块链与社会经济融合发展，营造产业发展良好生态，促进区块链在推动数字经济发展方面发挥更大作用，提前布局、积极扶持，目前已位居国内第一梯队。

据 01 区块链、零壹智库不完全统计[①]，截至 2020 年 12 月，全国共有 64062 家在企业名称（曾用名）、经营范围或产品资料等工商登记信息中含有"区块链"字样的相关企业。其中，广州市相关企业注册总量接近 2 万

---

① 零壹智库、01 区块链：《中国区块链企业发展普查报告（2020）》。

家，是全国唯一的区块链企业注册数量破万的城市，并已基本覆盖包括技术研究、行业应用、产业研究和咨询传媒在内的区块链产业全链条。从真实开展业务的区块链企业数量来看，截至2020年末，广州拥有接近100家区块链企业，仅次于北深上杭。

区块链产业园是区块链产业集聚的重要载体，也是区块链技术创新、产学研融合的发动机。据01区块链、零壹智库不完全统计①，截至2020年12月，全国共有44家区块链产业园，包括以"孵化器""基地""中心"等字样命名的产业聚集载体。其中，广东省以7家区块链产业园领跑全国，广州城投·中关村e谷区块链孵化园（黄埔链谷）更是吸引超过50家知名区块链企业入驻。

2. 及时出台金融科技及区块链产业相关扶持政策

广州早在2017年就着手出台了一系列政策支持区块链相关产业和技术发展。2017年12月出台了《广州市黄埔区、广州开发区促进区块链产业发展办法》（穗开管办〔2017〕68号），大力促进区块链技术创新，推进区块链场景应用，加速培育区块链产业集群，并针对重点环节给予资金扶持。2018年10月印发了《广州市关于促进金融科技新发展的实施意见》，支持银行、保险和类金融机构运用区块链技术优化和创新产品服务，利用区块链等金融科技手段增强金融风险监测、预警及防控能力，促进广州市金融业稳定发展。2019年9月印发了《广州市关于促进供应链金融发展的实施意见》，鼓励金融机构在提供供应链金融服务过程中，运用区块链等技术，提高供应链金融服务的科技含量，提升为中小微企业服务能力。2019年10月出台了《广州市黄埔区、广州开发区加速区块链产业引领变革若干措施实施细则》，鼓励设立10亿元规模区块链产业基金，为区块链企业提供天使投资、股权投资、投后增值等多层次服务，建立"多基地＋大基金"分布式金融生态圈。2020年5月11日印发了《广州市推动区块链产业创新发展的实施意见（2020－2022年）》，提出要形成一批可复制推广的区块链典型应

---

① 零壹智库、01区块链：《政府主导的区块链产业园区普查报告（2020）》。

用示范场景，建设成为国家级区块链发展先行示范区，力争区块链技术和产业创新发展、区块链和经济社会融合发展走在全国前列。

3. 积极探索广州"区块链＋特色金融"的发展路径

2019年1月"国家中小企业公共服务平台数字金融平台"正式落户广州，将金融科技转化为服务中小微企业创业创新、转型升级的重要实施路径。聚焦国家产业金融示范区建设，充分发挥区块链技术与金融服务领域深度结合的天然优势，通过引进北京、上海区块链金融团队，联合本地企业探索开展"区块链＋金融服务"等方面的应用。此外，正在实施的区块链政策兑现场景应用"政策公信链"入选工信部信通院"可信区块链"十大案例。

4. 科学筹划广州"地方金融＋区块链＋中小微企业征信"体系建设

针对中小企业融资难、融资贵的现实状况，充分利用区块链技术具有的分布式、数据不可篡改、可追溯、加密性等技术特性，通过引进国内知名区块链技术研发团队，打造基于区块链技术的中小微企业信用共享平台，提供"地方金融＋区块链＋中小微企业征信"的解决方案，为金融机构给中小微企业融资提供安全可靠、较低成本的征信平台，有效降低中小微企业的融资成本。同时为金融机构提升经营效率、提高风控能力，帮助金融监管部门提升监管效率、扩大监管覆盖面提供数据支撑。

5. 充分利用监管科技提升金融风险防控水平

综合运用区块链、人工智能、大数据、互联网等金融科技手段，开展金融风险监测预警、第三方电子合同存证、交易资金监控等相关工作，加快广州金融风险监测防控中心建设和完善，实现金融风险"预警＋监测＋分析＋处置"有效联动，提升广州市开展金融监管和金融稳定工作的能力和水平。同时，注重打击各类以区块链名义开展的非法集资、非法融资活动，维护广州市金融秩序健康稳定。

（三）广州"区块链＋金融"发展趋势向好

1. 广州推动"区块链＋金融"产业生态建设具备先发优势

广州市是全国唯一的区块链企业注册数量破万的城市，并已基本覆盖包括技术研究、行业应用、产业研究和咨询传媒在内的区块链产业全链条，同时广州市的金融业发展水平位居全国前列，因此在建立"区块链＋金融"产业生态上，广州市具备得天独厚的优势。

2.跨境的金融场景将成为广州发展"区块链＋金融"的特色

由于在粤港澳大湾区内临近港澳的独特地理区位优势，广州市在实践"区块链＋金融"建设的过程中将会特别注重区块链技术在跨境金融场景的应用，并以此为契机发展成为这一特定应用领域的全国示范区域，为粤港澳大湾区国际金融枢纽地位的巩固奠定坚实基础。

3.广州"区块链＋金融"创新实践将为顶层制度设计和行业标准制定提供借鉴

"区块链＋金融"不能走互联网金融的老路，这就需要在顶层制度设计和行业标准的制定上充分考虑相关领域创新实践的特殊性，既不能管得太死限制创新，也不能放任所谓的金融创新而为金融系统埋下巨大隐患。广州市目前已经出台了多项扶持区块链产业发展的政策，同时在多种技术的综合应用背景下充分利用监管科技提升金融风险防控水平，相关实践是在可控的监管环境下依托各项扶持政策不断推动创新，为未来"区块链＋金融"的监管和行业标准制定提供重要的实践经验参考。

三 当前"区块链＋金融"发展面临的难点问题

区块链技术在金融领域的应用有着天然优势，有利于提高金融交易效率和降低成本，提升金融资产透明度，实现数字资产确权，促进多节点金融信息共享和隐私保护，进一步强化金融监管效能。但也要看到，目前区块链技术在金融领域的应用仍处于早期阶段，应用落地的诸多难点问题亟待解决。

（一）政策层面：顶层设计与监管制度尚不完善

虽然目前国家和地方政府都出台了一系列鼓励区块链产业发展和加强监管的政策，但总体来看，扶持政策力度普遍比较小、适用性不强，缺乏顶层设计和统筹规划的政策文件,区块链产业发展路线图、时间表、方向、实施细则有待进一步明晰。部分以区块链名义包装的虚拟货币项目涉嫌非法集资,增加了金融监管难度,对监管提出了更高要求,一部分地方政府受制于专业能力,在打击以区块链名义进行非法行为的同时,也给真正的区块链技术应用造成了负面影响。

(二)观念层面:社会整体认知程度有待提高

中共中央政治局集体学习后,及时向社会传递了加快推进区块链技术应用的积极信号,为区块链产业发展指明了正确方向。但由于长期以来受"代币"、ICO等虚拟货币概念炒作的影响,将区块链技术为非法融资行为混淆视听的"有心之人"仍然不少,造成区块链行业发展乱象丛生,"链圈"和"币圈"混为一谈,社会大众对区块链技术应用价值认识不足,部分地区和人员仍存偏见,甚至谈区块链色变、一棒子打死,过分放大区块链技术的安全、监管、合规等问题,特别是政府机构、金融行业人员,对区块链认知参差不齐。

(三)法律层面:区块链应用法律风险不容忽视

国内区块链平台底层大多使用国外开源程序,存在一定的技术依赖性,需要遵守开源服务提供方组织注册地司法辖区的相关法律法规,在当前贸易保护主义抬头的背景下存在较大法律风险。对金融领域的区块链应用,在链上资产、数字权益拆分、金融智能合约、分布式平台的经济责任主体认定等诸多方面,还有不少法律障碍和真空地带。

(四)技术层面:标准规范和安全性能尚未成熟

由于分布式系统共识机制、区块链底层协议、网络传输协议等技术尚未完全成熟,区块链产品测试工作大多仅在局部或各自独立的商业生态内开展,专门评价机构和专业人才非常缺乏,对区块链技术的行业标准、性能效率、可扩展性、安全性等问题缺乏公正的第三方评价机制,测评指标各自为政，缺乏权威机构认证，不利于区块链技术应用落地。区块链技术对复杂的金融业务场景支撑仍不够稳定，安全性能也存在瑕疵。比如区块链智能合约还有不少程序代码漏洞，一旦落地，运行出现问题将会造成不可挽回的损失。

（五）应用层面：金融业务场景落地推广比较乏力

从发展趋势看，区块链技术应用推广正在加快步伐，国内各大金融机构、知名电商平台和技术企业都在纷纷上线区块链项目，各种"链"不断涌现。但现实中，布局区块链的企业投入资源仍然有限，主要应用于非核心业务领域，应用场景处于初级阶段，特别在金融领域，传统的金融信息系统已很成熟，加上金融高风险、强监管，金融机构没有足够热情和动力去推动技术创新。同时区块链在当前缺乏有效的数据治理和监督，金融数据上链前可能弄虚作假，真实性和完整性无法保证，这些都造成了区块链应用局部试点多，应用推广比较乏力。

四　区块链赋能粤港澳大湾区国际金融枢纽建设的对策建议

区块链金融作为数字经济发展的重要组成部分，将成为广州推动经济创新发展、实现可持续发展的新引擎。为切实有效推动区块链技术赋能金融，助力粤港澳大湾区国际金融枢纽建设，广州可立足产业实际，基于区块链技术带来的思想升级，一手抓区块链技术在金融领域的合理应用，一手抓区块链衍生的金融风险防控，探索构建区块链金融"五大中心"的发展体系。

（一）逐步完善制度体系，加大政策扶持力度

在系统梳理现有金融科技政策体系的基础上，研究出台推动区块链技术在金融领域合理应用的框架实施意见，推动落实区块链技术发展的扶持政策，规范金融领域的区块链技术应用场景，引导银行、证券、保险等各类金

融机构合理运用区块链技术，鼓励区块链技术研发团队，针对金融行业现有和潜在的应用方向，开展"区块链＋金融"技术标准、技术规范的研究制定，形成一套科学可行的技术标准规范体系，为广州区块链金融发展营造良好政策环境。

（二）强化风险防控意识，明确金融创新边界

一是探索建立区块链金融监管沙盒，形成符合区块链技术特性的金融创新产品监管制度和监管模式，在风险可控的前提下探索区块链金融创新，积累可复制推广的经验。二是充分利用监管科技手段，打通区块链金融平台系统与现有金融风险监测防控平台的实时链接，实现对链上链下信息的实时监控，充分利用监管科技防范区块链金融风险隐患。三是及时跟踪区块链技术更新对现有金融市场结构、风险管理模式、监管及法律框架产生的影响，明确新兴技术对现有法律和监管规则的适用性问题。四是在中国人民银行相关指引框架内积极开展区块链金融创新的相关研究，特别是将"币"与"链"区分对待，坚决打击以"区块链金融创新"的名义，从事"虚拟货币"等各种非法金融活动，守住不发生系统性金融风险的底线。

（三）建设区块链赋能金融国际展示中心

依托广州市国家绿色金融改革创新试验区、国家产业金融示范区、供应链金融试点等区域先行先试的优势，重点关注区块链技术在中小企业融资、企业信用信息共享等领域的应用，推动广州"地方金融＋区块链＋中小微企业征信"共享平台建设，切实利用区块链技术解决好中小微企业融资难、融资贵的问题。积极借鉴国际先进区块链技术应用经验，探索开展多种形式、多个领域的双边或多边示范性项目合作，形成具有国际前瞻、可复制推广的实践经验。

（四）设立粤港澳区块链产业投资基金中心

依托广州区块链产业集聚区设立粤港澳区块链产业投资基金中心，给予

专门扶持政策，形成资金聚集效应。鼓励股权投资机构发起设立区块链领域投资基金，鼓励利用现有政府投资基金设立区块链产业子基金。支持合格境外有限合伙人（QFLP）开展区块链项目投资，支持建设面向中小企业的区块链项目孵化平台，引导社会资本稳步推动粤港澳区块链产业发展壮大。

（五）建设湾区数字金融科技创新联合发展中心

依托广州作为国家金融科技创新监管试点城市的有利条件，充分利用粤港澳地区科研力量的国际化优势，联合粤港澳地区科研机构和国内外技术研发团队，打破区域限制和技术壁垒，逐渐掌握区块链核心技术，推动优化底层平台、标准规范、基础设施等技术创新，专注开展区块链技术等数字科技在金融领域的应用场景实验和监管创新，并与金融机构广泛开展落地合作，提升技术自主创新和原创能力，推动区块链技术在金融领域应用落地。

（六）成立地方数字金融与区块链政策研究中心

充分利用粤港澳大湾区政策优势和智力资源，与国内外知名研究机构、智库深入合作，联合数字经济专家、区块链技术专家、金融行业专家，跨领域、跨行业开展理论基础、金融政策和法规制度研究，形成一批前瞻性、理论性、实用性很强的政策研究成果，为区块链技术在金融领域合理应用提供前沿资讯和理论支撑。强化区块链技术基础研究，扎实练好内功，结合自身产业基础和发展定位，深入研究区块链应用和底层技术，推动区块链底层平台的持续优化。

（七）建立国际金融与区块链交叉学科培训中心

充分发挥粤港澳大湾区优质院校资源，通过行业协会、联盟等平台引进高级人才，跨学科设置教学内容和培养体系，加强技术与金融的复合型人才培养，建立初、中、高级多层次人才培养梯队。鼓励金融机构、区块链研究机构及智库、区块链企业等设立高校实习和培训基地等，形成产学研相结合

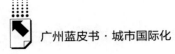
的联合培养机制，为政府监管部门、金融机构、技术公司等各类相关主体输出优质的复合型应用人才。

参考文献

《习近平在中央政治局第十八次集体学习时强调　把区块链作为核心技术自主创新重要突破口　加快推动区块链技术和产业创新发展》，《北京人大》2019 年第 11 期。

朱嘉明、李晓、柏亮等：《数字货币蓝皮书（2020）》，中国工人出版社，2020。

刘江宁、陈贞吉：《关于供给侧结构性改革的研究》，《经济研究参考》2020 年第6 期。

翟杜平等：《区块链技术：应用及问题》，《西安邮电大学学报》2018 年第 1 期。

梁国柱：《区块链技术在金融行业的应用前景分析》，《企业科技与发展》2020 年第 2 期。

冯贺霞、韦放：《金融科技（FinTech）助力普惠金融发展》，《山西农业大学学报》（社会科学版）2018 年第 9 期。

王莹：《区块链对金融业的影响与展望》，《吉林金融研究》2016 年第 12 期。

张伊伊：《区块链在商业银行中的应用探究》，《对外经贸》2018 年第 6 期。

王洋、于君：《区块链技术行业运营模式及产业发展研究》，《调研世界》2020 年第 6 期。

柯建飞：《区块链在金融中的实践与思考》，《广西师范大学学报》（哲学社会科学版）2020 年第 1 期。

Codruta Boar and Andreas Wehrli, *Ready, Steady, Go? —Results of the Third BIS Survey on Central Bank Digital Currency*, BIS Papers No. 114, January 2021.

Agustín Carstens, *Digital currencies and the future of the monetary system*, Hoover Institution Policy Seminar, January 2021.

交往与传播篇

International Exchanges and Communication

B.10
广州建设国际交往中心，
营造"十四五"发展良好环境*

鲍雨　伍庆**

摘　要：　广州建设国际交往中心始终具有坚实的基础优势，将在"十四五"时期迎来我国对外开放持续扩大、中国特色大国外交新作为、高质量共建"一带一路"、粤港澳大湾区建设提速等有利机遇。广州应在优化工作机制、参与国际平台、拓展友城网络、擦亮活动品牌、传播国际形象、发挥华侨作用等方面采取举措，以建设更高水平的国际交往中心服务构建新发展格局，为营造"十四五"时期更加良好的外部环境做出更大贡献。

---

　*　本文为广州市哲学社会科学发展"十四五"规划 2021 年度课题《广州建设国际交往中心的功能定位及指标体系研究》（课题编号：2021GZYB08）阶段性成果。

　**　鲍雨，广州市社会科学院城市国际化研究所助理研究员，研究方向为公共外交；伍庆，广州市社会科学院城市国际化研究所所长、研究员，研究方向为全球城市、国际交往。

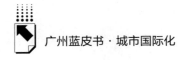

关键词： "十四五"时期　国际交往中心　新发展格局　广州

当今世界正在经历百年未有之大变局，在新冠肺炎疫情冲击下，逆全球化趋势日益加剧，并对原有国际循环体系构成严峻挑战。《中华人民共和国国民经济和社会发展第十四个五年规划和2035年远景目标纲要》（以下简称"十四五"规划）强调，要推进各领域各层级交往，推动构建新型国际关系和人类命运共同体，积极营造良好外部环境。国际交往中心作为国内外资源集聚、配置、流动、合作的枢纽，一方面将在构建新发展格局背景下担当推动国内国际双循环的重要支撑，另一方面也能够通过促进中外政策观念对接、民间友好往来等方式，成为维护和塑造我国良好外部环境的有力抓手。进入"十四五"时期，广州建设国际交往中心被赋予更高的历史使命，应牢牢把握时代机遇，采取精准举措，推动国际交往中心建设迈上新台阶，为服务构建新发展格局做出更大贡献。

一　"十三五"时期广州推进国际交往工作的成效

近年来，广州牢牢把握建设"一带一路"、粤港澳大湾区机遇，在增强国际交往动力、培育国际交往载体、拓展国际交往格局、扩大国际交往影响、优化国际交往环境等方面取得多项成就，为进一步强化和提升国际交往中心功能、推进全方位高水平对外开放合作奠定扎实有力根基。

（一）建设开放型经济体系，国际交往动力显著增强

"十三五"以来，广州积极融入国家发展大局，开放型经济向多领域高层次发展，加大营商环境改革力度，为经济社会发展注入强劲动力。开展全产业链招商，举办国际投资年会等高端招商活动，引进世界500强、中国500强企业和占据产业链核心的"单打冠军""隐形冠军"等高端优质企业，在穗投资的世界500强企业达309家。实际利用外资328.3亿美元，比

"十二五"期间增长 35.8%，其中 2020 年近 500 亿元，增长 7.5%，规模创历史新高。进出口贸易结构持续优化，贸易新业态蓬勃发展，跨境电商进口总值连续五年居全国第一。广州对"一带一路"沿线进出口年均增长4.1%，沙特吉赞经济城、乌干达中国（广东）国际产能合作工业区等一批境外企业园区建设取得实质性进展，累计投资超过 3.5 亿美元。

表1 "十三五"时期广州市进出口贸易情况

年份	累计（亿元）			同比（%）		
	出口	进口	进出口	出口	进口	进出口
2016	5187.1	3379.9	8566.9	3.0	3.3	3.2
2017	5792.2	3922.2	9714.4	12.3	16.0	13.7
2018	5607.5	4204.1	9811.6	-3.2	7.2	1.0
2019	5258.3	4737.8	9995.8	-6.2	12.7	1.9
2020	5427.7	4102.4	9530.1	3.2	-13.6	-4.8

资料来源：广州市商务局。

广州聚焦营商环境建设体制机制创新，先后实施营商环境 1.0、2.0、3.0 改革，在简政放权、优化服务、降低成本、促进投资和贸易自由化便利化等方面先行先试，实现现代化国际化营商环境出新出彩。国家营商环境评估所有 18 项指标广州均获评标杆，获得电力、跨境贸易等 4 项指标入选全国最佳实践，政务服务指标排名全国首位。

（二）升级交流合作平台，国际交往载体日益丰富

通过搭建一系列重大国际活动平台，广州作为国际知名会议目的地、国际会展之都的地位不断巩固，对外文化交流门户、世界级旅游目的地名片持续擦亮。"读懂中国"国际会议（广州）、从都国际论坛、中国法治国际论坛、世界航线发展大会、世界港口大会、世界超高清视频产业发展大会等高规格活动推动高端要素集聚，中国创新创业成果交易会、中国生物产业大会、国际金融论坛等永久落户，海交会、海博会、广交会、金交会等系列展会品牌效应不断放大，国际资源配置能力进一步增强。文化旅游蓬勃发展，

2017 年以来连续举办广州"文交会",规模、层次、集聚度不断扩大和提高,形成中国(广州)国际纪录片节、中国(广州)国际演艺交易会、中国国际漫画节、广州国际艺术博览会等知名品牌。持续举办广州马拉松赛、广州国际龙舟赛等体育赛事,推动世界体育名城建设。全面实施"144 小时过境免签"政策,"夜间经济"发展迅速,邮轮旅游稳居全国第三,大湾区旅游资源进一步整合。

(三)筑牢伙伴关系网络,国际交往格局更趋完善

广州积极推进国际城市间交流合作,深度参与和引领全球城市治理创新,扩大友好网络格局。发挥世界大都市协会主席城市、世界城地组织世界理事会和执行局城市等作用,搭建"广州奖"、全球市长论坛、国际城市创新领导力研讨班等交流交往平台,成功加入世界城市文化论坛等国际组织,深耕各领域城市合作。友好城市拓展战略成效凸显,2019 年迎来开展国际友好城市工作 40 周年,截至 2020 年底国际友城数量达 87 个,友好城市—友好城区—友好港口—友好机构"四位一体"交往格局不断完善。友城交流平台和机制建设取得显著进展,国际友城文化艺术团、国际友城大学联盟、国际友城足球交流活动、中外友人运动会等形成品牌,广州—法兰克福—里昂、广州—奥克兰—洛杉矶三城合作机制取得突破。

表 2 "十三五"期间广州结好国际友城一览

结好时间	城市名称	国家	友城性质
2016 年 10 月 14 日	波哥大	哥伦比亚	国际友好合作交流城市
2016 年 12 月 7 日	热那亚	意大利	国际友好合作交流城市
2017 年 6 月 20 日	圣地亚哥	智利	国际友好城市
2017 年 6 月 20 日	蒙特利尔	加拿大	国际友好合作交流城市
2017 年 9 月 4 日	特拉维夫－雅法	以色列	国际友好合作交流城市
2017 年 9 月 7 日	比雷埃夫斯	希腊	国际友好合作交流城市
2017 年 9 月 11 日	地拉那	阿尔巴尼亚	国际友好合作交流城市
2017 年 10 月 30 日	帕多瓦	意大利	国际友好合作交流城市

续表

结好时间	城市名称	国家	友城性质
2018 年 5 月 28 日	里约热内卢	巴西	国际友好合作交流城市
2018 年 11 月 27 日	蒙巴萨郡	肯尼亚	国际友好城市
2018 年 12 月 7 日	戈尔甘	伊朗	国际友好合作交流城市
2018 年 12 月 7 日	阿依纳帕	塞浦路斯	国际友好合作交流城市
2019 年 4 月 6 日	蒙得维的亚	乌拉圭	国际友好合作交流城市
2019 年 7 月 11 日	安卡拉	土耳其	国际友好合作交流城市
2019 年 7 月 18 日	奥克兰	美国	国际友好合作交流城市
2019 年 10 月 25 日	达尔文	澳大利亚	国际友好合作交流城市
2019 年 11 月 1 日	布拉柴维尔	刚果（布）	国际友好合作交流城市
2019 年 11 月 1 日	佐法尔省	阿曼	国际友好合作交流城市
2019 年 11 月 1 日	爱丁堡	英国	国际友好合作交流城市
2019 年 11 月 1 日	釜山	韩国	国际友好合作交流城市
2019 年 12 月 15 日	海德堡	德国	国际友好合作交流城市
2020 年 1 月 16 日	阿布扎比	阿联酋	国际友好合作交流城市
2020 年 9 月 2 日	基辅	乌克兰	国际友好合作交流城市
2020 年 10 月 12 日	耶拿	德国	国际友好合作交流城市
2020 年 11 月 11 日	槟岛	马来西亚	国际友好合作交流城市
2020 年 11 月 11 日	巴拿马城	巴拿马	国际友好合作交流城市

在穗国际机构网络不断拓展，截至 2020 年底外国驻穗总领事馆达 66 家，领馆桥梁作用日益强化，创造各国与穗合作发展机遇。驻外机构网络布局步伐加快，全市 57 个各类驻外机构工作统筹推进，"联点成网"规模初步彰显。民间友好交往新力量迸发，世界广府人恳亲大会、新华侨华人广州行等品牌活动效应放大，成功举办首届华侨华人粤港澳大湾区大会，海外华侨华人联系网络不断织密。缔结中小学国际友好学校 88 对、穗港澳姊妹学校 271 对，教育国际交流实现常态化。

（四）开展城市形象传播，国际交往影响大幅提升

广州成功打造了一系列文化品牌活动，塑造城市国际形象，推动广州故事走向世界。"广州文化周"足迹踏遍 20 多个国家和地区，促进广府文化和西方文化交融互鉴。"我们，广州"精彩亮相重大国家会议，有效展示宣传城市文化软实力。"丝路花语——海上丝绸之路文化之旅"宣传体系成型，促进

海上丝绸之路文明传播。粤港澳大湾区文化旅游一体化发展加快，穗港澳三地文化交流互动深入频繁，"穗港澳青少年文化交流季"系列活动全面铺开。

表3　广州举办中外友好交流故事会一览

故事会	时间	举办背景	故事会主题	选题联结点
中国-巴布亚新几内亚（莫尔兹比港）	2018年11月12日	习近平主席出席亚太经合组织（APEC）第二十六次领导人非正式会议并对巴新进行国事访问	把握包容性机遇，拥抱数字化未来	民间友好交往带动政企合作
中国-文莱（斯里巴加湾）	2018年11月15日	习近平主席对文莱进行国事访问	传承友好情缘，共享开放成果	人文交往密切，两国交好历史悠久
中国-巴拿马（巴拿马城）	2018年11月21日	中国和巴拿马建交一周年，习近平主席对巴拿马进行了国事访问	一带一路连中巴，合作共赢谋发展	广州花都是巴拿马侨乡
中国-韩国（首尔）	2019年6月10日	配合G20峰会的"魅力中国—广东文化周"活动	深化合作交流，促进民心相通	中韩经济、文化交流频繁
中国-日本（大阪）	2019年6月12日	配合G20峰会的"魅力中国—广东文化周"活动	新时代新视角，共进发展新格局	友城情愫、文化交融和产业共进
中国-意大利（米兰）	2019年9月4日	"读懂中国·广州国际会议"宣传	共叙中意友好故事，谱写中意友谊新篇章	中意再续丝路之缘
中国-希腊（雅典）	2019年9月6日	"读懂中国·广州国际会议"宣传	携手多彩文化，加强文明交流互鉴	两个古老文明的对话
中国-西班牙（马德里）	2019年9月8日	"读懂中国·广州国际会议"宣传	"一带一路"促进中西多领域全方位合作	广交会、广式点心、足球促成的老朋友情谊
中国-希腊（雅典）	2019年10月31日	配合习近平主席对希腊进行国事访问的中宣部"从水墨中来——中国动漫希腊行"活动	中希文化艺术友好交流	加强人文交流，巩固和增进传统友谊

积极配合APEC峰会、G20峰会、金砖国家峰会等元首外交活动，嵌入世界经济论坛、博鳌亚洲论坛、中国发展高层论坛等重大平台，推介各领域发展成就，提升广州国际显示度。2017年把握承办《财富》全球论坛机遇，

策划实施精细化、精准化全球路演。2018 年成功举办城市形象国际传播年和国际品牌提升年系列活动，海外迎春花市在多地上演，塑造"世界花城"形象。2018～2019 年，广州先后开展中国与巴拿马、巴布亚新几内亚、文莱、韩国、日本、意大利、希腊、西班牙等八国友好交流故事会，实现用国际语言讲好中国故事，传唱友谊之歌。

（五）提升门户枢纽功能，国际交往环境不断优化

广州着眼打造国内大循环中心节点城市和国内国际双循环战略链接城市，系统提升枢纽门户城市能级。积极强化国际综合交通枢纽功能，白云国际机场第二航站楼、商务航空服务基地建成投入使用，2019 年白云国际机场旅客吞吐量 7339 万人次，从全球第 17 位提升至第 11 位，2020 年跃居全球第 1 位。广州港已成为大湾区通往非洲、地中海和亚洲地区的重要枢纽港，在新华－波罗的海国际航运中心指数中排名上升至全球第 16 位，南沙港区三期、广州港深水航道拓宽工程、南沙国际邮轮母港等建成启用，港口货物、集装箱吞吐量在"十三五"期间分别由全球第 6、7 位提升到第 4、5位。国际铁路物流枢纽初具规模，广州中欧班列自 2016 年开行以来已开通中欧、中亚班列线路 6 条，2020 年 5 月实现首次回程"带货"，11 月首次实现年运营列数突破 100 列。国际化服务水平显著提升，全市公共场所英语标识规范化标准化建设取得成效，多语种服务热线 960169 开通，并与政府、企业公共服务及应急热线建立联通工作机制。涉外便民服务不断创新，设立大湾区首个外国高端人才"一窗式"服务窗口，推进 APEC 商务旅行卡办理便利化，全市 98 个外国人管理服务工作站全面铺开，有效增强外籍人士融入感。探索国际化社区建设试点，提升市民国际化素养，培育与国际大都市地位相匹配的人文精神气质。

二 "十四五"时期广州建设国际交往中心的机遇

"十四五"时期，世界百年未有之大变局与中华民族伟大复兴的战略全

局深度联动，我国将进入新发展阶段，总体上仍然处于重要战略机遇期，城市国际交往也面临重大机遇。广州应抢抓实施双循环战略蕴藏的巨大机遇，将自身发展与外部环境有机统一起来，以实际行动践行人类命运共同体理念。

（一）我国对外开放合作迈上新台阶

新发展格局强调"以国内大循环为主体"，但"国内国际双循环相互促进"也至关重要，目的是通过发挥内需潜力，使国内市场和国际市场更好联通，更好利用国内国际两个市场、两种资源，实现更加强劲可持续的发展。党的十九届五中全会强调，要"坚持实施更大范围、更宽领域、更深层次对外开放，依托我国大市场优势，促进国际合作，实现互利共赢"。以开放促改革、促发展，是我国改革发展的成功实践，要坚定不移实施对外开放的基本国策、实行更加积极主动的开放战略，为经济社会发展注入新动力、增添新活力、拓展新空间。在国际秩序格局加速演变与新冠肺炎疫情蔓延的背景下，团结合作，凝聚更多国际共识，使人类命运共同体理念不断深入人心。我国全面提高对外开放水平，加快推动形成以国内大循环为主体、国内国际双循环相互促进的新发展格局，不仅将为中国与世界各国开展多层次、宽领域的友好交往带来更大机遇，也将为城市层面的国际交往合作带来更多可能。

（二）中国特色大国外交开启新征程

面对全球化与逆全球化交织碰撞的复杂趋势，中国特色大国外交攻坚克难、砥砺前行，积极推动构建新型国际关系，推动全球治理体系朝着更加公正合理的方向发展。中国已与越来越多的国家建立双边友好关系，与各方就打造周边、亚太、中国—东盟、中非、中阿、中拉命运共同体等达成共识，元首"云外交"成为中国外交新亮点。"十四五"规划强调，我国将继续积极发展全球伙伴关系，坚持多边主义和共商共建共享原则，维护以联合国为核心的国际体系和以国际法为基础的国际秩序，共同应对全球性挑战，落实联合国 2030 年可持续发展议程。地方外事工作作为党和国家对外工作的重要组成部分，对推动全球治理体系变革、服务国家总体外交大局、促进地方经济社会发展具有至关重要的意义。在国家总体外交布局指引下，地方外事工作也必将在国际交往中承担起更加重要的角色和使命，在新时代中国特色大国外交新征程上担当排头兵。

（三）共建"一带一路"步入新阶段

"一带一路"倡议是我国应对国际形势深刻变化和发展新任务新要求做出的重大决策，是实现世界共同繁荣发展的中国方案，也是构建人类命运共同体的伟大实践。"十四五"规划指出，要加强发展战略和政策对接，推进基础设施互联互通，深化经贸投资务实合作，架设文明互学互鉴桥梁，推动共建"一带一路"高质量发展。当前，共建"一带一路"已经取得了丰富成果，正式从谋篇布局的"大写意"转入精耕细作的"工笔画"阶段，为中国与沿线各国多边合作、互利互惠持续发挥重要平台作用，也为城市发挥"一带一路"枢纽节点作用创造有利契机，中心城市、节点城市、枢纽城市在联动国内外交往方面的价值将进一步凸显。作为"一带一路"重要枢纽城市，高质量共建"一带一路"将促使广州充分发挥自身的枢纽联通功能，为国际交往中心建设汇聚更多有利资源与动能。

（四）大湾区国际交往拓展新空间

《粤港澳大湾区发展规划纲要》的正式发布，对推动港澳与内地、国际和国内的资源流动、协调发展起到重要作用。粤港澳大湾区位于"一带一路"中"海上丝绸之路"的重要节点，与《区域全面经济伙伴关系协定》（RCEP）的 10 个东南亚国家具有地缘联系，粤港澳地区的国际交往始终频繁活跃，也成为我国对外交往的窗口和名片。建设粤港澳大湾区和支持深圳建设中国特色社会主义先行示范区，对大湾区进一步深化对外开放、提升国际交往合作水平释放"双区"驱动效应。"十四五"规划强调，要支持港澳更好融入国家发展大局，高质量建设粤港澳大湾区，支持港澳同各国各地区开展交流合作。在构建新发展格局下,粤港澳大湾区在政策、资本、人才、信息、文化认同等方面具有不可复制的独特优势,能够成为推动国内国际双循环格局的重要载体。广州作为祖国的"南大门"和粤港澳大湾区发展的核心引擎,在推进大湾区建设国际一流湾区和充满活力的世界级城市群的过程中,国际交往中心建设也将迎来更加广阔的辐射空间。

三 广州建设国际交往中心,营造"十四五" 发展良好外部环境的对策建议

广州应以建设更高水平的国际交往中心为抓手,在优化外事工作体制机制、深度参与国际组织平台、广泛拓展友城伙伴网络、擦亮文化活动交流品牌、强化城市国际形象传播、激活华侨华人桥梁作用等方面采取举措,为服务构建新发展格局,营造良好外部环境提供助力。

(一)提升涉外工作能力,服务国家发展大局

广州要进一步提高外事工作政治站位,优化建设国际交往中心顶层设计,增强对国家重大外交外事活动的服务保障能力和参与水平,推进外事领域治理体系和治理能力现代化。争取承办国家重要主场外交活动,在活动框架内就各国共同关心的新议题创设分论坛,发掘中国与世界友好合作交流的新维度、新领域。持续办好"读懂中国"广州国际会议、从都国际论坛等重大活动,推动更多国家重大外事活动在广州落地生根。更加有力有效统筹协调各级各领域对外工作,整合各区对外交流合作与涉外服务资源,巩固全市"大外事"工作理念与格局,增强国际交往中心建设合力。

(二)深度参与国际组织,巩固高端交流平台

充分发挥广州作为世界大都市协会主席城市作用,创新世界大都市协会亚太区办公室运作模式,引领和推动组织与会员城市合作发展。强化与联合国专门机构交流,加快全球人道主义应急仓库和枢纽建设,与联合国人居署

合作开展全球试点城市规划设计实践，与世界银行共同推进中国可持续发展城市降温项目试点城市工作，加强与 C40 城市气候领导联盟、倡导国际地区可持续发展理事会、世界城市文化论坛等重点领域国际组织的合作，努力提升我国城市在世界舞台上的话语权。持续放大"广州奖"系列活动影响力，定期举办国际城市创新领导力研讨班，引领全球城市治理创新经验共享。提升全球市长论坛影响力，吸引更多国内外城市参与，探索设立全球市长论坛秘书处，在全球城市治理创新领域持续发声。

（三）拓展友城合作网络，提升全球伙伴关系

制定精细化友城结好策略，推动国际友城工作提质扩容，巩固拓展国际友好城市、友好港口、友好城区、友好单位"四位一体"友好城市关系网络，稳步增加友好关系数量，构建服务双循环新发展格局的国际友城工作体系。强化与驻穗领团沟通联系机制，精心组织"领团读懂广州"、领团见面会等活动，借助领团拓展与各派遣国友好互信、务实合作。拓展海外机构网络布局，完善科技创新合作办事处运作模式，链接全球城市创新网络，发挥驻外经贸联络处的纽带作用，拓展全球招商渠道和招商资源，用好广州文化旅游境外推广中心开展城市整体营销。

（四）打响人文活动品牌，擦亮文明互鉴窗口

积极参与"我的中国、我的年""欢乐春节""亲情中华"等国家重点文化项目，擦亮"广州过年，花城看花""广州文化周""丝路花语——海上丝绸之路申遗文化之旅"等对外文化交流品牌，开展粤剧，广东音乐曲艺，岭南木偶、杂技等岭南文化精品海外巡演及雕塑、书画、非遗展览展示活动，推动岭南优秀文化走出去。整合提升中国（广州）国际纪录片节、演交会、艺博会等品牌性文化展会，全面提升广州文交会对外影响力。继续办好国际帆船节、国际邮轮旅游文化节、国际美食节等国际性品牌节庆活动，增强受众关注度和参与度。打造特色文化节庆活动，办好广州迎春花市、广州民俗文化节、广府庙会等传统品牌活动，提升国际受众参与互动水平。

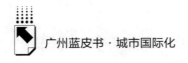

（五）扩展媒体交流渠道，增强品牌形象传播

强化城市国际品牌形象体系统筹策划，坚持双边思维和国家站位，深入挖掘各行各业与世界各国情感联结、合作共赢的鲜活事例，根据不同国家和地区、不同受众人群制定精准化、细分化国际传播策略。把握国家重大外宣场合、国际盛事举办等有利时机，深入重点国家开展中外友好交流故事会及配套交流活动，制作中国对外友好交往主题宣传片，形成"境内—境外—线上线下—动态深度"的全方位、立体化传播格局。借助参与世界经济论坛、博鳌亚洲论坛、中国发展高层论坛等国际重大会议契机，举办综合性文化展演、商务推介、旅游推介等活动，提升城市形象国际显示度。扩大与国内外主流媒体、社交媒体平台友好合作，推动开展更多跨境采访与交流。

（六）发挥华侨华人作用，搭建民间友好桥梁

继续加强与海外侨团侨社、侨商侨企、侨胞侨眷的交流联络，通过举办海外华侨华人社团中青年领袖研习班、海外华文教育师资培训班、港澳台中青年骨干培训班、归国留学人员理论研修班等各类培训班，举办海外中青年侨领广州创新创业体验活动、留学报国座谈会等活动扩展合作空间。依托"侨梦苑"平台，为海外人才来穗就业创业提供有利机会与良好条件，深化港澳青年创新创业基地建设。广泛开展主题鲜明、内容丰富的涉侨系列文化活动，举办"一带一路"及粤港澳大湾区华裔青少年"广府文化之旅"学习体验营，深化与华文媒体交流合作，打造广州侨文化品牌。

参考文献

习近平：《习近平谈治国理政》，外文出版社，2014。
习近平：《习近平谈治国理政（第二卷）》，外文出版社，2017。

习近平：《习近平谈治国理政（第三卷）》，外文出版社，2020。

杨洁篪：《倡导国际合作，维护多边主义，推动构建人类命运共同体》，《国际问题研究》2019 年第 2 期。

王毅：《不忘初心 接续奋斗 全力开拓中国特色大国外交新局面》，《求是》2020 年第 1 期。

王毅：《深入学习贯彻习近平外交思想不断开创中国特色大国外交新局面》，《求是》2020 年第 15 期。

陈健：《新时代全面开放新格局形成的现实逻辑与实践路径》，《江淮论坛》2020 年第 1 期。

刘波：《国际交往中心与"一带一路"倡议协同发展的战略措施》，《前线》2018 年第 3 期。

沈坤荣、赵倩：《以双循环新发展格局推动"十四五"时期经济高质量发展》，《经济纵横》2020 年第 10 期。

王一鸣：《百年大变局，高质量发展与构建新发展格局》，《管理世界》2020 年第 12 期。

王义桅、刘雪君：《"一带一路"与北京国际交往中心建设》，《前线》2019 年第 2 期。

伍山林：《"双循环"新发展格局的战略涵义》，《求索》2020 年第 6 期。

熊九玲：《对标初心使命 建设国际交往中心》，《前线》2019 年第 7 期。

杨长湧：《推进新发展格局下的高水平对外开放》，《开放导报》2020 年第 6 期。

B.11
境外英文媒体他塑视野下的
广州城市形象[*]

——2000～2020年涉穗报道的历时性分析

熊开容　刘　超　于文欣　吕梦婷　刘曼镁[**]

摘　要： 利用 Dow Jones Factiva 数据库中的816篇英文报纸新闻报道材料，对美国、英国、加拿大3个欧美发达国家，以及俄罗斯、印度、新加坡、泰国、卡塔尔、哈萨克斯坦、乌克兰、土耳其、希腊9个共建"一带一路"代表性国家的主要英文媒体2000～2020年间涉穗报道进行历时性分析，解构境外英文媒体他塑视野下的广州城市形象、趋势特征与国别差异，提出广州国际城市创新传播的策略与建议。

关键词： 城市形象　境外媒体　投射形象　历时性分析

---

* 本文为教育部人文社科研究项目（19YJA860010）、广东省哲学社会科学规划一般项目（GD19CXW02）、广东省普通高校省级重大科研项目（2016WZDXM025）的阶段性成果。

** 熊开容，广东工业大学环境科学与工程学院讲师、博士，研究方向为气候变化与国家形象；刘超（通讯作者），广东外语外贸大学新闻与传播学院教授，广州市人文社科重点研究基地"广州城市舆情治理与国际形象传播研究中心"副主任，研究方向为城市传播；于文欣，广东外语外贸大学新闻与传播学院硕士，研究方向为城市传播；吕梦婷，广东外语外贸大学新闻与传播学院硕士生，研究方向为城市传播；刘曼镁，广东外语外贸大学新闻与传播学院硕士生，研究方向为城市传播。

一 研究意义和研究设计

（一）研究意义

1. 城市形象研究的价值与发展现状

人类对城市形象的研究，折射出人们对人地关系的不断认识和对理想人居环境的美好憧憬。沿着林奇铺设的城市印象理论框架，研究者们将城市形象的内涵由实体景观扩展到社会文化和内在的精神心理层面，形成了城市形象研究的规划与设计、营销和传播三条路径。中国城市形象研究的发展趋势，将由城市形象的定位、规划、设计、营销，走向城市形象的想象、建构、再现、传播，并在有机融合相关理论的基础上，实现中国城市形象研究的本土化。

现阶段国内外的城市形象研究具有以下特点：从研究成果的学科分布来看，营销学、传播学在研究的广度、深度与系统性方面成果相对更加丰硕。从研究内容上看，近年来，随着品牌管理理论的日渐成熟以及品牌战略重要性广泛共识的日益凝聚，城市品牌化（City Branding）成为目前城市形象研究中最新锐的主题与流行话语。研究者的研究视域也已不再满足于对城市形象内涵的界定，测量模型及其指标的构建，以及城市形象与传媒关系、受众影响、重大节庆与活动、旅游目的地形象塑造、企业形象、产品形象、消费者产品评价及其购买意愿之间关系的探讨与鉴定，开始向微观的受众视角和纵深的基础性研究、策略性研究方向发展，逐步关注城市形象修复，消费者（受众）城市形象形成过程中的信息加工机制，刻板印象的影响机理、干预策略与逆转机制等问题的研究。

近10年来，广州城市形象研究处于比较活跃的状态，尤其是2010年针对广州亚运会与广州城市形象之间关系的研究形成了一个小高潮。整体而言，近年来相对深入、有代表性的广州城市形象研究主要围绕本地媒体"自塑"与域外媒体他塑中的广州城市形象，市民、游客以及在穗外国人眼中的广州城市形象感知等议题展开。这些研究对了解目前广州城市形象的现状及其挑战具有很好的参考价值，但也存在一定的局限性。一是与现阶段广州城市形象发展的新形式、新定位存在一定的时间差，政策指导的参考价值欠缺一些时效性与针对性。二是上述研究关注的样本范畴具有一定的局限性，所谓域外媒体实际仅限广东以外的国内媒体，国外游客及在穗外国人的调查结果在样本量和代表性上也都存在缺憾，尚不能完全满足"一带一路"背景下广州城市形象国际传播对精准把握境外媒体他者形塑及公众主观感知"实然"状况的需要。三是研究方法上，虽然内容分析、描述性统计分析、"重要性－表现"分析法（IPA）、结构方程模型分析等都得到了应用，但在了解广州城市形象的国际报道方面，具有很好的应用前景的大数据分析方法运用较少。四是研究视角与结论上，现有研究大多进行广州城市形象"是什么"（实然）和"应该是什么"（应然）的分析与探讨，但对"如何实现"基本仅限思辨层面的策略推荐，在理论层面的学理创新及对现实问题的有效解决上还欠缺一定的创建性。

2. 新时期推进广州国际城市形象建设的意义

广州作为古代"海上丝绸之路"的始发港，当代中国改革开放的前沿阵地，是跨国公司在我国投资的重点城市之一，同时也是国内外知名的商贸城市，国际城市形象塑造与传播对广州的全球城市发展具有重要的战略意义与现实需求。汲取全球优秀城市创新传播经验，更好地塑造广州城市形象，彰显城市特色，推动城市旅游商贸发展，推广和传播广州城市品牌，是广州进一步走向全国、走向世界，参与全球竞争的重要战略。

"十四五"时期，广州作为向世界展示我国改革开放成就的重要窗口、国际社会观察我国改革开放的重要窗口，城市发展仍处于可以大有作为的重要战略机遇期，也面临诸多新挑战。世界经济环境依然复杂，投资贸易规则深刻调整，广州发展面临的国际竞争将更加激烈。国家中心城市，国际航运中心、物流中心、贸易中心、现代金融服务体系和国家创新中心城市，这些都是新时期广州在千年商都、美食之都、广府文化、敢为人先、务实进取等既有城市形象基础上被赋予的新内涵，有必要通过战略规划系统描绘广州城市形象塑造的蓝图以及国际传播的科学路径、策略与方法。

3. 洞察境外媒体"他塑"形象的重要性

城市形象由城市自塑的本我实体形象、媒体选择性他塑的投射形象、公众形塑和构建的感知形象三个面向构成。其中，境外公众的中国城市形象感知很大程度会受到当地媒体他塑形象的影响，科学解构境外媒体镜像投射的广州城市他塑形象，是洞察广州城市形象创新传播的国际语境，制定国际传播战略与实现路径的基础和保障。

本文在广州制定"十四五"规划，积极推进"一带一路"建设，《粤港澳大湾区发展规划纲要》稳步推进，广州社会、经济、文化快速发展的当下，对部分欧美国家、"一带一路"沿线代表性国家的英文媒体 2000~2020 年间涉穗国际报道进行历时性分析，解构境外媒体他塑视野下的广州城市形象、趋势特征与国别差异，提出广州国际城市创新传播的策略与思路，对促进广州城市形象塑造、对外传播及其理论的系统研究具有一定的现实意义与应用价值。

（二）研究设计

1. 涉穗报道内容分析的样本来源

本文对广州城市形象进行国际报道内容分析所用的新闻媒体报道材料，主要收集自 Dow Jones 旗下的 Factiva 数据库。Factiva 中的媒介监测（Media Monitoring）平台模块能够提供成千上万的针对性新闻及详尽的数据，独家的新闻搜索系统透过关键词检索方块，强大、全面的 Boolean 搜寻器及 Factiva 专家检查，可以帮助用户回溯和发掘最新的新闻信息，快捷地取得精准的搜寻结果。

本次国际报道内容分析兼顾了不同地域的广泛性，除欧美发达国家外，重点关注和收集"一带一路"沿线的代表性国家，内容分析的原始材料仅限 2000~2020 年相关国家的英文版报纸媒体，通过关键词"Guangzhou"首先检索出题目中带有该词语的新闻信息后，进行进一步的数据冲洗，剔除重复或标题涉及但正文实际内容与广州关联度不高的原始素材，最后共 816 篇新闻报道材料被用于分析。实际分析的研究对象包括美国、英国、加拿大、俄罗斯、印度、新加坡、泰国、卡塔尔、哈萨克斯坦、乌克兰、土耳其、希腊 12 个国家。涉及美国的《纽约时报》（*The New York Times*）、《今日美国》（*USA Today*），英国的《金融时报》（*Financial Times*），加拿大的《全球电讯报》（*The Globe and Mail*），泰国的《曼谷邮报》（*The Bangkok Post*）、《国家报》（*The Nation*）等英文媒体。

2. 内容分析的编码体系构建

影响城市形象的因素是多方面的，包括政治、经济、社会、文化等。城市形象的组成要素包括城市景观形象、城市功能形象、城市经济形象、城市文化形象、城市政府形象、城市市民形象、城市市容形象和城市潜能形象等若干子形象。城市形象的结构可简要概括为城市理念形象、城市行为形象、城市视觉形象，这三部分结构与城市形象的各子系统相互融合交叉。在这 3 个一级维度的基础上，通过文献分析，进一步形成本次广州城市形象国际报道的内容分析编码体系，共包括 16 个二级维度：招商活动，科技进步，展览活动，城市对外活动，公关活动，体育赛事，城市内部对群体提供的优质服务，医学科技进步，文化宣传，政府政策，城市精神，经济与消费，城市内部对群体、个体的管理，城市发展规划和战略，城市性质，其他。

二 欧美发达国家主流媒体投射的广州城市形象

（一）广州在欧美发达国家主流媒体的关注度上与北京、上海存在明显差距

分析美、英、加三国报媒有关广州城市形象的新闻报道发现，作为国内的一线城市，与北京、上海相比，广州在国际上受关注及在境外主流媒体上的显示度还存在比较大的差距。数据显示，2000～2020 年，北京在《纽约时报》《今日美国》《金融时报》《全球电讯报》等英美主流媒体上的关键词出现频次均超过 3000 条；上海在上述媒体上的出现频次也大多

介于 800～2000 条，部分超过 3000 条，最少的为《今日美国》的 774 条。媒体显示度与北京、上海的全球城市地位相称，同时反映出北京作为中国政治、文化中心，上海作为中国经济、金融中心在全球范畴的知名度与广泛影响力。广州、深圳在英美主流媒体上的显示度分列国内城市的第三、四位。同期的报道频次上，广州大多介于 200～700 条，最多的是《纽约时报》的 685 条，最少的是《金融时报》的 217 条；深圳则相对更少，大多介于 100～600 条，最多的是《纽约时报》的 566 条，最少的是《今日美国》的 54 条。

表1 2000～2020 年4 座中国内地一线城市在部分欧美主流媒体报道中的出现频次

单位：条

	纽约时报	今日美国	金融时报	全球电讯报
北京	3000 以上	3000 以上	3000 以上	3000 以上
上海	3000 以上	774	3000 以上	1946
广州	685	483	217	240
深圳	566	54	360	158

（二）亚运会等重大国际活动在广州城市形象国际化发展中发挥重要作用

在上述三个国家中，广州在美国主流媒体的报道频次最多，其次为英国媒体。从时间维度而言，2010 年广州举办亚运会成为近 20 年欧美主流媒体涉穗报道量的转折点。数据显示，2000～2008 年欧美各国的涉穗报道量还处在相对低位，2009 年开始各国针对广州的报道数量开始增多，且重复报道同一事件概率较低，媒体的关注点开始增多，2010 年达到峰值，2011 年开始各国媒体对广州的报道量虽然逐渐减少，但下降趋势不是特别明显，与头十年相比保持或呈现出相对高位的整体趋势（见图1）。说明随着广州城市综合实力的增长、对外传播工作的重视与持续发力，其国际显示度与全球影响力确实有了长足的进步与提升。

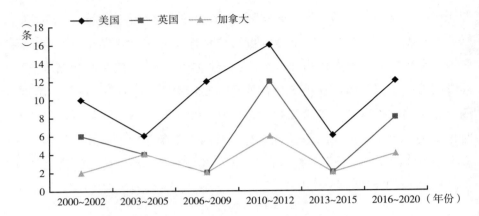

图1　美、英、加主流媒体对广州城市形象的报道量（2000～2020年）

资料来源：Factiva数据库，作者根据研究设计整理得出。

（三）欧美主流媒体他塑的广州城市形象带有鲜明的经济议题偏向

欧美发达国家对广州城市形象的建构一定程度上就是广州经济发展的时代缩影，相关媒体的报道主题正好记录了特定时点广州经济发展的热点问题。如2000年广州移动通信行业发展，2006年广州城市发展史与城市化问题，2009年广州地铁建设，2010年广州汽车市场前景、武广高铁通车，2011年广州人口剧增、基础设施与文化建设、经济文化发展，2012年广州交通与车辆限行、经济增长开始放缓，2013年广州企业销售成本与生产成本上升、工厂转移至国外、广州"一带一路"发源地与经贸作用，2015年广州快速公交、房产税问题，2016年广州中非经贸衰退等问题的报道与分析，反映出广州作为国际商贸中心、国内一线中心城市在欧美主流媒体视域下一定程度上的经济议题的关注度。

（四）欧美主流媒体他塑广州城市形象的议程设置偏见与刻板印象

欧美主流媒体的涉穗报道仍然带有明显的负面议题的设置倾向，对社会、政治、经济中的一些负面问题有比较多频次的选择性报道，比如2003年对非典问题的多篇幅报道，并指称中国政府在非典危机事件处理时信息不公开、缺乏公信力；2004 年对广州青少年犯罪问题的报道；2005 年因"苏丹红事件"引发的食品安全问题，并再次联系和映射中国政府两年前在非典期间的危机处理方式；2007 年汽车与燃料消耗引发的环保问题、工资与年轻人整体劳动力不匹配以及通货膨胀与物价上涨；2008 年的全国性雪灾与广州地区灾情问题。形成鲜明对照的是，英、美、加的主流媒体对广州亚运会、涉穗的"一带一路"讯息等具有较高国际关注度的重大事件采取了选择性忽视的处理方式。正反两个方面的对比，恰恰反映出欧美主流媒体在他塑广州城市形象时固有的议程设置偏见与刻板印象认知特征。

（五）欧美主流媒体他塑的广州城市形象维度趋向立体化与多元化

近十年来，欧美主流媒体建构的广州城市形象日益立体化，形象维度呈现出多元化的趋势。整体而言，2007 年以前对广州经济以正面报道为主，2007 年开始负面报道的倾向有所抬头，针对广州"一带一路"主题的相关报道较少。除经济议题外，文化方面的新闻报道数量有所增长并保持基本稳定，粤语文化、饮食有一定篇幅的报道。随着恒大足球的崛起与在亚冠赛场的出色表现，2013～2015 年恒大足球俱乐部在欧美主流媒体的报道中也得到了多次曝光。

三 共建"一带一路"国家英文媒体的广州城市形象建构与国别差异

（一）总体特征

本次针对广州的国际报道内容分析与城市形象建构研究重点选择了共建"一带一路" 9 个代表性国家，包括东南亚的泰国和新加坡、南亚的印度、西亚的卡塔尔、欧亚大陆架的土耳其、地中海地区的希腊、中亚的哈萨克斯坦、东欧的俄罗斯和乌克兰。

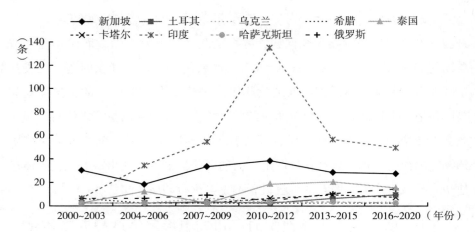

图 2 共建 "一带一路" 国家的英文媒体对广州城市
形象的报道量 （2000～2020 年）

资料来源：同图 1。

举办亚运会对广州吸引境外媒体关注、延伸城市形象声量具有突出的溢出效应。以 2010 年广州亚运会为分水岭，境外英文媒体对广州及其城市形象的关注度与报道率呈现出明显反差，涉穗报道覆盖的国家数量、频次及议题丰富性在 2010 年前后发生了显著的变化。成功举办亚运会成为广州迈向全球城市的重要标志，国际重大节庆活动对城市形象塑造与全球传播的效用价值得到有效印证。

"一带一路" 倡议带动广州城市形象国际化发展迈向新的高度、广度与深度。21 世纪以来的 20 年间，广州在 9 个相关共建 "一带一路" 国家中的关注度与出镜率体现出持续增长的良好发展态势，城市形象的对外传播力度与国际影响力有了显著增加和提升。整体而言，2001～2009 年，除印度、新加坡、俄罗斯对广州有较多篇幅的新闻报道，以及泰国、希腊有一定程度的关注外，其他国家英文媒体的显示度还非常有限。其中，印度媒体涉穗报道自 2004 年开始明显增加，2010～2013 年激增到峰值的 135 篇，并保持一定高位的报道量。2010 年广州亚运会后，涉穗报道的国家更加广泛，尤其是 "一带一路" 倡议提出后，除前述国家的持续报道外，卡塔尔、土耳其、乌克兰、哈萨克斯坦等更多的共建"一带一路"国家开始关注和报道广州的城市发展，成为广州全球城市发展与国际形象提升的有力证据。

以南亚、东南亚国家为龙头的境外英文媒体关注度与影响力具有典型的区域差异。就区域联系与影响力而言，对广州的关注度最高的主要是南亚的印度以及东南亚的新加坡和泰国，部分原因在于英语在相关国家的普及度较高，且是主要的官方工作语言之一，英文媒体具有较好的市场面与受众基础，涉穗的英文新闻报道较之其他非英语国家自然会有更高的刊发量。另外，2006年以来，随着广州与上述国家在文化、体育、旅游、经贸等领域交流与合作的日益紧密，对广州关注度及其报道量的增长也是全球化发展这一外部环境推动的结果。

境外英文媒体涉穗报道内容的选择偏好呈现出城市形象吸引力方面物质性大于精神性的显著特征。在上述国家所有涉穗报道所建构出的广州城市形象维度中，城市行为形象的塑造及其特质反映得最丰富和具象，城市理念形象次之，而城市视觉形象的表征与呈现有所欠缺。

（二）不同国家英文媒体他塑的广州城市形象与差异

就不同国家而言，其英文媒体对广州的关注重点及所呈现出的城市形象也存在或多或少的国别差异。

1. 印度英文媒体视野下的广州城市形象

334篇印度媒体对广州城市形象的报道主要聚焦于体育赛事、招商活动、科技进步三个领域。2010年广州亚运会的举办是借助重大体育赛事而成功开展的一次城市营销，为广州城市形象的国际宣传提供了难得的契机，收获了理想的城市形象传播效果。亚运会期间，印度媒体对广州亚运会进行了及时的跟踪报道，也为印度运动代表团在亚运会期间取得的良好成绩发出快讯。总体而言，印度媒体对广州的报道涵盖了相对更加丰富的领域与内容，各种国际性的体育赛事、广交会等招商活动、《财富》全球论坛等国际会展活动、医疗等领域的科技进步、快速的现代城市发展所带来的城市生活品质变迁等成为关注重点，岭南文化的对外传播、节庆等城市公关活动也有一定涉及。印度媒体的全面报道让印度及南亚周边地区的受众群体有机会更好地了解多样化的广州城市形象。

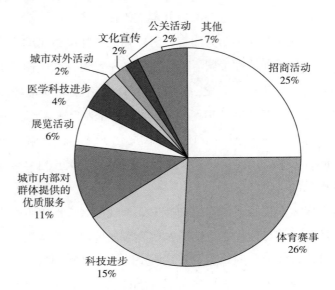

**图3 印度英文媒体视野下的广州城市形象报道
分布比例（2000～2020年）**

2. 泰国英文媒体视野下的广州城市形象

在69篇泰国媒体对广州城市形象的相关报道中，快速的现代城市发展所带来的城市生活品质变迁这一主题占据了接近1/3的媒体报道量；其次是双方日益紧密的招商活动，尤其是东南亚旅游热的快速增长以及广州和泰国间多条航线的开通，不仅为泰国带来了大量的国际旅游客源与经济收入，进一步增加了广州与泰国间的文化旅游交流与经贸往来，也说明广州等中国城市在社会、经济各方面所取得的成就众所瞩目，对东南亚国家具有越来越大的吸引力与区域影响力。总体而言，泰国媒体与印度媒体在对广州城市形象的报道议题设置上具有一定程度的相似性，一是全面，二是关注的形象维度和领域有较大程度的重合性。比较而言，泰国媒体对城市精神、文化宣传、政府政策等广州城市形象维度中的软性因素有相对较多的关注，说明地缘相近、文化相通也一定程度上影响到东南亚国家英文媒体近年来对广州报道的兴趣点与倾向性。

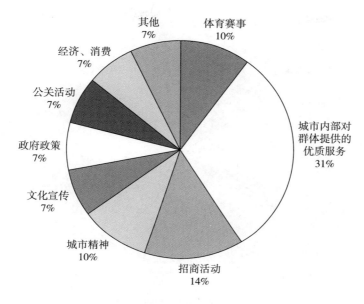

**图 4　泰国英文媒体视野下的广州城市形象
报道分布比例（2000～2020 年）**

3. 新加坡英文媒体视野下的广州城市形象

与泰国、印度媒体相类似，新加坡媒体对广州城市形象的关注度与曝光量在本次国际报道涉及的国家中居于前列，174 篇涉穗报道议题覆盖广泛，广交会等广州具有较高国际知名度和影响力的招商活动的报道数量最多，占比达到 41%；有关广州社会文化、政治经济，乃至城市精神等领域的城市形象维度都有涉及与建构，与希腊、哈萨克斯坦、乌克兰、土耳其等国家相对狭窄的媒体议题视域形成了鲜明反差，反映出东南亚国家基于地缘相近因素对广州的发展格外关注，尤其是新加坡等本身就与我国存在种族与文化渊源的多元化国家。广州在面向东南亚诸国推进"一带一路"倡议过程中的桥头堡作用及其区域影响力会体现地更加突出。

4. 俄罗斯英文媒体视野下的广州城市形象

俄罗斯与我国相邻且交好，因此 2000～2020 年间俄罗斯媒体对广州一直保持了密切的关注，其报道广州城市形象的议题覆盖面与印度、泰国、新

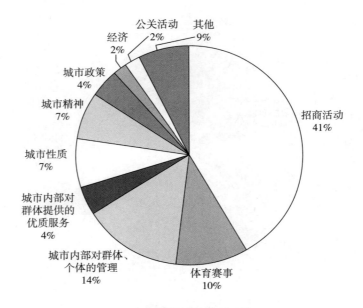

图 5　新加坡英文媒体视野下的广州城市形象
报道分布比例（2000～2020 年）

加坡相类似，49 篇涉穗报道呈现出较显著的多样性、均衡性，对广州的招商活动报道最多，占比达 24%；还涉及城市发展规划及战略、体育赛事、公关活动等众多领域。对广州亚运会、开通新航线、招商引资等媒体报道反映出 21 世纪以来广州与俄罗斯之间的联系日益紧密。

5. 卡塔尔英文媒体视野下的广州城市形象

2010 年以前，卡塔尔媒体对广州的关注与报道比较少，但自广州亚运会开始，其国内英文媒体对广州的报道量出现了显著增长，尤其是 2013～2015 年，我国建设"一带一路"，以及广州恒大在亚冠赛场上的优异表现，尤其是与卡塔尔俱乐部球队的直接竞争，引起卡塔尔媒体对相关体育赛事、快速的现代城市发展所带来的城市生活品质变迁、广交会等招商活动进行重点报道，虽然仅有 28 篇涉穗报道，在数量与力度还相对比较有限，城市形象覆盖的维度领域也比较狭窄，但在一定程度上向中东地区国家的受众群体展示了广州快速发展的现代化国际大都市的应有风貌。

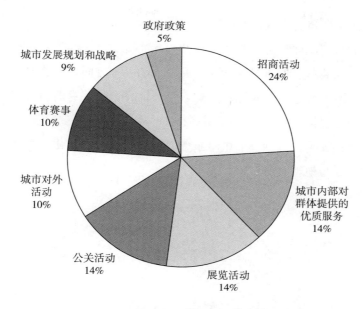

图 6　俄罗斯英文媒体视野下的广州城市形象
报道分布比例（2000～2020 年）

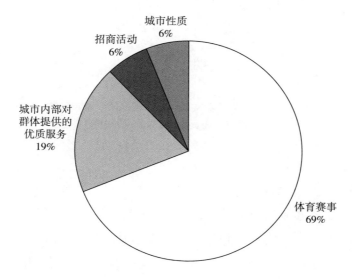

图 7　卡塔尔英文媒体视野下的广州城市形象
报道分布比例（2000～2020 年）

6. 哈萨克斯坦英文媒体视野下的广州城市形象

中亚的哈萨克斯坦英文媒体对广州城市形象的14篇报道主要聚焦于城市发展规划和战略、城市对外活动、展览活动三个方面，议题覆盖面相对狭窄，三个领域的报道量分布比较平均。整体而言，哈萨克斯坦英文媒体对广州城市形象的建构还主要停留在城市规划、经贸活动等要么偏向于宏观层面，要么直接关乎自身利益的中哈事务，对广州社会、文化、生活等微观层面问题的镜像与他塑有所忽略。

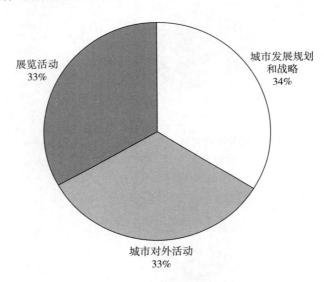

图8 哈萨克斯坦英文媒体视野下的广州城市形象
报道分布比例（2000～2020年）

7. 土耳其英文媒体视野下的广州城市形象

在10篇土耳其英文媒体涉穗报道中，对广州现代城市发展所带来的城市生活品质变迁方面的报道最丰富，占2010年以后涉穗新闻报道总量的50%；其次为广交会等国际招商活动。虽然整体上涉及广州城市形象的报道议题覆盖面比较狭窄，但对广州针对"一带一路"而开展的城市公关活动进行了一定的报道，反映出土耳其基于欧亚大陆连接节点的重要地位，其媒体对"一带一路"议题具有较高的敏感性与介入倾向。

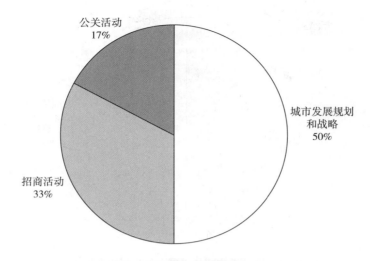

图9　土耳其英文媒体视野下的广州城市形象
报道分布比例（2000～2020 年）

8. 希腊英文媒体视野下的广州城市形象

希腊英文媒体相较于哈萨克斯坦，对广州城市形象的关注视域更加狭小，12 篇涉穗报道只涉及城市发展规划和战略、招商活动，作为欧亚连接点上具有代表性的南欧国家，希腊英文媒体对广州的报道在"一带一路"倡议提出后并没有出现明显增长。也从侧面说明，广州在欧洲国家的关注度和影响力还有很大提升的空间，通过进一步开通航线，加强文化交流与公关互动，强化双边经贸往来，有助于提升广州在"一带一路"欧洲沿线国家的国际影响力。

9. 乌克兰英文媒体视野下的广州城市形象

东欧的乌克兰媒体与哈萨克斯坦媒体相类似，对广州城市形象的报道同样主要涉三个方面，而且主要发布于 2013 年我国提出"一带一路"倡议之后，11 篇涉穗报道对广交会等国际招商活动、《财富》全球论坛等重大的国际交流活动有及时的跟进报道。区别在于，乌克兰英文媒体对广州现代城市发展所带来的城市生活品质变迁进行了多篇幅报道，塑造了更加丰富多彩的广州城市形象。

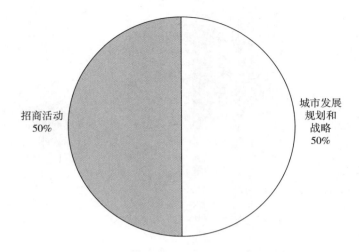

**图 10 希腊英文媒体视野下的广州城市形象
报道分布比例（2000～2020 年）**

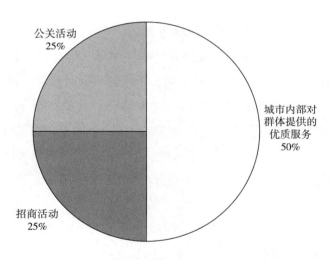

**图 11 乌克兰英文媒体视野下的广州城市形象
报道分布比例（2000～2020 年）**

（三）广州城市形象传播存在问题小结

近年来，广州经济活力持续提升，城市生态环境日渐优化，文化底蕴彰显，城市个性升华，城市综合功能日益增强。特别是 2010 年亚运会的成功举办，以及近年来接连承办《财富》全球论坛、世界航线大会等广受瞩目的国际盛会，极大地提升了广州的国际化城市形象。数据显示，与北京、上海相比，广州在国际上的能见度、受关注程度及在境外英文主流媒体上的显示度与声音份额都存在比较大的差距。受限于国家的城市战略定位、自身资源禀赋、历史积累与政策支持的差异，广州还难以在短期突破与上述领先城市在国际影响力层面的巨大差距和现实短板。

在国际公认的衡量城市国际化发展水平的"世界城市分级"排名中，广州被列为"全球城市"Alpha－，即区域性国际城市，认为广州的城市国际化发展水平与圣保罗、莫斯科、胡志明市等首都城市，以及曼彻斯特、釜山、洛杉矶等重要城市处于同一层级。由此可见，广州"现代化国际城市"的总体形象已经初步确立，但要迎头赶上前两个方阵，依然任重而道远。近年来，广州积极而为，通过举办广州国际城市创新奖，组织广州国际传播年系列活动，在全球投放广州城市形象宣传片等举措，加大广州国际城市创新传播的声音分量，取得了较好成效，如何进一步形成长效机制是未来需要解决的问题，而能让境外公众不仅"入眼""入耳"，还能"入心"则更具挑战性，需要在讲好"广州故事"的能力与策略上实现突破。克服城市形象对外传播效果"传而不广，知而不深"的局限。

四 提升广州城市国际形象的对策与建议

在新冠肺炎疫情全球肆虐、经贸交流等逆全球化思潮暗流涌动的当下，广州国际城市形象塑造与创新传播虽然充满挑战。但作为"两个重要窗口"的战略节点，广州在实现全球城市发展目标方面依然具有众多得天独厚的条件与优势，需要制定更有针对性的战略传播规划与策略思路。

（一）发挥境内外传媒机构在城市形象塑造与传播中的主力军作用，以实现高效的战略协同

媒体是城市形象塑造与传播的主力军，要树立省市级媒体在广州城市形

象塑造与对外传播中的形塑主体地位，明确职责，制定与城市形象管理目标、城市形象定位相一致的媒体报道整体规划与策略思路，提升本地媒体的城市形象塑造与对外传播素养以及国际传播能力。协调国家级主流媒体从事涉穗形象新闻的正面报道与传播，鼓励自媒体、新型社交媒体平台的 UGC 用户以生动形式制作和传播反映广州积极城市形象的内容产品，与境外华文媒体合作讲述和传播好"广州故事"。通过设立基金等方式鼓励境内外的影视、纪录片制作机构以广州故事、广州景观为主题或背景，制作更多具有广泛口碑的优秀作品；通过举办和参与"国际媒体论坛""广州国际纪录片节"等活动加强与全球媒体的交流、理解与合作，借助第三方媒体在国际上发出更多的"广州好声音"。

（二）广州的国际城市形象创新传播需要在传播地理路径的选择上更加具有针对性，以形成有效的战略梯度

作为"一带一路"的重要枢纽城市、粤港澳大湾区建设的核心城市，广州应把握地缘相近性、文化相似性，以及经济文化影响的现实优势，重点把东盟国家、印度等南亚国家、太平洋岛国，以及非洲相关国家纳入国际传播资源分配的优先级，重点开展创新性的传播实践活动，树立广州积极有为、具有战略合作伙伴价值的全球城市声誉与形象。在此基础上，渐次辐射至卡塔尔等中东国家以及土耳其、希腊等欧亚大陆架与南欧国家，进而向欧美、澳洲等地区的其他国家延伸。同时，要在城市形象的国际传播中树立"市场细分与目标市场选择"的实践理念，利用好跨文化传播的"长尾效应"，洞察境外核心受众的城市信息消费需求与偏好，开发和提供有针对性的城市形象内容产品，提升城市形象国际传播的效率与效果。

（三）利用重大国际体育赛事、节庆会展活动的"杠杆效应"，实现广州国际城市创新传播的整合效应目标

广州亚运会的成功举办与国际传播实践证明，充分利用重大国际体育赛事、节庆会展活动的"杠杆效应"，是实现广州城市传播声量、国际显示度与影响力几何式阶升的有效方式。广州可以发挥粤港澳大湾区核心城市的引领作用，探索联合域内周边城市申办国际盛会活动的可能性，借势实现广州全球城市发展的弯道超车。发挥广州近年来在国际城市交流舞台上的高出镜率与积极作为，加强与世界城地组织（简称 UCLG）、世界大都市协会（简称 Metropolis）、联合国教科文组织创意城市网络联盟等国际城市组织的合作，拓展更加深入的合作空间与创新模式，通过合纵连横实现国际城市创新传播的整合效应目标。

（四）针对广州国际城市创新传播的外部环境现实，把握好形象传播的调性，制定和采纳适宜的沟通方式与说服策略

在贯彻官方主导并保持足额传播声量的同时，理性看待官方"有为"与"无为"角色的辩证关系，恰当处理好追求声音份额、高投入的宏大叙事，与"大音希声，大象无形"、无为而治的城市形象国际传播至臻境界之间的平衡，鼓励更多自发于民间的"广州声音"与"广州故事"参与城市形象的国际传播，实现传播主体的多元化；淡化城市形象国际传播主体的官方色彩，选择性传播易于激发情感共鸣、产生文化探究力的内容产品；挖掘在境外公众具有认同度与亲和力的本土知名人物，作为国际城市创新传播的形象代言人，比如钟南山之于广州等，以最大化"晕轮效应"的借用价值。通过以上"润物细无声"的软性传播调性与方式，逐步克服西方语境下中国城市形象感知中固有的负面刻板印象。

参考文献

杨旭明：《城市形象研究：路径、理论及其动向》，《西南民族大学学报》（人文社会科学版）2013 年第 3 期。

焦爱英、郭伟、罗新波：《关于天津城市形象建设的探讨》，《经济师》2006 年第 5 期。

陈映、董天策：《本地媒体与城市形象之形塑：再现、场域与认同——以广州为个案的实证研究》，《城市观察》2012 年第 1 期。

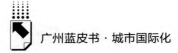

张丽平:《城市形象的"他者"再现:以域外媒体有关广州的报道为例》,《湖北社会科学》2013 年第 11 期。

陶卫宁、高志洋:《广州亚运会城市形象效应的居民感知及满意度:基于 IPA 法的研究》,《北京体育大学学报》2014 年第 3 期。

张海钟、姜永志:《区域刻板印象的心理学实证研究:以甘肃和内蒙古原著居民为研究对象》,《西华大学学报》(哲学社会科学版)2010 年第 3 期。

Ilona P. , et al. , "Measuring the resemblance Between Pictorial and Verbal City Image Spaces", *International Journal of Culture*, Tourism and Hospitality Research, 2012 (4): pp. 326 – 339.

Marc F. H. , et al. , "Activation of Country Stereotypes: Automaticity, Consonance, and Impact", *Journal of the Academy of Marketing Science*, 2013, 41: pp. 400 – 417.

Sebastian Z. , "How to Catch a City? The Concept and Measurement of Place Brands", *Journal of Place Management and Development*, 2011 (1): pp. 40 – 52.

Hamid Z. , et al. , "A Review on City and Country Brand Index", *Australian Journal of Basic and Applied Sciences*, 2013 (7): pp. 317 – 324.

Myfanwy T. , et al. , "Creative Dimensions for Branding and Regeneration: Overcoming Negative Perceptions of a City", *Place Branding and Public Diplomacy*, 2008 (1): pp. 29 – 44.

国际化案例篇

International Case Studies

B.12

广州地铁集团运营巴基斯坦拉合尔橙线 助力轨道交通产业"走出去"

朱聪 吉爽*

摘　要：　"一带一路"推动了沿线城市的发展，也加快了中国相关产业走出去的步伐，轨道交通行业更是迎来了行业暴发期。广州地铁集团承接巴基斯坦拉合尔轨道交通橙线运营服务，成为轨道交通产业"走出去"标杆项目之一。通过拉合尔橙线项目，广州地铁集团获得了宝贵的"走出去"运营经验，包括明确对外拓展经营目标，注重前后联动协同发展，保证工作方式实现"三通"，加强与当地使领馆的沟通，加快打造"一带一路"金名片等。展望未来，广州地铁集团致力于代表中国、服务"一带一路"，带动轨道交通产业链抱团出海，以切实行动服务构建国内国际双循环的新发展格局。

* 朱聪，广州地铁市场部产业拓展业务经理，研究方向为轨道交通产业；吉爽，广州国际城市创新研究中心研究助理。

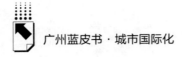

关键词： "一带一路" 广州地铁集团 拉合尔橙线 轨道交通

"互联互通"是共建"一带一路"的关键，中国是"一带一路"互联互通最大的贡献国之一，轨道交通产业是助力"一带一路"基础设施互联互通的重要力量。随着国内地铁线网建设成熟和"一带一路"参与国需求的增多，我国的城市轨道行业迎来行业发展暴发期。截至 2020 年年底，中国内地累计有 40 个城市开通城轨交通运营，预计到 2021 年，中国地铁运营里程将达到 7436 千米；到 2026 年，有望突破 12000 千米。轨道交通产业随着"一带一路"建设脚步延伸至世界各国，进入全面发展的新时期，中国铁路装备产品已经出口到 30 多个国家和地区，包括美国、南非、阿根廷、东盟等国家和地区，在世界轨道交通市场的影响力也越来越大。中国轨道交通产业具备成熟的管理与组织运作模式及标准体系，设备和技术应用在全球处于领先地位，"一带一路"倡议更是为我国的轨道交通产业带来了巨大的政策红利，城轨交通产业蕴含着巨大的发展空间。

一 案例背景

广州轨道交通产业规模较大，2021 年产业规模有望达到 1200 亿元，形成了较大的行业影响力。广州地铁集团作为广州轨道交通的龙头企业，负责运营总里程 676.5 千米，是我国产业链最完整的综合性轨道交通企业之一。为加快推进广州市轨道交通全产业链发展，广州地铁集团全力推动产业"走出去"系列工作。2020 年 10 月 25 日，作为广州轨道交通产业"走出去"标杆项目之一的巴基斯坦拉合尔轨道交通橙线顺利开通运营。

（一）企业概况

广州地铁集团成立于 1992 年，是广州市政府全资大型国有企业。公司以"建设好、运营好、经营好地铁，服务好城市，带动好产业"为宗旨，业务实现从地铁新线规划建设到铁路建设投融资，从地铁线网到城际铁路、有轨电车全制式覆盖，坚持"全程为你"的服务理念，精心组织运营，为乘客提供安全优质的交通运输服务，服务范围从广州一地向粤港澳大湾区、国内主要城市乃至"一带一路"沿线重要节点扩展。

截至 2020 年年底，广州地铁集团负责运营的轨道交通总里程达 676.5 千米，包括本地地铁线网 531.1 千米、有轨电车 22.1 千米，广清、广州东环城际铁路 60.8 千米，江西南昌地铁三号线 28.5 千米，海南三亚有轨电车 8.4 千米，以及巴基斯坦拉合尔橙线 25.6 千米。同时，正同步推进 11 条（段）292 千米地铁新线建设，统筹负责 27 个国铁、城际、综合交通枢纽、市政道路项目投资建设，实现了与重大基础设施、产业集聚区和发展平台的配套。广州地铁集团承担广州市超过 50% 的公交客流运送任务，2019 年线网日均客运量 906 万人次，最高日客运量达 1157 万人次。广州地铁成为展示广州市两个文明建设成果的重要窗口。自 2007 年以来，广州地铁运营服务乘客满意度已连续多年位居全省交通行业前列。根据国际地铁协会（CoMET）披露，在全球 38 家大型地铁中，广州地铁多项主要运营指标保持行业领先。其中，10 年平均伤亡率、连续 4 年车站犯罪事件发生率最低、运能利用度、运营服务可靠度、列车正点率行业领先。

广州地铁集团积极实施多元化经营开发，成功打造动漫星城地下商城、南海金融城及万胜广场等多个商业与住宅项目，现正结合地铁线网规划，大力开展地铁沿线土地储备，并与多家标杆企业合作开展物业开发。广州地铁集团积极推动产业链全链条发展，设计、监理、运营、咨询、培训和信息化等多项服务遍布 50 多个城市，为全球提供完备系统的城市交通综合解决方案。下属控股子公司广州地铁设计研究院股份有限公司成功上市，成为国内第一个登陆 A 股资本市场的地铁设计院。

（二）轨道交通产业发展形势

广州是国内第一个推动轨道交通装备国产化的城市，现已建成开通 14 条 531 千米轨道交通线路，以及海珠区环岛新型有轨电车试验段，线网里程排名全国第三、世界前十。广州正全面推进新一轮轨道交通线网规划建设，同步开展13条（段）345千米线路建设，计划2023年全部线路建成后，运营里程将超过800千米，轨道交通产业发展呈现良好前景。在投资建设的带动下，广州轨道交通产业加快发展，形成了较大和较强的规模和实力。2019年广州市轨道交通产业增加值171.86亿元，增长6.2%，占全市工业增加值比例达到3.74%，营收近900亿元；2020年营收超1000亿元；2021年预计达到1200亿元。广州发挥轨道交通产业市场优势，推动创新体系和全产业链建设，强化科技、人才、资本等关键要素支撑，集聚效应明显，已形成从规划设计咨询、建设施工、装备制造到运营及增值服务的完整产业链，广州地铁集团正是其中的头部企业。

轨道交通产业链长、市场容量大，呈现围绕整车制造龙头企业和运维市场集群式布局发展的特征。广州市轨道产业覆盖面较广，初步形成了集规划设计咨询、建设施工、装备制造、运营及增值服务于一体的全产业链条。利用广州轨道交通产业发展技术和市场需求领先的优势，2017年广州地铁集团发起成立广州轨道交通产业联盟，并建立联盟与总承包企业的联合招商和产业培育机制，提出"大循环＋小循环"产业带动的工作模式，成功带动近60家本地下游供应商共同参与本地新线建设，提高本地化率至70%。广州地铁集团举办创新发展大会、高峰论坛、北京展、国际友好年会等系列产品服务推介活动，联合30家企业首次以"广州轨道交通产业展团"形式亮相，向各界展示广州轨道交通产业链全貌。2020年广州轨道交通产业联盟超100家，营业收入突破1000亿元。

（三）服务"一带一路"互联互通：巴基斯坦拉合尔橙线运营项目

拉合尔是巴基斯坦第二大城市，拥有2000多年的历史，是巴基斯坦的文化和艺术中心。拉合尔是巴基斯坦最富裕的旁遮普省的省会，经济发展迅速，现已成为拥有1200万人口的重要工业中心。拉合尔橙线全长25.58千米，设有26个车站，是拉合尔第一条地铁线路，也是巴基斯坦首条城市轨道交通线路，还是"一带一路"倡议框架下中巴经济走廊第一个轨道交通项目。其建成投运对巴方轨道交通发展、对"一带一路"建设都具有示范性的意义。

拉合尔橙线建设全线采用中国标准、中国技术、中国设备，运用了中国设计、制造、建设、运营维护等城市轨道交通全产业链"中国解决方案"。2015年4月，在中巴两国领导人见证下建设合同签署，2019年12月建成试车。在项目建设的同期，项目运营维护服务的全球招标也在紧锣密鼓地开展。广州地铁集团与北方国际合作股份有限公司、巴基斯坦大宇组成运营联合体，经过两年的投标运作，于2020年2月中标拉合尔橙线8年的运营和维护管理，使拉合尔橙线项目成为广州市首个走出国门的轨道交通项目。广州地铁集团累计派驻100余人，负责为运营管理及维护业务提供支持和问题解决方案，包括人员培训、技术管理、运营维护服务指导，为巴基斯坦培养第一代城市轨道交通人才。

二 项目重要意义

我国轨道交通产业装备技术先进、工程建设实践经验丰富、劳动成本相对较低。但我国劳务人员在语言沟通、法律法规等方面与国际市场的融入度不高，导致我国轨道交通产业"走出去"的建设项目多、运营项目偏少，长期运营项目更是绝无仅有。广州地铁集团一举获得拉合尔橙线项目长达8年运营和维护管理权限，不仅是广州地铁运营第一次走出国门、成功向外界输出中国品牌的重要一步，在我国轨道交通"走出去"发展史上也具有里程碑式的意义。

（一）拉合尔橙线是"一带一路"共建共赢的示范性工程之一

基础设施互联互通是"一带一路"建设的重要基础和优先合作领域。"一带一路"沿线多为新兴经济体和发展中国家，基础设施配套水平落后、人口稠密、发展压力大。改善交通等基础设施状况对造福广大民众、提升地区福祉具有最直接的效用，同时也能撬动相关产业的发展，成为区域经济持续发展的引擎。"一带一路"基础设施当中，尤以城市轨道交通最为缺乏，对城市发展状况的改善最为直接，也是民众最能收获发展实惠的领域之一。拉合尔橙线是巴基斯坦首条城市轨道交通线路，巴方在相关领域的能力基本处于空白状态，运营的三方主体由中巴两国共同组成，优势互补、互商互谅、紧密合作。广州地铁集团作为中国轨道交通运营的领军企业之一，相关技术实力过硬、管理经验先进，与巴方形成较好的互补效应，能够有力地带动巴方的发展进步。因此，拉合尔橙线作为落实习近平总书记关于"高标准推进中巴经济走廊建设，建设好、运营好现有能源、交通基础设施、产业园和民生项目，把走廊打造成高质量共建'一带一路'的示范工程"的指示要求的行动体现，成为见证中巴友谊、实现共同繁荣的又一力证。

（二）拉合尔橙线为巴基斯坦发展带来实实在在的红利

拉合尔面积 1772 平方千米，人口约 1250 万人，人口密度相当大。与之相对的，当地公共交通出行主要依靠公共汽车、三轮车等载客量较小的交通工具。随着城市经济发展需求迅速扩张，对交通出行的需求也与日俱增，交通拥堵不仅拖累了工作生产效率，更使人民生活质量受到了严重的负面影响。拉合尔橙线开通运营，掀开了巴基斯坦进入城市轨道交通时代的历史一页。地铁的便捷对当地经济发展将起到积极的促进作用，帮助当地改善民生。拉合尔橙线运力保持在每天 25 万人次，远高于公共汽车单线运力。地铁这种绿色环保出行方式，在提高通行效率的同时，也有利于打造更宜居的城市环境。不仅如此，各类运营筹备物资的直接采购、工作人员聘用和技术培训，都切实地取得经济产出和技术溢出，促进了当地经济增长。拉合尔橙线在建期间为当地创造了 7000 多个工作岗位，运营维护阶段还将创造近2000 个就业机会。

（三）拉合尔橙线是输出中国轨道交通产业的重要范例

拉合尔橙线建设在采用中国标准、中国技术、中国设备的基础上，实现了中国制造、广州运维，推动巴基斯坦迈入地铁时代的同时也成功展示了我国轨道交通产业的实力，打造了中国轨道交通产业亮丽"国家名片"。拉格尔橙线项目第一次实现了中国城市地铁从设计、制造、建设到运营维护阶段全产业链完整输出，使我国轨道交通业务实现了从"走出去"到"走进去"，再到"走上去"直至"融进去"的升华。项目合同期长达8年，采用联营体管理模式，整合了央企的装备工程优势和广州地铁集团的运营管理优势，对中国企业组团出海具有重要的示范意义。同时，项目采用中国标准和产品，不仅带动中铁工、中国电建等300余家中国企业走出去，而且为中国企业在巴基斯坦轨道交通行业的可持续发展打下了坚实的基础。

三 项目的促成与建设

拉合尔橙线项目总投资约16亿美元，由中国铁路总公司和中国北方工业公司联合承建，2019年12月10日举行建成和试车仪式，标志着巴基斯坦首条城市轨道建设完成，由广州地铁集团与北方国际合作股份有限公司、巴基斯坦大宇联合运营，是巴中友谊的象征。项目的促成离不开中巴双方的共同努力，特别是在新冠肺炎疫情流行的不利背景下，项目的逆势竣工、正式运营，更展示出了中巴双方的完美配合以及中国团队的责任、担当与中国速度。

（一）强强联手攻关国际市场

拉合尔橙线运营联合体由广州地铁集团、北方国际合作股份有限公司（以下简称"北方国际"）和巴基斯坦大宇三方组成。广州地铁集团是行业领先的地铁运营企业，据国际地铁协会（CoMET）统计，广州的运营里程居世界前五。北方国际是北方工业控股的上市公司，业务范围涵盖轨道交通、电力工程、石油矿产设施建设、市政房建、房地产开发、重型车辆与装备；在国际市场轨道交通业务领域享有广泛知名度，主要业务包括铁路、地铁工程总承包建设及铁路、地铁车辆和成套设备出口。巴基斯坦大宇是巴基斯坦大型公交服务商，承担了拉合尔市当地BRT红线等公交线路运营，是当地最大的公共交通服务商。三方齐心协力攻关国际市场，运用国际国内优秀资源，积极开展项目投标工作，打造"一带一路""中巴经济走廊"品牌项目，努力创造国际城市轨道交通行业合作的新典范。

（二）孜孜不懈推动项目落地

拉合尔橙线运营和维护包括所有电气和机械工程的运营和维护，包括电梯、扶梯、屏蔽门和自动站台门、轨道、AFC、车辆、信号、供电、通信、通风空调、消防系统的运营和维护。其中，北方国际负责财务及资金筹集，巴基斯坦大宇负责组织当地人员招聘及后勤保障，广州地铁集团负责运营维护体系搭建、当地人员培训及部分专业运营维护。广州地铁集团全面考量不确定因素，经过多轮磋商，确定筹备时间等关键内容。投标期飞抵巴基斯坦当地组建三方联合投标团队，开展联合编标工作。经过 20个月的坚持不懈和曲折谈判，克服疫情影响等突发困难，三方联合体于2020 年 2 月 25 日正式与巴基斯坦旁遮普省公共交通管理局签订为期 8 年的巴基斯坦拉合尔轨道交通橙线运营及维护服务合同。这标志着广州地铁运营首次走出国门，获得"一带一路"标杆国家的地铁运营项目，成功输出中国品牌。

（三）逆风出征展现责任担当

广州地铁集团克服全球新冠肺炎疫情大流行的影响，先后组织 6 批共104 名具有丰富的轨道交通运营实操经验的人才出征巴基斯坦，全力开展项目运营筹备工作。广州地铁集团按照我国疫情防控"坚定信心、同舟共济、科学防治、精准施策"的总体要求，在巴基斯坦当地实施最严格的疫情防控措施；成立项目临时党支部，积极建立与大使馆、当地卫生机构的应急保护机制，与国家卫健委形成防疫专家沟通渠道，开展中巴全体员工核酸检测超过 1000 人次，2 次升级应急方案，实现防疫标准化、制度化、常态化，切实做到员工零感染；坚持疫情防控和开工达产两手抓、两不误，积极利用线上无接触方式开展工作，并利用当地疫情放缓后的复工窗口期，最大限度完成剩余测试和调试工作、消缺和补强工作，以坚定的行动积极推动项目各项筹备工作开展。

（四）艰苦奋斗弘扬创业精神

项目团队连续 6 个月在当地高达 40℃的天气下工作，每周工作超过 48 小时，在高强度和恶劣环境中推进各项运营筹备工作。利用行李箱、纸箱搭建临时办公桌，克服办公物资无法及时到位的困难。主动摸查当地教育体系，90 天内组织招聘司机、站务、检修等约 1000 名巴基斯坦当地员工。从班前准备、网课实战、现场实操、课后反馈和评估等方面入手，编制英语培训教材、拍摄教学视频，在只有 52 名培训人员的情况下，累计完成项目全部员工共计 34 万小时的培训工作，实现巴方管理人员日常测试通过率高达 98%，为项目运营筹备奠定人才基础。

（五）风雨同行建立巴铁情谊

项目团队邀请巴方人员与中方员工开展巴基斯坦文化交流，介绍文化、教育、风俗习惯等知识，迅速了解两地差异，实现两地员工情感融通；编制轨道交通系统介绍，让巴方员工全面了解轨道交通的通用知识，迅速融入地铁行业；集中各专业工程师逐一核对、修改、增补专业名词，完成近 3000 个专业名词的统一，为后续双方磨合运作奠定基础，确保两地员工信息互通。中巴员工衣食同行、不分你我，以最大共识、最强合力推进项目运营筹备工作。

（六）只争朝夕创造中国速度

项目团队充分运用广州地铁在国内 14 条 515 千米线路高水平开通的成功经验，按照广州地铁开通标准和运营水平，全力开展运营筹备工作。全面开展土建工程、车辆系统等 7 大专业联调复测，排查出车站、轨行区、场段范围内等重点区域超过 7000 个问题，并根据影响程度实行分级管理，督促整改、逐项销号，确保问题闭环，保障联调目标顺利实现。分 3 个工作阶段开展试运行工作，逐步增加上线列车对运营工况进行测试，共上线列车3921列次，累积安全动车10万车千米，确保列车正点率达98.5%以上。仅用5个多月时间即完成联调复测、问题整改、设备接管、试运行等筹备工作，顺利于2020年10月25日开通运营，创造了中国速度，为"一带一路"国家和广大民众贡献中国智慧、中国力量。

拉合尔橙线作为广州地铁集团首条海外开通运营线路，经过运营团队不断磨合，运行初期共计27组列车投入运营，早晚高峰最小行车间隔5分钟，运力保持在每天25万人次，后期将进一步提升运力至每天50万人次，极大改善拉合尔市1200多万人民的交通状况，展现"一带一路"的独特魅力，也积累了大量运作经验。

四　项目经验和启示

拉合尔橙线开通运营，不仅成功向外输出了中国品牌，更为我国企业"走出去"提供了宝贵的经验借鉴。

（一）明确对外拓展经营目标

轨道交通运营是一种直接联系民生的公共服务市场。地铁"走出去"首要根植当地民众工作生活习惯、出行习俗和文化背景。广州地铁集团在运营管理设计中做了大量的本地化工作。一是保障开通，项目团队结合当地风土人情、人文特色，有针对性地调整服务模式，形成具有本地特色的运营服务模式，实现经营方式本土化，打响广州地铁运营服务品牌。二是总结经验，在项目推进过程中根据实际情况及时调整经营策略，通过多元化的方式方法去解决语言难题、培训难题、人员管理难题等障碍，不断探索更加完善的广州地铁海外运营管理模式，为下一步拓展国际市场奠定坚实基础。三是培养队伍，不断拓宽国际运营管理视野，注重复合型人才的培养，为打造熟悉海外运营管理的精英团队提供有力的保障。

（二）注重前后联动协同发展

轨道交通运营投资与建设工程不同，是一种持续性的、回报周期长的经营活动，起步阶段需要母公司的大力支持。广州地铁集团与前方项目团队形成了良好的联动协同工作机制。一是确定内部主体单位，履行牵头责任，做好生产组织和资源调配。二是充分发挥前方团队主观能动性，创造性地完成各项工作，全面履行好合同责任的同时力求提供更高质量的产品供给。三是搭建前后方指挥部以及支援保障团队，完善团队合作机制，保障项目顺利落地。未来广州地铁集团还将根据实际情况，积极带动上下游企业协同外拓，建立"一带一路"轨道交通产业联盟，组建"一带一路"境外轨道交通产业园和轨道交通维护基地，拉动广州市轨道交通产业"走出去"，继续巩固"一带一路"沿线市场。

（三）保证工作方式实现"三通"

各方信息的有效沟通也是项目得以进展顺利的重要基础，包括中方团队的沟通、中巴两地的沟通等。一是前后方信息互通，应加强海内外各部门间的沟通交流，力求实现信息、资源等共享，集团决策时要综合考虑各方面因素，确保决策结果的及时性、全面性与准确性；二是语言畅通，加强对项目参与人员的语言培训，克服语言难题，实现与当地人员无障碍交流，避免因语言沟通不畅而带来的安全风险问题；三是与巴方感情融通，积极融入本土文化，尊重拉合尔穆斯林习俗，融入当地生活特色，实现项目本土化运营。

（四）加强与当地使领馆沟通

中国驻拉合尔总领事馆始终高度关注拉合尔橙线项目进展，从项目接触开始到项目开通，驻拉合尔总领事一直在给予非常有价值的意见，并亲自出面进行各种协调工作，也在拉合尔当地出席了运营开通仪式。可以说，当地使领馆对项目的成功进展起到了很好的推动作用，在接下来的工作中仍需加强与当地使领馆的沟通协调，提高办事效率，保证办事结果。

（五）加强打造"一带一路"金名片

广州地铁集团以树立品牌为"走出去"的首要目标，高标准严要求打造运营口碑，树立了良好的"一带一路"投资企业形象。一是确保设计理念与时俱进，在项目初期保证设计理念符合当地实际情况，实现项目本土化的同时也注意与世界接轨，做到将中国设计引入当地、将世界理念带入当地。二是力求技术水平保持先进，注意定期对相关技术人员进行专业培训，保证高水平的技术输出。三是提供高质量金牌服务，一方面项目引进当地时给当地居民带来新的工作机会，可以完善对他们的工作保障机制；另一方面在项目结束后也注意去提供高质量的"售后服务"。

广州地铁集团作为行业领先的地铁运营企业，主动担当、积极作为，立足广州、代表中国、服务"一带一路"。展望未来，广州地铁将继续充分发挥一体化经营管理优势，持续提升轨道交通产业整体能级和技术创新能力，打造千亿市场，努力构建结构合理、换乘高效、共建共享的世界级轨道交通，带动轨道交通产业链抱团出海，以切实行动服务构建国内国际双循环的新发展格局。

参考文献

彭迁：《"一带一路"建设中我国城轨交通产业"走出去"战略思考》，《城市轨道交通》2017年第6期。

赵磊：《巴基斯坦拉合尔轨道交通橙线项目投入运营》，《城市轨道交通研究》2020年第11期。

宋剑、孙玉兰：《境外铁路合作项目管理实践与探索》，《中国铁路》2020年第3期。

朱一迪：《巴基斯坦迎来首列"中国造"地铁车 将进入地铁时代》，《机车电传动》2017年第6期。

冯硕、孙万启、何斌、杨斌、张海玉：《在南亚国家推进"一带一路"建设的思考——以巴基斯坦拉合尔橙线项目建设为例》，《国际经济合作》2017年第9期。

姚屹：《巴基斯坦拉合尔轨道交通首列车下线》，《电力机车与城轨车辆》2017年第3期。

B.13
京信通信控股老挝电信运营商，服务东南亚互联互通

王　越　张　晶*

摘　要：　随着"一带一路"倡议的不断推行，通信服务企业"抱团出海"，带动我国信息通信产业"走出去"。京信通信作为全球领先的电讯设备制造商，多年来致力于为全球客户提供高价值解决方案，积极助力老挝建设电信网络，构建面向东南亚的电信产业平台。通过收购老挝国家电信公司的对外投资案例，分析企业"走出去"的运作过程、成效及未来规划，为行业内及行业间企业走出国门，寻求企业技术突破及业务转型，辐射周边国家市场，服务东南亚互联互通提供借鉴及参考。

关键词：　京信通信　老挝　电信运营商　东南亚

一　案例背景

（一）企业概况

京信通信系统控股有限公司（以下简称"京信通信"）成立于1997年，

---

* 王越，广州市公用事业技师学院高级讲师，研究方向为信息技术产业、自动化控制；张晶，广东省社会科学院硕士研究生。

是一家全球领先的通信与信息解决方案和服务提供商，于 2003 年在香港联交所主板上市。

自主研发和技术创新是产业持续稳定发展的核心。京信通信多年来聚焦客户需求，坚持自主创新。京信通信在广州设有研发基地，并与多家国内外知名大学和研究机构开展长期密切合作，于南京、美国设有多家研究所，拥有国内外专利 2000 余项，同时设立多个联合实验室，为自主研发创造条件，为人才储备奠定基础。以自主创新打造技术领先优势，使京信通信在研究开发、生产制造方面形成强劲的核心竞争力，一步步走入全球著名电讯设备制造商行列。在研究开发方面，京信通信在射频技术能力、算法仿真能力、系统开发能力、协议栈技术能力、信号处理技术能力、电磁场和电磁波技术能力等关键技术上具有储备优势，拥有多项知识产权。截至 2019 年 12 月，京信通信共申请国内外专利 4300 余项；承担多个国家级、省级、市级等科技项目。参与起草、制定的国家及行业标准 90 余项。在产品线上，拥有无线接入、无线优化、天线及子系统、无线宽带等核心技术；在解决方案上，提供 5G 工业互联网、5G 智能物流等行业解决方案及高铁天线解决方案、多运营商共建共享等运营商解决方案。

作为国内最早从事专业移动通信技术服务的设备厂商之一，京信通信凭借自身丰富的行业经验、强大的技术研发实力，雄厚的人才优势，提供移动通信工程建设和项目管理，网络维护、优化及规划设计，形成跨专业、跨行业的一站式服务，主要包括可靠的产品质量管理、智能制造及高效的物流体系三方面，拥有无线接入、无线优化、天线及子系统、无线传输、无线宽带等产品线，为客户提供安全可靠的服务；集合客户需求，使用服务全过程一体化 IT 化管理平台，完善专业的产品设计，拥有业内先进、齐全的环境试验设备，全透明化生产状况，海陆空立体物流网络等产品服务，通过了多项国际体系认证及国内外主要运营商和主设备商的供应商资格认证。

（二）国际化业务特征

京信通信建立起覆盖全球的市场服务网络，先后在亚太、欧洲、北美设立 10 余个海外分支机构，于全球 100 多个国家和地区开展产品销售和技术服务，实现企业国际化发展。"让世界互联，促进人类的文明进步"是京信通信的愿景。秉承这一理念，京信通信积极响应"一带一路"倡议，走出国门，运用公司在通信领域拥有的专业技术和经验，帮助不同地区的人们平等、自由地接入信息社会，共享数字社会，消除数字鸿沟，创造最佳的社会、经济和环境效益。近年来，京信通信以全资附属公司迦福控股有限公司（以下简称"迦福控股"）为对外项目投资的平台，利用其在香港全球自由贸易和上市公司的优势开展对外投资和合作业务，寻觅电信及高新技术产业更好的投资发展契机。

（三）国际化典型项目：收购老挝国家电信公司

2016 年 9 月 2 日，京信通信通过迦福控股以 9180 万美元收购老挝第三大电信运营商老挝国家电信公司（简称"ETL"），取得 51% 权益，并于 2017 年 8 月正式接管运营。

ETL 成立于 2000 年，被收购前是老挝第三大也是唯一一家国有全业务电信运营商，持有齐全的电信业务牌照，客户主要是老挝的政府部门及国有企业。ETL 拥有覆盖全国的光纤网络，为大湄公河次区域光纤骨干网的主要参与方。京信通信取得 ETL 51% 股权的同时，获得老挝国内和国际电信业务的全部权利，经营业务涵盖移动通信、固话、互联网接入、租用线路和数据中心等。剩余的 49% 股权由老挝财政部持有。京信通信 ETL 项目将老挝国有企业转变为外商投资公司，使中国企业参与老挝全国电信建设，成为国家共建"一带一路"行动的生动实践和重要组成部分。

二 运营老挝国家电信公司

（一）项目发展意义

近年来，中国与共建"一带一路"国家经济合作频繁，投资规模逐渐扩大。在数字经济蓬勃发展的大背景下,电信基础设施是实现"一带一路"互联互通的重要基础。为落实国家"一带一路"及"网络强国"的倡议,2017年中国通信行业国际产能合作企业联盟在北京成立,力求共同推进通信产业发展。通信产业走出国门,将步伐迈向国际,助力产业发展,释放合作潜能。东南亚国家是我国"一带一路"上的重要伙伴,其信息通信产业体量较小,技术发展较为滞后,投资地区产业分布不均等问题,互联互通面临着诸多难题及挑战。为响应国家"一带一路"倡议,实现"制造强国"和"网络强国"的目标,京信通信积极参与国际竞争和合作,实现从电信设备制造商到电信运营商转型,更好地服务"一带一路"建设,收购老挝国家电信公司正是一个非常好的契机。

首先,老挝具有得天独厚的地缘优势。老挝地处大湄公河次区域中心位置,是中国面向世界,打开东南亚大门的重地之一,也是中国提倡的共建"一带一路"国家之一。独特的区位条件使老挝具有地缘经济优势。一方面,老挝作为中国邻国,北邻我国云南省,是中国企业面向老挝乃至东南亚国家进行投资合作的最便利的口岸通道;另一方面,老挝位于中南半岛和澜湄合作流域的中心地带,周围环绕着柬埔寨、泰国、缅甸、越南以及中国等五国,是该地区南北和东西方向交叉的坐标原点,是连接中国与其他东南亚国家的重要过境通道,是"一带一路"国际通信宽带路由的关键陆路出口,战略地位无可替代。中国与其他东南亚国家间的跨境贸易和投资可以通过老挝这一陆路通道得以实现,尤其是中老铁路建成后,将极大地改善老挝国内交通现状,提升老挝在区域经济合作中的地位。

其次,中老两国良好的政策背景使发展战略合作成为可能。基于国家政策背景,我国从统筹国际、国内两个大局的战略高度和推动中国经济持续健康发展的长远角度做出了推进国际产能合作的重大决策。东南亚作为与我国地缘相邻、文化相近的地区,是中国企业海外投资的重点对象。近年来,随着两国合作项目的广泛发展,我国出台了一系列合作政策,推动各方发展战略合作,实现合作共赢。老挝提出"变陆锁国为陆联国"的国家战略,实行对外开放政策,鼓励外商投资。为使外国投资商享有良好的投资环境,吸引各领域投资，老挝政府出台了一系列支持政策。近几年来，老挝经济持续高速发展，在全球经济增长减速的环境下，老挝经济仍然持续平稳增长，是东南亚增速最快的国家，国内生产总值的增长维持在7%左右。伴随中国东盟自由贸易区的建成以及"一带一路"的大力推进，中国和老挝的经济贸易关系稳步提升。

再次，老挝市场发展潜力大，营商环境良好。老挝的通信产业发展滞后，是东南亚国家中拥有最高用户增长率和最低电话密度的国家之一，其通信产业发展潜力可见一斑。近年来，老挝电信企业不断调整发展战略，再加上政府政策支持以及企业分拆、老挝"入世"等因素，为老挝电信企业提供了重要的发展机遇，市场进一步扩大，行业发展迅速。虽然其基础设施较为薄弱，但经济水平及生活质量的提高，势必会带来持续稳定扩大的发展需求。

（二）促成项目的关键因素

通信产业的发展有四个非常关键的影响因素，包括政策、经济、技术与信息。这些影响因素在不同程度上都对行业发展有着不可忽视的影响。一个项目的促成受多方面的因素影响，促成京信通信收购老挝国家电信公司的关键因素主要有三个。

1. 项目资产质量优异凸显项目投资价值

ETL是老挝第三大运营商，资产总估价为1.8亿美元。ETL属于轻资产运行网络，没有过多落后和需要淘汰的网络设备，公司业务没有大量固定电话网络，投资收益率较高。ETL还曾经参与中国工信部主导的"大湄公河次区域GMS信息高速公路项目一期"，在"一带一路"设施联通方面具有丰富的经验。迦福控股以9180万美元取得了ETL公司的控股权，中方拥有董事会的多数表决权和公司经营管理权，为公司下一步运作打下了良好的基础。京信通信计划将ETL用作公司新产品（如微波、卫星及小基站）研发试验基地，成为提升公司自主创新能力和核心竞争力的新起点。

2. 两国政府的大力支持使项目运作流程非常顺畅

在中国相关部门的支持和帮助下，该项目的合作得到了老挝政府主要领导人的关心和重视，得到了老挝总理府、邮电部、财政部、国防部和计划投资部等多个部门的大力帮助。该项目被确立为老挝政府确定的和中国政府"一带一路"倡议对接的重点项目之一。京信通信在与国外几家电信公司的激烈竞争中脱颖而出，以较合理的价格完成了项目收购。

3. 融资资本的足额筹措是促成项目的关键一招

企业并购并不是一个容易的事情，并购过程中手续复杂，流程烦琐，涉及的流动资金巨大。在中国，企业并购的支付方式和现金来源主要以现金支付为主，自有现金占比高达90%，少部分采用外部股权融资和债务融资。ETL项目总体收购资金为8.7亿元人民币，对企业来说需要承受较大的资金压力。在此背景下，使用多种渠道资金、提高资金使用效率是并购成功的重中之重。由于部分银行机构对民营企业单打独斗"走出去"持谨慎态度，京信通信经过与银行反复沟通终于拿到了收购的基础资金贷款，随后努力争取将项目列入国开发展基金或列入国发投资计划项目库、"一带一路"重点项目库。

（三）项目建设和运营业务

并购活动成功实施后，后续项目建设和运营业务是公司稳定持续发展的重点。京信通信与ETL在管理效率、运营业务、发展目标等方面都存在一定差异，且对并购企业进行跨国管理成本相对较高，并购后需要双方协同，将双方优势充分发挥，从企业的战略角度出发，打造核心竞争力。由双方组建ETL合资公司，在老挝全国范围开展电信经营业务。京信通信的附属公司与ETL合资公司配合在老挝推广发展工程服务、增值服务等，推动4G项目在老挝普及落地。

一是咨询规划类工作，主要包括网络覆盖及容量分析、选址及勘测、经济性分析等前期工作。此类业务是项目实施的基础，为后续业务的有序开展奠定基础。无线网络规划是为后期无线网络全覆盖制定的比较长远的规划。

京信通信通过对 4G 网络覆盖情况及容量调研，分析市场需求，估算当地网络规模，对站点进行选址和勘测，规划 4G、4.5G 乃至后续 5G 的网络搭建布局。老挝是"一带一路"沿线具有明显优越区位的国家，目前已建成的 4.5G/4G 网络覆盖老挝所有省市，相信 4G 及 4.5G 的规划发展，会对未来 5G 的全面使用起到重要奠基作用。

二是安装测试类工作，主要包括网络规划及模拟、传输模型校准、购入设备、安装及网络测试等工作。在咨询规划类工作告一段落后，正式步入项目实施阶段，在此阶段会有计划性地对前期网络规划工作进行修改，使其更贴合项目实际，更符合当地实地要求。此类工作也是业务工作的核心内容，是网络得以使用的关键性工作。ETL 公司通过全业务融合计费系统，实现使用过程中的多维结合，提供方便一体化的管理，提高用户满意度，通过系统内置工具，整合、管理产品类型，实现智能管理，并追踪用户体验，提供有针对性的服务。

三是后期维保类工作，主要包括网络运营、设备维护等工作。维护保障工作是售后工作，更是网络得以良好稳定运行的保障工作。利用云化核心网，采用业界最领先的 NFV 虚拟化技术运行统一平台，可兼容并支持 2G、3G、4G 乃至 5G 网络，提高运维效率。通过收集整理数据信息，通过不同维度的综合特征，针对客户体验，完善产品供能，及时改善服务，为客户提供高质量的基础通信服务。

三　案例成效

（一）优质资产助力企业加速发展

近年来，随着互联网产业发展，越来越多的新兴互联网产业如雨后春笋般出现，它们推出的互联网应用不断替代现有的传统通信方式。电信行业投资本来是回报周期很长的行业。企业发展受上下游两端挤压，推陈出新势在必行。当前电信行业力争实现突破，就要顺势推动技术优化、网络革新、拓

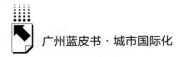

宽业务渠道，拓展自身业务多样发展，获得企业核心竞争力。

目前，老挝电信业的发展环境同样发生了改变，对老挝电信企业的发展造成了巨大的影响。如果老挝电信仍然采用过去的管理理念和管理体系，而不运用战略管理理论来指导企业的发展，那么其运营商体系就会崩溃和瓦解。在老挝政府积极推动对外开放、鼓励外资投入的政策背景下，第一次把电信经营控股权出让给中国企业，中方拥有董事会的多数表决权和公司经营管理权。ETL 作为老挝电信行业中配套和基础设施最全、最好的公司，持有齐全的电信营运牌照，已铺设覆盖全国的光纤网络，客户类型广泛。京信通信通过收购 ETL 取得了在老经营电信业务的全部牌照，以及公司其他的无形资产、商誉及客户资源，大大减少了运营、管理成本。25 年的经营期限，稳定的续期延长制度，为京信通信在海外市场开展电信运营转型发展形成了良好预期。同时，借助 ETL 成熟的市场地位，京信通信快速适应老挝通信行业发展环境，通过 ETL 部署 4G 网络、宽带提速、移动互联和支付以及积极规划 5G 网络及应用等业务，提升企业管理水平，加强与中国电信运营企业的互联互通，以及和国家信息安全领域的合作，同时推动 ETL 营收快速增长，力争未来几年成为老挝最大运营商。

（二）助力老挝建设电信网络

老挝通信产业起步于 1994 年，受社会经济因素影响，发展远远落后于其他周边国家。后续老挝政府在电信行业不断投入，使电信通信产业逐渐得以发展，但仍旧存在诸多现实问题。一方面，老挝电信网络产业发展缓慢，业务类型与用户需求不对等。主要体现在，境内基础建设不够完善，宽带费用昂贵，电信企业遵循着传统发展路线，创新力不足，无法提供用户的多样化需求。另一方面，老挝电信企业管理理念和管理体系僵化，各部门之间缺乏交流和衔接，工作流程烦琐，内耗较大，无法快速对市场做出反应，效率低下。

技术创新是通信行业未来把握新机遇、创造新发展的核心。在技术核心上，京信通信是国家知识产权战略示范企业，是国家工业知识产权运营标杆，具有明显的技术领先优势。在业务类型上，京信通信在无线通信领域和信息解决方案方面具有十分成熟的经验。其产品及解决方案在网络产品、系统、微波、卫星、智能园区、智慧城市等物联网领域及无线应用信息化领域得到广泛应用。在企业管理上，京信通信现有员工 6000 余人，公司十分注重专业人才引进，组织结构的调整和优化，公司良好运营二十几年，业务范围不断扩大。

老挝政府剥离公司所有负债，减轻公司负担，为公司以后的投资运营创造了良好的条件。于 4G 网络建设期间，京信通信代表中国参与并助力老挝建设电信网络，为 ETL 提供了 4G 移动网络综合网络解决方案，对当地人民享受更高水平的电信服务具有积极的作用。京信通信凭借优质的通信网络与信息解决方案，以及二十余年来在通信产业的丰富经验，推动老挝电信网络建设的发展；紧跟国际发展趋势，改善老挝网络质量，为老挝人民提供高质量、高品质、优服务的电信网络优质体验。

（三）构建中国面向东南亚的电信产业平台

在通信产业高速发展和国际联系日益紧密的时代，电信产业平台国际化势在必行。"一带一路"倡议背景下，作为沿线重要区域的老挝、柬埔寨、泰国、缅甸、马来西亚等东南亚国家与中国的交流合作日益深化。通信行业在东南亚国家整体来说是个新兴市场，通信产业的高速增长与通信基础设施的瓶颈形成的"数字鸿沟"提供了良好的投资机遇。中国通信业产能快速提升，而东南亚国家移动通信普及率低，网络升级拓展需求旺盛。因此东南亚国家将成为中国通信企业开拓市场空间的首选之地。

京信通信收购老挝 ETL 项目作为中国民营企业收购海外运营商的第一例，总投资建设规划逾 3 亿美元，在行业内具有深远的示范意义。长期以来，老挝对电信业的控制力度很大，此次收购有很大的政策风险。老挝政府第一次把电信经营控股权出让给中国企业，可见其对电信产业改革开放的支持力度。此外，中国与老挝等东南亚国家在电信互通过程中存在一些技术难题，致使通信速度缓慢甚至受阻。京信通信收购 ETL 公司，使中国企业打开老挝电信产业的大门,使这些技术攻关成为可能。京信通信作为中国在老挝投资的头雁企业,还将促进相关技术标准的对接,带动上下游企业共赴老挝,揭开中国电信行业对东南亚投资的序幕。

四 展望未来

在新兴互联网产业纷至沓来、信息通信行业高速发展的今天,老挝电信产业未来将会进入一个快速的发展周期。中—老—泰泛亚铁路的建设运营、贸易的便利化和人文交流的增加、旅游线路的开发,都会给老挝及东南亚电信行业的发展带来广阔的发展前景。

京信通信收购老挝 ETL 公司,揭开了我国电信行业对东南亚投资的序幕。ETL 公司将会利用这个平台布局东南亚电信产业,通过资本投资、收购、兼并等一系列措施,搭建东南亚电信产业的平台,实现在老挝、柬埔寨、马来西亚等东南亚国家电信产业的发展。京信通信还将以 ETL 项目为抓手,着力投资以下内容。一是尽快完成老挝光纤传输网络的升级换代。ETL 公司虽然在老挝拥有最完善的光纤传输网络,但由于时间较长、技术落后,需要尽快完善老挝境内的光纤传输网的升级换代工作,项目初期投资情况正在进行专业评估。二是在老挝全境建设 4G 网络的覆盖业务。解决老挝目前电信业务信号差,无法满足用户需要的迫切任务;开展互联网的增值业务,投资建设网上支付业务,适应跨境贸易业务的需要,项目初期投资情况正在进行专业评估。三是与中国电信合作,建设过境东南亚的光缆业务。京信通信和老挝政府签订收购 ETL 的股份后,中国电信有意与京信通信共同投资建设过境东南亚的光缆业务,实现中国电信光缆云南—老挝—泰国—柬埔寨—马来西亚的互联互通。这不仅可以将公司现有的产品服务资源输出到东南亚,未来将可带动更多的国内产能走出去,拓展出广阔的市场空间。

未来,ETL 会聚焦先进技术,持续完善 4.5G 网络搭建,加大推广力度和范围。利用产业创新,结合先进技术,继续提供 5G、IoT、AI、VR、区块链、大数据等业务,充分发挥 ETL 在老挝数字经济发展中的作用,为多部门、多机构、多产业提供优质服务，助力老挝电信产业腾飞，打破数字鸿沟，成为通信产业"走出去"的先行者和排头兵。

参考文献

程琳琳：《服务通信企业"抱团出海"中国通信行业国际产能合作企业联盟成立》，《通信世界》2017 年第 11 期。

周斌：《信息通信产业发展趋势及中国电信公司运营策略研究》，《电子元器件与信息技术》2020 年第 7 期。

司先秀：《2005 年东盟政治经济与电信市场发展情况》，《世界电信》2006 年第 7 期。

B.14
海大集团全链条出海，推动
"一带一路"农业合作

潘洁 吴玲 吴子裕*

摘　要：　农业合作是"一带一路"建设共建共享的最佳结合点之一。
海大集团作为中国农业领军企业之一，率先"走出去"发
展，对外投资遍布亚、非、拉等地区，有力带动当地农业生
产技术和农民减贫事业的发展，也对构建国内国际双循环的
新发展格局做出积极贡献。海大集团参与"一带一路"建设
取得良好发展的关键性因素包括项目调研周详、成熟业务先
行、技术开放共享、塑造国际化企业形象。海大集团案例提
示中国企业，要注意积极开展全球布局，坚持本土化发展，
全链条出海，持续科技创新和技术输出，以及积极履行海外
社会责任。

关键词：　"一带一路"　农业合作　企业"走出去"　海大集团

一　企业国际化发展的优势

广东海大集团股份有限公司（以下简称"海大集团"）成立于1998年，
围绕动物养殖提供产品和服务，主要产品包括水产和畜禽饲料、优质水产动

* 潘洁，海大集团党委书记、工会主席、总裁助理，研究方向为农业现代化；吴玲，海大集团
财务经理；吴子裕，广州国际城市创新研究中心研究助理。

物种苗、动物保健品（行业简称"动保"）和生物制品、生猪等，覆盖各类产品的研发、设计、生产、销售、服务等全部业务环节。

（一）企业概况

海大集团从一家添加剂作坊式工厂起步，业务从小到大、从简单到复杂、从单一到多元，成为一家涵盖饲料、种苗、生物制药、智慧养殖、食品流通、金融等全产业链的农牧业高科技企业集团，在全球投资分（子）公司超过400家，其中境内子公司约360家，分布于中国境内23个省市；海外子公司约40家，分布于东南亚、南美、北非等地区的8个国家。集团上市多年来主要财务指标约保持在30%的持续高速增长态势，其中饲料销量名列全国前三、全球第六，2020年销售饲料1446万吨，约占全国饲料产量的5.80%。海大集团市值超千亿元人民币，已荣获中国制造业企业500强、《财富》中国500强企业、《财富》中国最佳董事会50强、广东企业500强等多项殊荣。2020年海大集团力克新冠肺炎疫情的不利影响，实现量利齐增。业绩快报显示，截至2020年底海大集团资产总额277.80亿元，增长47.34%；营业收入604.84亿元，增长27.03%；利润总额32.44亿元，增长57.57%。

（二）掌握核心技术，形成独特的竞争优势

海大集团围绕养殖业的需求而布局，以"专业化基础上的规模化，核心竞争力基础上的产业链延伸"的基本策略打造全产业链，逐渐形成集突出的单项产品力、完整的产品链条配套能力、综合的养殖技术服务能力、完备的产业布局能力和精细化管理的能力于一体的公司核心竞争力。公司以饲料产品为核心业务，积极发展动保、种苗、养殖、流通和食品加工等业务，培养公司全产业链条上的专业能力，构建起产业链上综合的核心竞争能力。公司从掌握核心技术的预混料起步，迅速弥补了当时国内预混料市场的空白，短短两年时间获得市场的充分认可，在细分领域做到全国第一。2002～2003年海大集团切入配合料领域，到2006年已经在湖北和广东番禺、佛山等地成立了4家饲料工厂。2007年海大集团实现了近30亿元的销售额，成

功实现了从预混料到水产配合饲料的转型，并在市场占据一席之地。有了经验积累的海大集团迅速步入发展快车道，2008～2009 年进入禽饲料行业，2010 年进入猪饲料行业，2020 年进军反刍料行业，在饲料业务上形成了养殖品种的全覆盖。到 2020 年，海大饲料销量达到 1470 万吨，成为国内第三家销量突破千万吨的饲料企业。

（三）农业生产全流程服务形成稳定的用户优势

养殖户是海大产品的终端消费者，养殖户群体整体文化水平不高，科学养殖知识技能匮乏。真正要让养殖户盈利，不仅需要好的饲料产品，还需要一整套技术服务体系，包括好的种苗、好的养殖技术、好的养殖模式、好的饲料、好的动保。海大集团为养殖户提供了一整套解决方案。2006 年起，海大正式进入从制造型向服务型企业的定位转换。在具体业务布局上，开始进军水产种苗、动保业务，成立金融公司，用产业链思维服务客户；在销售策略和人才培养上，要求业务员完成从产品推销员向技术服务工程师的角色转换，以专业技术做好客户服务，解决养户养殖过程中的痛点。海大饲料实行原料集中采购、生产分点布局、销售产品和技术服务紧密结合的经营模式。工厂布局贴近养殖密集区，按照集中化、专业化原则组织生产，采用先进的工艺，配套安德里茨、牧羊、正昌等成套设备；产品定价采用成本加成模式，渠道兼有经销、直销，侧重本土化营销；公司专业技术和服务团队深入一线，在实地考察的基础上向客户提供养殖技术服务，并与销售和管理团队形成销售和服务、渠道和养户的互补与协同。

（四）科技创新驱动保持可持续发展优势

海大集团的创立基于研发，并将研发的目标架设在长远的企业战略规划上，设立了一个研究院、三大研究中心、十余个研发中试基地，组建了包括创新技术研究所、禽饲料技术研究所、猪饲料技术研究所、动物育种研究所、动物医学研究所、普通水产饲料技术研究所、特种水产饲料技术研究所在内的七大研究所，硕博科研队伍多达千人，研发规模远超国内乃至国际同行。以强大科研力量为基础，支撑六步研发流程和三级研发体系，每一个业务环节背后都由科研团队历经两年以上研发储备，使得海大的发展步伐稳固、基础夯实。近年来海大集团每年研发投入高达 4 亿元，累计投入科研资金超过 30 亿元，科研成就斐然。2017 年凡纳滨对虾"海兴农 2 号"、团头鲂"华海 1 号"、"长珠杂交鳜"等三个水产新品种获国家认证。至 2020 年，公司与国内外 50 多家高校、科研院所开展了多种形式的产学研合作，非洲猪瘟精准防控和检测的项目成果为行业提供应急处理方案，并在饲料无抗技术行业率先转化应用，"海兴农"荣获中国优质对虾苗种企业奖项。如今，海大已拥有超 10000 项自主研发项目，2000 余项科研成果转化，300 余项科研专利，20 余项国家、省市科技奖项。

二 企业国际化发展参与"一带一路"建设的动因

海大集团以"成为中国领先、世界一流的具有持续发展能力的农牧业企业"为长远愿景，进军国际市场、参与"一带一路"建设是海大集团进一步发展壮大的必然选择。

（一）参与"一带一路"建设是企业发展的内生需求

根据国际生产折衷理论，企业国际化经营是一种"优势利用"的结果，即企业对外直接投资是因为具备所有权优势、内部化优势及区位优势三种基本因素。在企业拥有核心竞争力后，进入国际市场成为企业发展壮大的必然趋势。我国是全球饲料市场的主要供应地，到 2020 年饲料总产量已连续 10 年居世界第一，约占全球总产量的 1/4。饲料行业渐向规模化和集约化转变，进入了稳定发展和产业结构调整升级的阶段，优势企业需要通过自身规模优势和行业整合机遇，向产业链延伸及多元化业务方向发展。2010 年以来，我国饲料企业由 10000 多家减少到 2019 年的 5000 多家。龙头企业开始放眼全球进行资源获取及配置，从全球产业链的参与者升级为全球产业链主导者的意愿进一步增强。海大集团已经坐上国内饲料行业第二把交椅，放眼全球农牧业市场格局，成为企业长远发展的必经之路。饲料企业的采购成本高低对其利润影响重大，为提升产品的品质并保持价格优势，海大集团在 2010 年海外投资之初就已布局了海外贸易业务，部分原料从国外采购，优秀的国际化采购人才成为海大集团国际化战略的早期人才储备，为海大集团全产业链出海奠定基础。利用境外自然环境，集团在越南、印度尼西亚等地区设立养殖研发中心，在当地成立科研团队，不断研发抗病性更强、发育性能更优的水产种苗及先进的养殖技术，这也将对境内业务起到反哺技术的促进作用。

（二）提高农业发展水平是"一带一路"沿线地区的普遍愿望

农业是人类赖以生存的物质资源，是国家经济发展的必要基础。"一带一路"沿线遍布众多农业资源大国，农业在共建"一带一路"国家的国民经济体系占比较高，尤其是中亚、东南亚、南亚等地区农业占国家 GDP 比重一般在 15% 以上。加强农业对外合作不仅有利于我国农业的产能和技术溢出，对共建"一带一路"国家经济发展也有着重要作用，对维护"一带一路"及世界粮食安全乃至经济社会稳定发展更有着重大意义。随着共建"一带一路"国家经济状况的快速发展，民众对肉蛋禽等食品需求量快速增长。然而，尽管农业资源丰富，但受制于人口基数、技术和资金等因素，共建"一带一路"国家农业劳动生产率普遍较低，提高农业劳动生产率和农业科技水平成为"一带一路"沿线农业发展的迫切愿望。中国农业企业也刚刚从产能分散、技术水平低的阶段成长起来，与西方农牧企业主打高端农产品及科技输出的路径相比较，更能相互理解，发展逻辑更为适配，因此农业国际合作成为沿线国家共建利益共同体和命运共同体的最佳结合点之一。海大集团较全球农牧同行，在科研技术、企业管理及综合服务能力上皆具有显著优势，具备国际化拓展能力。海大集团将国内已成熟的饲料配方研发技术、养殖技术、企业管理经验等输出至"一带一路"国家，在这些地区构建稳定的客户群、建立良好的口碑，为当地提供稳定的就业岗位及税收贡献，推动了海外饲料、养殖产业提质增效。

（三）"一带一路"合作倡议营造了良好的外部环境

开展新型国际农业发展合作，获取经济技术援助和商业投资，提升农业综合生产能力是共建"一带一路"国家的共同诉求。2017年，中国农业部、发改委、商务部、外交部四部委联合发布的《共同推进"一带一路"建设农业合作的愿景与行动》提出，要打造优势技术、重点产品农业合作大通道，朝着攻坚全方位、宽领域、多层次、高水平的新型农业国际合作关系而努力。优惠的税收政策、稳定的政治环境、政府对农业的扶持态度、外籍员工就业等都是海大布局海外项目的重点考虑要素。海大集团投资的皆为以第一产业为主的农业大国，对外国直接投资农业态度较为友好。以越南为例，尽管各省份税收政策不一，但基本对农产品加工所得税给予不同年份的免税及减税政策，部分地区水产种苗企业免征所得税，同时各省的劳动力充足、市场需求旺盛。这些利好因素带给海大集团良好的成长空间，加上自身核心优势，在投资地的行业竞争中取得斐然成绩。

三　企业国际化发展的阶段与成效

（一）主要发展阶段

海大集团对境外市场的开拓之旅始于2011年，从越南市场起步，历经十年，发展足迹遍布东南亚、南美洲与北非，海外业务整体呈稳健高质量发展态势。

1. 第一阶段：合资办厂，进军海外

2011年海大集团选择与当地已有丰富业务经验的管理团队——升龙生物合作设立越南饲料厂，正式布局海外市场。在管理团队的带领下，产量和销售量很快达到了理想预期，越南已经成为海大海外市场的桥头堡。目前，集团分布于越南北部及南部地区，形成饲料厂、畜牧养殖场、水产育苗厂的综合产业布局，同时另有动保厂及越南中部饲料厂等项目处于规划阶段。海大集团已经成为越南水产饲料排名前三的龙头企业,在越南实现全区域点对点覆盖、全范围服务营销。在合作过程中,海大集团积累大量经验,为下一步发展打下良好基础。

2. 第二阶段:独立建厂,布局产业链

经过经营经验积累,海大集团于 2015 年开始独资建厂。2016 年越南同奈海大投产使用。同奈海大位于越南南部同奈省统一县,以猪料生产线为一期建设,系海大集团第一家境外全资饲料子公司。2017 年海阳海大正式投产,填补了海大集团在越南北部的畜禽、水产饲料空白。2018 年底,永隆海大取得投资执照和经营许可证。如今,海大集团已在越南同奈、海阳、永隆、隆安、宁顺、庆和地区投资设立 8 个饲料生产和销售基地,实现了越南多区位市场互通跨越,提高了产品市场占有率,完善了海大集团在越南的整体战略布局。

3. 第三阶段:经验复制,全球发力

海大集团依照越南的发展经验,于 2014 年开始先后将业务拓展至马来西亚、印度、印度尼西亚等国家投资建厂,逐步积累在东南亚地区的投资经验。2017 年,海大集团将业务版图延伸至南美洲,在厄瓜多尔开始投资建厂。南美兼具"需方"市场和"供方"市场优势,大量价廉物美的饲料原材料供应地就来自南美西部海岸的国家,供应链距离的缩短使得企业的物流成本有效降低,营运效率提高。2019 年,海大集团将业务延伸至北非,埃及作为农业消费大国成为海大集团又一重要的投资地。海大集团将其作为撬动非洲业务的起征点。

2020 年突发的新冠肺炎疫情并未使海大集团国际化发展止步,集团凭借投资项目分散、防疫工作及时到位、借助于信息化技术"无接触"服务及远程管理等特色,海外项目得以正常运作,并继续取得稳步增长的海外业绩。

(二)企业国际化发展现状与成效

截至 2020 年底,海大集团境外项目已投资额达 2 亿美元,实现年产值近 10 亿美元，投资地域遍布亚、非、拉等农业优势地区，实现了良好投资回报和可持续的发展生态。

1. 业务地域形成规模

历经 10 年经营，海大集团业务已遍及南亚、东南亚、非洲、美洲等地区，先后在越南、新加坡、美国、印度、印度尼西亚、厄瓜多尔、埃及等国家和地区设立了 30 多家分（子）公司，在香港设立海外财资中心及贸易中心，在各东道国建立水产及畜禽饲料厂、种苗培育基地、水产及畜禽养殖厂、动保厂等产业链综合发展布局。海大集团紧抓"一带一路"、RCEP、越南—欧盟自由贸易协定等政策红利，积极拓展国际版图，在越南已建立商品猪、虾苗养殖基地和鱼料、虾料、畜禽饲料生产线；在印度尼西亚投资成立苗种、饲料生产和销售基地；埃及和厄瓜多尔的相关工厂也在加紧筹备建设当中。

2. 国际化效益持续释放

海大集团借助国家"一带一路"创新改革春风，发挥集团先进产品技术及优质管理经验等优势，适度、稳健拓展境外市场，取得优异的经营业绩，境外毛利率位于集团业绩前列。2020 年年报显示，境外地区全年累计营业收入 55.87 亿元，较 2019 年同期增长 30.37%，占集团同期营业收入9.26%；境外地区半年毛利率为 11.57%，较 2019 年同期增长 0.31%。境外地区业务营业收入及利润逐年增长，业务比重不断提高，直接为集团母公司提供优异的业绩效益及投资利润。

3. 目标市场联结度愈加紧密

海大集团境外投资的发展战略以点到面、全产业链发展，在部分业务成熟国家，已经形成了本土化的品牌优势，为东道国的税收、就业、经济发展作出重大贡献。如在国际化第一站越南，海大集团已累计投资 10 余家子公司近 1 亿美元，分布于越南北部及南部地区，形成饲料厂、畜牧养殖场、水产育苗厂的综合产业布局，已成为越南水产饲料排名前三的龙头企业。未来 3 年海大集团还将通过境内自有资金及海外利润留存，继续投资 3 亿~5 亿美元用于境外子公司发展，发挥中国民营企业核心技术优势，斩获全球化发展红利，最终实现集团全球化发展战略。

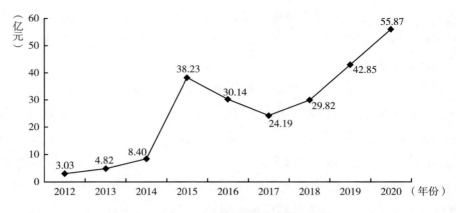

图1　2012～2020年海大集团境外地区营业收入

（三）企业国际化发展的关键性因素

国际化发展对任何企业都绝非易事。海大集团的"走出去"道路以"稳"字当头，包括事前的项目调研、拓展的业务选择、经营模式的构建等，以长远发展的视野，精准对接对象国国情，将企业发展与当地农业发展需求相连接，实现企业与市场的共同成长。

1. 项目调研周详

境外经营环境复杂多样，项目的前期调研是企业投资决策的重要依据。海大集团在项目决策前对投资项目、投资地以及投资对象开展谨慎的前期调研，对市场竞争、市场容量、国别风险、投资经营环境、项目选址、建设规划限制、税务及劳工政策等问题进行深入研究。了解关于这些方面的各类信息，再将调研所得信息进行系统性的分析，以此得出科学严谨的投资依据。海大集团投入大量资金开展前期调研，尊重市场客观规律并将自身的实力与市场定位相结合，保证调研结果的科学性和有效性。例如在工厂建址方面，从土地性质、政府证照许可，甚至到目的国对工厂烟囱高度要求的细节，海大集团都做充分调研，最大限度降低试错成本。

2. 成熟业务先行

饲料板块作为海大集团比重最大的业务，常作为新市场开拓的点金石。

境外投资项目常以饲料业务先行，打通当地市场渠道后逐步配置上下游产业链，为客户创造综合性服务体验，同时也形成天然的抗风险屏障。目前海大集团在海外的饲料工厂有13家，饲料产品覆盖水产饲料、畜禽饲料，水产料占比约7成，畜禽料占比约3成。2018年，海大集团在香港成立财资中心，通过财资中心打通境内外资金融通，为集团及境内外实体提供低成本、高效率的融通资金，为集团的全球业务发展助力。2020年受新冠肺炎疫情、非洲猪瘟疫情以及世界经济剧烈波动带来的叠加影响，海大集团海外业务积极进行业务调整，将部分猪料生产线转为鱼料生产，并持续提高产品质量，集中精力提升禽料竞争力。同时加大销售队伍奖励力度，开展线上营销，采取生产、采购、销售联动等措施，实现企业效益与规模的"双增长"。成熟、灵活的经营布局不仅在抗风险方面发挥积极作用，还赢得企业市场开拓的良好基础，为后续布局上下游产业链提供契机。

3. 技术开放共享

海大集团不吝独享国际化发展成果，以越南升龙为例，海大集团积极推动技术开放共享，带动当地农业生产技术的迭代升级，为推动"一带一路"农业规模化、工业化和生产技术的提高，带领养殖户增收致富贡献了"中国方案"。一是建设免费技术服务站。自2014开始在越南陆续建立35个免费技术服务站，为越南养殖户提供免费的检测服务、交流平台，传播、推广养殖新技术，还针对不同市场的特点，配置流动服务，定时、定点服务越南的养殖户。二是推广TLSS地膜养殖模式，聘请行业专家在宁顺、前江和朔庄三个养殖研发基地，进行池塘设计、水质调控、投喂管理、疾病防治及功能饲料等养殖技术与饲料质量的研发与优化，有效降低养殖风险，提高养殖产量以及降低养殖成本，帮助养殖户实现养殖成功、增加利润的目标。三是推广"罗非鱼＋虾"轮养模式，所生产的罗非鱼苗具生长快速、背肉肥厚、取肉率高的特点，得到养殖户的认可和肯定，公司还协助养殖户进行收鱼、加工与出口，解决养殖户的成鱼销售问题，打造初具规模的产业链优势。

4. 塑造国际化企业形象

海大集团境外投资立足长远战略，经营发展致力于塑造国际化负责任的企业形象，着力为客户创造价值而非短期收益。一是重视企业的合规经营，提高客户综合服务质量打造品牌口碑、恪守国内外法律法规。海大集团投资目的地覆盖东南亚、南美洲、非洲等各地东道国，各国家招商引资态度及政策不一，集团充分融入当地营商环境，通过社会公益活动、合规经营等方式赢得当地政府认可，同时与合作伙伴建立良性友好的合作关系，为经营保驾护航。二是在劳工管理上注重文化融合。由于文化差异，劳工问题是跨国企业普遍面临的问题。海大集团充分考察东道国当地人文环境，学习劳工政策，不断摸索及优化在东道国的管理方式。海大集团外派中方员工多为管理层，部分中高层员工及普通员工就地招工，中方员工在到岗前期充分学习当地文化、政策法规等知识，同时对本土员工定期开展团队建设活动，培养企业文化认同感，日常经营管理方式多以怀柔态度，关心、爱护当地员工，得到了当地政府及工会的认可及支持。

四 经验与启示

海大集团的国际化战略步履坚定，品牌得到全球业界的广泛认可，根据WATT 国际传媒统计，海大在全球顶尖饲料企业排名中位列第六。海大集团始终以"科技兴农，改变中国农村现状"为企业使命，其业务模式契合以国内大循环为主体、国内国际双循环相互促进的新发展格局，为中国企业"走出去"打开新的思路。

（一）积极开展全球布局

面对全球自然、政治、经济大环境的不确定性、不稳定、复杂性和模糊性的特点，将资产分散在不同的领域及地域是企业分散和规避风险的重要手段。面对愈发广泛的贸易往来和愈发复杂的市场环境，国际化发展也将成为中国企业的必由之路。集团型农牧企业普遍面临极端天气、养殖疫病、东道国投资政策、汇率波动等境外投资风险，可以通过境内外分散布局，实现饲料品种齐全、结构均衡分散弱化投资风险。海大集团在海外打造多元化产业布局，实现多板块、全产业链海外发展，注意在多个国家进行资源和生产要素的配置，形成规模效应，分散单一市场风险。集团经营项目为饲料厂为主、上下游产业为辅，投资区域依当地市场容量、竞争环境、政治风险等因素谨慎规划建厂规模，在东道国建立品牌渠道并获得稳定的市场占有率后，再通过新建厂形式扩大营销范围。考虑到运输成本，饲料企业一般向养殖中心、原料采购地靠拢，海大集团主营产品为饲料，单吨产品附加价值较低，通常销售半径维持在 300 至 500 千米内，减小下游运输压力，并搭配动保厂、种苗厂等配套工厂，便于为客户提供一体化养殖服务。

（二）坚持本土化发展

本土化经营是跨国企业在东道国实施品牌发展战略的核心，其内涵包括品牌本土化、营销方式本土化和人力资源本土化等。本土化经营不仅有利于节省企业海外调遣及跨国经营支出，还有助于企业生产出更符合本土消费者需要的产品，避免当地社会对外来资本的抵触，从而提高企业在当地市场的可信力和号召力，增加市场竞争力。农牧业企业对原材料和市场的依赖程度较高，本土化经营成为适合农牧业企业国际化发展的战略选择。海大集团立足于长期本土化经营，海外项目以新设、并购、增资等方式设立工厂，实现本土化运营，分散布点，为下游经销商及农户缩短提货路程、减低物流成本。在部分业务成熟国家，海大集团已经形成了本土化的品牌优势，为东道国的税收、就业、经济发展做出重大贡献。面对海外更为复杂多变的经营环境，海大集团采取分权、放权的管理方式，赋能于大区事业部，调动大区管理层的积极性，使海外经营管理活力得到最大程度的释放。海大集团的海外项目都设有完整的组织架构，通常配备总经办及相应管理机构，各部门管理中层都有当地优秀的人才，基层员工皆为当地员工，提供了丰富、多层级的就业岗位；积极开展技能培训、企业文化培训，提升当地员工的就业技能及对企业的认同感。

（三）全产业链出海

海大集团境外投资的发展战略通常是以点到面的全产业链发展，产业链发展的基本策略是"专业化基础上的规模化，核心竞争力基础上的产业链延伸"。海大集团围绕饲料业务，在专业化能力提升的基础上，在养殖、水产种苗、肉禽屠宰、动保及原料贸易等产业链上下游进行布局，与饲料业务产生协同效应，提升综合赢利能力和抗风险能力。海大集团已有的产业布局优势支持了公司快速组织产业链多环节综合发展的能力，新业务储备有序，产业综合优势日益显著，公司饲料产品包括畜禽饲料、水产饲料等全系列的饲料产品，产品线齐全，产品组合特点培育了较多新的业务和利润增长点，使公司抗风险能力较强。各类饲料品种的技术含量不同，毛利率高低不同，市场特点和运营风险也各不相同，多元化产品结构组合使得公司可获得高于行业一般水平的毛利率，并较好地控制了养殖动物疫病和供求失衡带来的市场运营风险，使得公司的饲料产品销售收入稳定且保持远高于行业增速的快速增长。

（四）持续科技创新和技术输出

饲料行业看似是一个不起眼的行业，但背后的每一个环节都需要科研技术的支持，无论是产品研发、种苗培育、养殖技术、疾病预防还是配套养殖营销服务，都离不开长期的科研投入。海大集团在跨国竞争中逐步成长并脱颖而出，核心原因在于企业重视技术，海大集团最早的一批创始人都是技术出身，公司秉持着"研发是公司生存基础，不断扩大研发投入是公司发展基础"的发展理念，将"科技兴农，改变农村现状"的使命贯穿于海大集团的每个发展阶段，在研发投入、研发团队规模及增速上一直注意保持行业领先优势。不仅注意重点强化产业链上各业务模块的技术平台建设，形成从平台技术研究到应用技术开发再到系统解决方案应用的三级研发体系，还在产学研合作方面，与国内外50多家高校、科研院所开展了多种形式的产学研合作，合作方式包括共建产学研合作基地、院士工作站、重点实验室等，合力解决行业关键、共性、前瞻性和应急性等问题。

（五）积极履行海外社会责任

重视并实践企业社会责任，是海大集团的主动选择。企业社会责任如今已成为企业在社会领域是否实现国际化的全新衡量标准，履行社会责任则成为中国企业国际化过程中不可或缺的战略。履行社会责任，有利于企业在国际社会营造良好的市场环境，树立负责的企业品牌形象，获得当地认同，降低投资风险，打造企业全球市场竞争的"软实力"。海大集团为东道国提供稳定的就业岗位及税收贡献，推动了海外养殖产业提质增效，并在各东道国扶贫援助、防疫抗疫等社会公益活动中体现中国企业担当，先后荣获中国饲料工业协会评定的"2018 年一带一路国际合作先进饲料企业"、中国东盟理事会评定的"2020 年中国十大成功走进东盟企业"等荣誉。疫情防控期间，海大集团在越南、印度尼西亚当地多次开展饲料、种苗捐赠，为当地养殖户生产纾困，缓解农业生产物资紧缺。同时向当地医护人员捐赠抗疫物资，并积极配合当地政府加强防控，稳定终端饲料价格，以实际行动彰显社会责任与大企风范，赢得当地政府、客户和群众的高度评价及赞誉，进一步提升自身国际影响力和竞争力。

参考文献

陈岩、翟瑞瑞：《对外投资、转移产能过剩与结构升级》，《广东社会科学》2015 年第 1 期。

刘国斌：《中国农业对外开放与"一带一路"建设》，《东北亚经济研究》2020 年第 2 期。

时宜伟：《中国企业"走出去"的动因分析》，《中国商论》2015 年第 19 期。

周明月：《我国企业进入国际市场的战略分析》，《企业发展》2009 年第 8 期。

邹嘉龄、刘春腊、尹国庆等：《中国与"一带一路"沿线国家贸易格局及其经济贡献》，《地理科学进展》2015 年第 5 期。

Abstract

The year 2020 is the final year for completing the building of a moderately prosperous society in all respects and the 13th Five – Year Plan of China. Under the strong leadership of the CPC Central Committee with President Xi Jinping as the core, China has pushed forward epidemic prevention and control and economic and social development in the face of the sudden outbreak of COVID – 19 epidemic, recession of the world economy and other serious impacts. China has made great achievements in disease prevention and control, and become the only country that realizes economic growth in the world's major economies. Also, China claims a comprehensive victory in the fight against poverty, making a decisive step forward in building a moderately prosperous society. As communities where human beings live, cities are the first to be adversely affected by the pandemic, but they have also shown strong resilience by gathering resources at a fast speed to achieve recovery. Considering the impacts of the epidemic on economy and social lives, Guangzhou steadily promotes the internationalization of the city by constantly improving business environment, gathering innovation resources, speeding up the economic transformation and upgraddation, and carrying out cultural exchange, to accumulate capacity for the new round of improvement of its international status.

Annual Report on City Internationalization of Guangzhou (*2021*) is edited and published by the Institute of City Internationalization Studies of the Guangzhou Academy of Social Sciences. The report takes Guangzhou as the main research object, tracks and explores the internationalization paths of Chinese cities, and builds an academic exchange platform for city internationalization researches. The report shows that in 2020, the internationalization of Guangzhou is stably making progress. The transformation and upgrading of foreign trade sees an outstanding outcome. The development of new forms of business is accelerated. Foreign investment and outbound investment grow steadily. Guangzhou is becoming a world-class transportation hub. To overcome the impact of the pandemic, Guangzhou holds high-end conferences and activities online to improve the influence of the city. It strengthens communication with its foreign partners, and carries out international cooperation in an all-round way to fight against the pandemic. By gathering the governance experience of cities in the world, Guangzhou has increased its ability in international communication and becomes a representative of Chinese cities in shouldering the responsibility of overcoming worldwide public health crisis.

This book consists of six chapters: General Report, Special Reports on Serving the Building of the Building New Development Paradigm, City Evaluation, International Economics and Trade, International Exchanges and Communication, and International Case Studies. In addition, "the Top Ten Concerns about Internationalization of Chinese Cities" is designed as a preface to sort out and summarize the major events of Chinese cities' internationalization in 2020, so as to understand the latest practice and research trends.

The General Report sums up the present situation of Guangzhou's internationalization in 2020, including Guangzhou's current status and achievements in areas such as foreign trade, FDI and ODI, transportation hubs, major international exchanges platforms, friendship network, international communication ability construction etc., especially its cooperation with the international community in fighting against COVID – 19. The report also analyzes Guangzhou's performance in authoritative global city research rankings, forecasts international development in 2021, and proposes suggestions on promoting the internationalization of Guangzhou.

The Special Reports on Service in Building New Development Paradigm chapter analyzes Guangzhou's dual development orientation of serving international and domestic needs, and discusses the path of building a strategic platform to lead the new development paradigm in Guangzhou from the perspectives of strengthening Guangzhou's international air cargo capacity and building an international consumption center city.

The City Evaluation chapter analyzes the changes of methods and results of the authoritative global city rankings, summarizes the development trend of global cities and the performance of Chinese cities in the global city system, and evaluates and compares the development of Guangzhou in terms of building an international science and technology innovation city, and environmental competitiveness.

The International Economics and Trade chapter focuses on the topics of building Guangzhou into a center city of cross-border e-commerce and promoting the construction of the Guangdong – Hong Kong – Macao Greater Bay Area into an international financial hub empowered by block chain.

The International Exchanges and Communication chapter respectively discusses the new thinking of building Guangzhou into an international exchange center and the presentation of the city's international image in the 14th Five – year period.

In this Year, the book introduced a new chapter — The International Case Studies, focusing on the internationalization case studies of various organizations. Transnational enterprises not only obtain the benefits of global operation, but also enhance the international influence of the city where they are located by realizing technology spillover, promoting cultural exchanges and improving the well-being of people's livelihood, so that they become an important new force for the internationalization of cities. This book selects typical enterprises based in Guangzhou and facing the world, such as Guangzhou Metro, Comba Telecom System Holding and Haid Group, summarizes the development practice of their overseas investment, and provides inspiration for city decision-makers to make good use of the power of enterprises to promote the internationalization of cities.

Keywords: City Internationalization; Guangzhou; Global City; 14th Five – Year Plan; the New Development Paradigm

Contents

I General Report

Abstract: In 2020, Guangzhou coordinated epidemic prevention and control as well as economic and social development. The economic growth is stable, and the foundation for internationalization is consolidated. Significant progress has been made in the transformation and upgrading of foreign trade, and the development of new forms of business has accelerated. A combination of measures has been taken to attract investment so as to promote steady growth of foreign direct investment. Outbound investment has been made steadily, and the resources disposition ability is increasing. The carrying capacity of transportation infrastructure is outstanding, and the outline of a world-class transportation hub appears. By holding high-end conferences and activities, Guangzhou has enhanced its influence, and the city enjoys the reputation as an international exhibition destination. The network of foreign partners has been enlarged, gathering the world's joint efforts in city governance. The construction of international communication capacity has been accelerated in an all-round way, and the city's international image is increasingly distinctive. Guangzhou carries out all-round international cooperation in fighting the pandemic and share experience and wisdom with the world. In the ranking of major global cities, Guangzhou's performance is relatively stable and making progress. Looking forward to 2021, Guangzhou will enter a critical period of transformation between the old and new dynamic of growth, a breakthrough period of comprehensively deepening reform, and a period of accelerating the development of the city. The city should be determined to promote city internationalization, improve the mechanism of foreign cooperation at a higher position, construct an open economy in a more effective way, build cooperation and exchange platforms with higher standards, foster international brands with greater influence, and expand the global communication network with a broader vision.

Keywords: Guangzhou, City Internationalization, Global City, 14th Five-Year Plan, the New Development Paradigm

II Special Reports on Serving the Building of the New Development Paradigm

B.2 Strategies for Guangzhou to Serve the Building of the New Development Paradigm to Promote High-Quality City Development

Niu Zhanli / 056

Abstract: As a major strategic task of China's 14th Five-Year Plan, the building of a new development paradigm is accelerating, which presents not only a major opportunity but also a new challenge to Guangzhou's economic development. From the perspective of the current situation of Guangzhou's economic development, Serving the building of the new development paradigm has both irreplaceable advantages and objective shortcomings. Based on the reality and prospects, Guangzhou should make scientific planning and precise implementation. By optimizing the industry, expanding the market, creating favorable environment, and making precise investment, Guangzhou should serve the building of the new development paradigm by accelerating the high-quality development of itself, so as to build an international metropolis with classic charm and vitality of the era.

Keywords: the New Development Paradigm; High-quality Development; Guangzhou

B. 3 On Strenthening Guangzhou's Capacity for International Air Cargo and Building a Strategic Platform City to Lead the New Development Paradigm

Zhu Qianhong / 068

Abstract: Guangzhou is a national central city in China and a core development engine of the city cluster in Guangdong-Hong Kong-Macau Greater Bay Area. Relying on the position of an international aviation hub, Guangzhou has strong support for the supply market, superior space for facilities planning, solid foundation of route network, strong maintenance and recomstruction ability, which form the outstanding advantages in the international air cargo development. In order to adapt to the need of industrial chain and supply chain upgrade, realize a higher level openning-up to lead the Greater Bay Area development, and speed up the construction of "capital of innovation", Guangzhou needs to give full play with the existing advantages, grasp the strategic opportunities of the construction of the new development paradigm, and focus on the top design, facilities construction, policies innovation, network construction, industrial development, etc. , to improve the international air cargo capacity, so as to build itself into a strategic hub city for domestic and foreign circulations.

Keywords: the New Development Paradigm; Capacity for International Air Cargo; Modern Circulation System; Dual Circulation

B．4   Guangzhou to Accelerate the Construction of an International
Consumption Center City under the New Development Paradigm

Pan Hongyang ／ 079

Abstract：Under the background of the new development paradigm, building an international consumption center city is an important measure to strengthen the role of consumption in economic development on the strategic basis of expanding domestic demand. As a commercial city with a history of thousands of years, Guangzhou leads cities in China in terms of the scale of social consumer goods retail, consumption of service industry and degree of internationalization. With a good foundation for building an international consumption center city, yet Guangzhou is facing problems such as relatively insufficient high-end consumption resources supply and relative platform shortage for international consumption. Efforts should be made to expand the international consumer market, build new international cooperation platforms, construct international consumption system, build international consumption carriers, and cultivate new products, new forms and new modes of consumption. Guangzhou should speed up the construction of an international consumption center city, so as to make positive contributions to China's implementation of the strategy of expanding domestic demand and accelerating the construction of the new development paradigm featuring both international and domestic circulations.

Keywords：the New Development Paradigm; Guangzhou; International Consumption Center City; Expand Domestic Demand

Ⅲ   City Evaluation

B．5   Analysis of the Global City Rankings in 2020

Hu Hongyuan, Li Yundong ／ 088

Abstract：The World According to GaWC, Global Power City Index, Global Cities Index, Global Financial Centers Index and Global Innovation Cluster Ranking successively released updated reports in 2020. The impact of COVID −19

outbreak was taken into consideration by most rankings in adjusting the index design, leaving the rankings changed to a certain extent, also giving inspiration to the restorative development of global cities after the pandemic. In developing global cities, this research suggests to pay greater attention to building resilience against risks, focus on reform to maintain momentum for development, take the lead in global recovery, and strengthen solidarity and coordination to achieve common development.

Keywords: Global City; City Ranking; City Evaluation

B.6 Evaluation on the Policy Performance of Guangzhou
Constructing International Scientific and Technological
Innovation City and Suggestions for Improvement

Lu Yangfan, Deng Ziqing / 119

Abstract: The goal of building Guangzhou into an international scientific and technological innovation city has evolved several times, and the policy system is large in scale and complex in structure. This paper abstracts the current policy clusters and projects from the 13th Five-Year Plan of science and technology innovation, introduces the theory and technology of policy performance evaluation, constructs an evaluation index system corresponding to the specific policy projects and policy system, and carries out an empirical evaluation by selecting 45 policy project samples according to the scientific principles. The result shows that the comprehensive performance of the policy system is good, in which the performance of policy preparation and policy process are better than the policy result. After the implementation of the policy, the gap between Guangzhou and other innovative cities in the country at the highest level has narrowed significantly in recent years, but the gap between Guangzhou and the innovative cities of international advanced level is still large. The disadvantages of policy implementation were concentrated on innovation input, innovation ability construction, resource structure and incubator

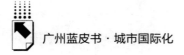

service. Therefore, efforts should be made in terms of adjusting the way of support for scientific and technological innovation, continuously optimizing innovation space, consolidating scientific and technological cooperation mechanism between Guangzhou and Hong Kong, and attaching great importance to attracting talents, so as to improve the policy and promote the scientific and technological innovation strength and international influence of Guangzhou.

Keywords: International Scientific and Technological Innovation City; Policy Performance Evaluation; the 13th Five-Year Plan; Guangzhou

B.7 Analysis of Guangzhou's Environmental Competitiveness and Countermeasures Compared with the World's Top Bay Area Cities *Li Mingguang, Xu Jianrong and Wang Jin* / 134

Abstract: In order to analyze the environmental competitiveness of cities in the world's bay areas, this paper studies and forms the an evaluation mode to evaluate overall characteristics of the environmental competitiveness of 4 cities among the world's top four bay areas, including Guangzhou, Tokyo, San Francisco and New York City, so as to find out the position of Guangzhou and its advantages and disadvantages and put forward countermeasures for improvement. The evaluation result shows that: Guangzhou's sub-items of environmental competitiveness are less balanced and have obvious advantages and disadvantages; compared with leading cities, Guangzhou is relatively backward in environmental quality, innovation and development, management and image; Guangzhou should catch up with the leading cities by improving environmental quality, facilities and services, and focus on promoting environmental innovation and development, environmental management and image.

Keywords: Environmental Competitiveness; World's Top Bay Areas; Guangdong-Hong Kong-Macao Greater Bay Area; Guangzhou

IV   International Economics and Trade

Abstract: Enjoying the policy advantages being a pilot city of cross-border
e-commerce, Guangzhou gives full play to its regional advantages and innovates the
regulatory model to make the development of cross-border e-commerce
development remarkable. However, with the expansion of the national
comprehensive pilot area and the strengthening of support from other local
governments, Guangzhou is facing fierce competition. To build into an
international cross-border e-commerce center city, Guangzhou should realize the
function of global distribution center of cross-border e-commerce industry through
building cross-border e-commerce hub port; strengthen its central function of
supply chain and goods market in cross-border e-commerce chain by holding
exhibitions and building international market; enlarge and strengthen the main
body of cross-border e-commerce, improve the comprehensive service system to
enhance the competitiveness of cross-border e-commerce ecological groups, and
improve the embedding and aggregation of the ecosystem.

Keywords: Cross-Border E-Commerce; Overseas Warehouse; Global
Center Warehouse; Guangzhou

Abstract: The Guangdong-Hong Kong-Macao Greater Bay Area is one of

257

the regions with highest levels of economic activity, openness, and development in China. With well-developed manufacturing and IT service industries, this area offers excellent environment and conditions for the development of blockchain-related industries. It is of great significance to build the Guangdong-Hong Kong-Macao Greater Bay Area into an international financial hub energized by blockchain. With the purpose of effectively promoting the application of blockchain technology in the financial area and facilitating the construction of the Guangdong-Hong Kong-Macao Greater Bay Area into an international financial hub, this paper puts forward a "five-center" development system of blockchain-based finance, which is conceived based on the industrial reality and the ideological upgrading brought by blockchain technology.

Keywords: Blockchain; Guangdong-Hong Kong-Macao Greater Bay Area; Financial Hub

V   International Exchanges and Communication

B.10   On Building Guangzhou into an International Exchange Center to Create a Good Environment for the 14th Five-Year Plan Development

Bao Yu, Wu Qing / 177

Abstract: Guangzhou has a solid foundation for building an international exchange center. In the 14th Five-Year Plan period, Guangzhou will face favorable opportunities such as the continuous expansion of China's opening-up, new initiatives in major country diplomacy with Chinese characteristics, high-quality joint construction of the Belt and Road Initiative and accelerated construction of the Guangdong-Hong Kong-Macao Greater Bay Area. Guangzhou should take measures to optimize the working mechanism, participate in the international platform, expand the friendship city network, promote its influence in holding international events, spread international city image, and strengthen the role of overseas Chinese, so as to serve the building of the new development paradigm by building a higher level of international exchange center, and make greater contributions to shaping a more favorable external environment in the 14th Five-year period.

Keywords: The 14th Five-Year Period; International Exchange Center; the New Development Paradigm; Guangzhou

B. 11 A Diachronic Analysis of Guangzhou's City Image from "Others' Viewpoint" by Overseas English Media: Reports on Guangzhou from 2000 to 2020

Xiong Kairong, Liu Chao, Yu Wenxin,
Lv Mengting and Liu Manbin / 190

Abstract: Based on the 816 English newspaper news report materials in Dow Jones Factiva database, this research diachronically analyzes Guangzhou-related news report from the year 2000 to 2020 released by the major English media of three European and American developed countries: the United States, the United Kingdom and Canada, and nine Belt and Road countries: Russia, India, Singapore, Thailand, Qatar, Kazakhstan, Ukraine, Turkey and Greece, exploring Guangzhou's city image from "others' viewpoint" by overseas English media. The trends of writing Guangzhou related reports and differences of reports among different countries are also discussed. This research, at the end, puts forward strategies and suggestions for innovative communication of Guangzhou as an international city.

Keywords: City Image; Overseas Media; Projection Image; Diachronic Analysis

Ⅵ　International Case Studies

B.12　The Operation of the Pakistan Lahore Orange Line by
　　　　Guangzhou Metro Group Contributes to the
　　　　"Going-out" of the Rail Transit Industry

Zhu Cong, *Ji Shuang* / 211

Abstract: The Belt and Road Initiative promotes the development of cities along the route, and also promotes the pace of China's related industries of "going out". China's urban railway system industry is ushered in an outbreak period. Guangzhou Metro Group undertakes the operation service of Pakistan Lahore Orange Line, thus becoming one of the benchmark projects of Guangzhou's railway system to "going-out". Through the Lahore Orange Line project, Guangzhou Metro Group has gained valuable cross-border operation experience. For example, the business objectives for external expansion should be clarified, and the importance of coordinated development should be recognized so as to realize "three connections" in terms of the manner of working. Also, communication with local embassies and consulates should be strengthened, and the brand image of the Group in the Belt and Road market should be better. Looking forward to the future, Guangzhou Metro Group, based on Guangzhou, representing China, is committed to serving the Belt and Road Initiative, driving the railway system industry chain to go global together, and constructing a new development paradigm of service featuring both domestic and international circulations with practical actions.

Keywords: The Belt and Road Initiative; Guangzhou Metro Group; Lahore Orange Line; Rail Transit Industry

Contents

B.13 Laotian Telecom Operators of Comba Telecom System
Holding in Serving the Southeast Asia to
Realize Interconnection

Wang Yue, Zhang Jing / 223

Abstract: With the continuous implementation of the Belt and Road Initiative, communication service enterprises tend to go overseas together, driving China's information and communication industry to "going-out". As one of the world's leading telecommunications equipment manufacturer, Comba Telecom System Holding has been committed to providing high-value solutions to global customers over the years, actively helping Laos to build a telecommunications network and a telecommunications industry platform oriented to Southeast Asia. Based on Comba's acquisition of Laos national telecom company, this paper analyzes the operation process, results and future planning for enterprises to "going-out", providing examples and reference for enterprises to explore the international market, to seek technological breakthroughs and business transformation, to expand business in surrounding countries, and to contribute to the interconnectivity among Southeast Asia.

Keywords: Comba Telecom System Holding; Laos; Telecom Operators; Southeast Asia

B.14 Haid Group's Outbound Investment with the Whole Chain,
to Promote Agricultural Cooperation With Belt and
Road Countries

Pan Jie, Wu Ling and Wu Zijin / 234

Abstract: Agricultural cooperation is one of the most important junctions of the Belt and Road Initiative to realize joint construction and sharing. As one of the leading agricultural enterprises in China, Haid Group has taken the lead in "going global". Its overseas investment has spread all over Asia, Africa and Latin America and other regions, which has vigorously promoted the development of agricultural production technology and farmers' poverty reduction in host countries, and also made positive contributions to the building of the new development paradigm featuring both domestic and international circulations. Haid Group's participation in the Belt and Road Initiative shows that the key factors for its sound development include thorough project research, mature business first, open and shared technology, and shaping an international corporate image. The case of Haid Group suggests that Chinese enterprises should actively carry out global layout, adhere to localized development, go abroad in the whole chain, continue scientific and technological innovation and technology export, and actively fulfill overseas social responsibilities.

Keywords: Belt and Road Initiative; agricultural Cooperation; Enterprise to "going-out"; Haid Group

中国皮书网

（网址：www.pishu.cn）

发布皮书研创资讯，传播皮书精彩内容
引领皮书出版潮流，打造皮书服务平台

栏目设置

◆ **关于皮书**

何谓皮书、皮书分类、皮书大事记、
皮书荣誉、皮书出版第一人、皮书编辑部

◆ **最新资讯**

通知公告、新闻动态、媒体聚焦、
网站专题、视频直播、下载专区

◆ **皮书研创**

皮书规范、皮书选题、皮书出版、
皮书研究、研创团队

◆ **皮书评奖评价**

指标体系、皮书评价、皮书评奖

◆ **皮书研究院理事会**

理事会章程、理事单位、个人理事、高级
研究员、理事会秘书处、入会指南

◆ **互动专区**

皮书说、社科数托邦、皮书微博、留言板

所获荣誉

◆ 2008 年、2011 年、2014 年，中国皮书
网均在全国新闻出版业网站荣誉评选中
获得"最具商业价值网站"称号；
◆ 2012 年，获得"出版业网站百强"称号。

网库合一

2014年，中国皮书网与皮书数据库端口
合一，实现资源共享。

中国皮书网

权威报告·一手数据·特色资源

皮书数据库
ANNUAL REPORT(YEARBOOK)
DATABASE

分析解读当下中国发展变迁的高端智库平台

所获荣誉

- 2019年，入围国家新闻出版署数字出版精品遴选推荐计划项目
- 2016年，入选"'十三五'国家重点电子出版物出版规划骨干工程"
- 2015年，荣获"搜索中国正能量 点赞2015""创新中国科技创新奖"
- 2013年，荣获"中国出版政府奖·网络出版物奖"提名奖
- 连续多年荣获中国数字出版博览会"数字出版·优秀品牌"奖

成为会员

通过网址www.pishu.com.cn访问皮书数据库网站或下载皮书数据库APP，进行手机号码验证或邮箱验证即可成为皮书数据库会员。

会员福利

- 已注册用户购书后可免费获赠100元皮书数据库充值卡。刮开充值卡涂层获取充值密码，登录并进入"会员中心"—"在线充值"—"充值卡充值"，充值成功即可购买和查看数据库内容。
- 会员福利最终解释权归社会科学文献出版社所有。

社会科学文献出版社 SOCIAL SCIENCES ACADEMIC PRESS (CHINA) 皮书系列

卡号：279342371149
密码：

数据库服务热线：400-008-6695
数据库服务QQ：2475522410
数据库服务邮箱：database@ssap.cn
图书销售热线：010-59367070/7028
图书服务QQ：1265056568
图书服务邮箱：duzhe@ssap.cn

S 基本子库
SUB DATABASE

中国社会发展数据库（下设 12 个子库）

　　整合国内外中国社会发展研究成果，汇聚独家统计数据、深度分析报告，涉及社会、人口、政治、教育、法律等 12 个领域，为了解中国社会发展动态、跟踪社会核心热点、分析社会发展趋势提供一站式资源搜索和数据服务。

中国经济发展数据库（下设 12 个子库）

　　围绕国内外中国经济发展主题研究报告、学术资讯、基础数据等资料构建，内容涵盖宏观经济、农业经济、工业经济、产业经济等 12 个重点经济领域，为实时掌控经济运行态势、把握经济发展规律、洞察经济形势、进行经济决策提供参考和依据。

中国行业发展数据库（下设 17 个子库）

　　以中国国民经济行业分类为依据，覆盖金融业、旅游、医疗卫生、交通运输、能源矿产等 100 多个行业，跟踪分析国民经济相关行业市场运行状况和政策导向，汇集行业发展前沿资讯，为投资、从业及各种经济决策提供理论基础和实践指导。

中国区域发展数据库（下设 6 个子库）

　　对中国特定区域内的经济、社会、文化等领域现状与发展情况进行深度分析和预测，研究层级至县及县以下行政区，涉及省份、区域经济体、城市、农村等不同维度，为地方经济社会宏观态势研究、发展经验研究、案例分析提供数据服务。

中国文化传媒数据库（下设 18 个子库）

　　汇聚文化传媒领域专家观点、热点资讯，梳理国内外中国文化发展相关学术研究成果、一手统计数据，涵盖文化产业、新闻传播、电影娱乐、文学艺术、群众文化等 18 个重点研究领域。为文化传媒研究提供相关数据、研究报告和综合分析服务。

世界经济与国际关系数据库（下设 6 个子库）

　　立足"皮书系列"世界经济、国际关系相关学术资源，整合世界经济、国际政治、世界文化与科技、全球性问题、国际组织与国际法、区域研究 6 大领域研究成果，为世界经济与国际关系研究提供全方位数据分析，为决策和形势研判提供参考。

法律声明